财富分布与历史轮回

——中、欧古代资本论

解　宏　鲍际刚　夏树涛　著

经济科学出版社

图书在版编目（CIP）数据

财富分布与历史轮回：中、欧古代资本论/解宏，鲍际刚，
夏树涛著．—北京：经济科学出版社，2015.4
ISBN 978 - 7 - 5141 - 5593 - 8

Ⅰ.①财…　Ⅱ.①解…②鲍…③夏…　Ⅲ.①国民财富 -
对比研究 - 中国、欧洲 - 古代　Ⅳ.①F129.2②F150.92

中国版本图书馆 CIP 数据核字（2015）第 058498 号

责任编辑：段　钢　卢元孝
责任校对：徐领柱
责任印制：邱　天

财富分布与历史轮回
——中、欧古代资本论
解　宏　鲍际刚　夏树涛　著
经济科学出版社出版、发行　新华书店经销
社址：北京市海淀区阜成路甲 28 号　邮编：100142
总编部电话：010 - 88191217　发行部电话：010 - 88191522
网址：www. esp. com. cn
电子邮件：esp@ esp. com. cn
天猫网店：经济科学出版社旗舰店
网址：http：//jjkxcbs. tmall. com
北京万友印刷有限公司印装
710 × 1000　16 开　13.5 印张　250000 字
2015 年 5 月第 1 版　2015 年 5 月第 1 次印刷
ISBN 978 - 7 - 5141 - 5593 - 8　定价：38.00 元
（图书出现印装问题，本社负责调换。电话：010 - 88191502）
（版权所有　侵权必究　举报电话：010 - 88191586
电子邮箱：dbts@esp. com. cn）

前　言

　　人类社会演化的动力源于人类对财富的追求。自私有制产生以来，不仅财富总量影响一个国家和民族的发展，不同阶级对财富占有的多寡直接影响了国家和社会的稳定。这实际上是人类社会发展中的公平和效率问题。

　　纵观中国历史，当财富分布向民众倾斜的时候，国家快速富裕强大；而财富分布过于集中到贵族手中，国家往往是最脆弱的时候，分崩离析、腐败亡国仅仅是一步之遥。东西方社会演化之所以出现不同路径，一个根本原因在于中国自隋唐开始发明了国家集中管理框架，辅之以强有力的财政分权，保证了国家管理能力的持续性和有效性。所以中国历史上有序比无序更鲜明。对比之下，欧洲自罗马帝国分裂之后再无统一，其中一个重要原因在于治权的分裂，王权、神权、贵族自治交织混战。欧洲从千年黑暗中走向有序的起点，应该是英国的光荣革命，其最大成就是将征税权从王权手中转移到议会，王权被关进了笼子里，自此才点燃了资本主义发展的星火。

　　我们用熵控网络理论的逻辑，从财富的总量与分布的双重角度，分析历史演化与财富分布的关系，以大数据分析为基础，将资本对社会制度影响的探索追溯到我国和欧洲2000年前，故曰中、欧古代资本论。

作者
2015 年 3 月

目 录

第三编　西方的兴起

引　言

人类历史上有很多文明诞生，有的甚至还早于华夏文明。五六千年前的古巴比伦文明可能是人类最早的文明；三四千年前的古希腊人在爱琴海诸岛创造了辉煌，成为现代西方文明的起源；两千多年前，在东方的汉武帝将帝国版图不断延伸时，西方的罗马帝国也在横扫欧洲。但是，大多文明并没有在历史长河中延续。古老的埃及留给后人的印象只剩下金字塔和狮身人面；古代印度给人类贡献只剩下佛教；蒙古人曾经横扫欧亚，建立了无与伦比的广袤帝国，弹指间却灰飞烟灭。还有太多，中世纪的铁血帝国拜占庭、奥斯曼、神圣罗马、马其顿、波斯、波希米亚，曾在我们脚下这块土地上，纵横驰骋如风而过的匈奴、大月氏、乌孙、西夏、辽、金……这些曾经的国家，要么成为供人凭吊的遗址，要么化作历史上残存的记忆，当时的主体民族也基本都星散而去，他们的文明淹没于历史的流沙之中。

虽然也经历了朝代更迭、外族入侵、战乱连绵，但是中华民族却凸显与众不同。只有中国完整地保留了几千年历史，只有华夏文明绵延不息。

为什么华夏文明绵延4000多年而同期很多文明却湮灭了？

在中国文字记载的4000多年的历史上，自夏朝计算大概有17个朝代或时期，平均一个朝代235年左右。如果将东周、西周、西汉、东汉、新朝、西晋、东晋、北宋、南宋进一步分划为独立朝代，有24个，平均一个朝代166年左右。

为什么朝代更迭如此频繁？

掩卷而思，有更多疑问迸出：

为什么草原文明与农业文明频繁爆发着激烈的冲突？

为什么国家内乱不断？

为什么国家管理模式会演化到大一统？

为什么多民族从对抗必然走向大融合、大统一？

为什么秦汉隋唐会成为历史上的强国？

为什么两宋富裕却难以强盛？

……

这些问题似乎还没有固定答案。无论是近代的黄宗羲定律还是现代的李约瑟之谜，其实都是想探讨中国古代发展的动力之源，而更本质的问题是，历史上的朝代更迭是否存在共同的作用因素？

这些问题也许在某一个朝代中不会集中出现，但是如果你从历史一步步走到现在，不要停留在历史的碎片和考据中，只要你将历史大事停留在你的思维逻辑中发酵，这些问题自然就会从你的脑海中跳出来，犹如雨夜中的闪电那样鲜明。

我们在思考这些问题的时候，一个伟人的论述从繁杂无序的思路中跳跃出来，犹如一丝在黑暗中跳动的烛光，由远及近，越来越清晰。

恩格斯在《家庭、私有制和国家的起源》这部巨著中有段非常著名的话：

"鄙俗的贪欲是文明时代从它存在的第一日起直至今日的起推动作用的灵魂；财富，财富，第三还是财富——不是社会的财富，而是这个微不足道的单个的个人的财富，这就是文明时代唯一的、具有决定意义的目的。"

不同的分配方式直接影响到社会财富在不同群体间的归属，财富集中会产生什么问题？财富在社会成员间合理分布会形成什么作用？

我们将复杂无序的众多问题凝聚，最后有了一个答案：财富分布。

第一编 国家起源与财富分布

生命的本质在于生存，一切社会制度的根本在于经济。国家出现之前，人类社会性组织形式是最初根据血缘而凝聚在一起的氏族制度，《左传》"大上以德抚民，其次亲亲，以相及也"的表述就反映了氏族社会的血缘基础。氏族逐渐庞大而分化，本族因分化而扩散，其内部管理则逐渐依靠宗法。所以氏族应该是因血缘而团结、因宗法而联结的社会组织。

氏族内部共同劳动、平均分配、没有贵贱的社会属性，因为社会分工和交换的发展而崩溃。贫富差距的出现不仅是阶级产生的基础，也催生了权力分配以维护氏族内部的和平，因此所谓的统治权即为财富的分配权力，这就是最高权力的魅力所在。而氏族之间为生存而抢夺资源的斗争也强化了统治权力的必要。因此，统治权力的诞生初期应该是公共需要。这种公共需要因族群发展壮大而不断扩大，相应的统治机构也因此扩大，维持其正常运转的开支也不断增长。我们常说的赋税就由此而产生了。故赋税的本质是从社会个体创造的财富中切一块充公，社会财富的分布状态因赋税的存在而发生了改变。

国家存在的基础是对私有财产的占有。初期国家形态更多是以氏族组织为基础，进而演化为城邦形式，无论国家形态如何演化，如何分配整个社会的财富自国家诞生就成为一个核心问题。国家、统治阶级和民众之间财富分布的变化成为影响国家形态演化的重要因素。

第一章　夏商周与国家初级形态

第一节　公权力的基础

一、公共权力与黄帝联盟权力体系

我们脚下这片土地曾经承载着众多氏族部落，构成了远古当时的大社会，部落之间处于无序状态。每一个部落都时刻面临着生存竞争，野蛮侵占与流血争夺是生命中必须面对的常态。这种无序的争斗状态不仅迫使部落加强军事力量，也期望有一种力量能够平衡所有的部落争斗。按照历史学家的考证，黄帝时代"天下诸侯"（大型族群）至少有 20 个：14 个农耕渔猎族群。3 个大游牧族群即戎、狄和匈奴祖先。3 个特大型族群：江淮流域的列山氏，渔猎为主、山地农耕为辅，族群领袖为炎帝；黄河流域的轩辕氏，农耕为主、畜牧渔猎为辅，族群领袖为黄帝；九黎氏，渔猎为主、山地农耕为辅。①

当天下族群进入大争夺状态，曾经被神化的精神领袖神农氏也无力改变混乱争斗的局面，即《史记·五帝本纪》所说的"轩辕之时，神农氏世衰"，"诸侯相侵伐，暴虐百姓，而神农氏弗能征"。连绵不断的掠夺战争加剧了无序的混乱局面，"轩辕乃习用干戈，以征不享，诸侯咸来宾从"②，黄帝的伟大之处在于发起了大规模的平乱战争，恢复了社会秩序，并且取得了整个社会的领导权。

黄帝初步取得社会的领袖地位后，先后爆发了两次大规模的战争。黄帝于

---

① 孙皓晖：《国家开端》，上海世纪出版集团 2012 年版，第 31 页。
② 参见《史记·五帝本纪第一》。

"涿鹿之野"战胜蚩尤，于"阪泉之野"战胜炎帝，有效遏制了强大族群对新秩序的挑战。战乱平定后，所有诸侯都尊黄帝为天子，代替了神农氏。黄帝北逐荤粥（即匈奴）后，与诸侯"合符釜山"，所有氏族、部落、部落联盟的首领在釜山举行会盟，臣服黄帝，统一符契，其中最重要的就是统一兵符。大合"诸侯"之后，黄帝建立了统一的联盟权力体系，彻底结束了当时社会的无序争夺。

二、大禹治水与国家初级形态

在世界很多民族的古老记忆中，都有关于大洪水的传说。中国的女娲补天、圣经的挪亚方舟最为著名，古苏美尔人、巴比伦人、埃及人、印度人和玛雅人也有大洪水的神话，时间都在公元前 3000 年左右。

大洪水沉淀为全人类的"共同记忆"，神话传说所记载的多数是蒙昧状态的古人面对大洪水的惊惧！但在中国的先民记忆中，留下的竟然是惊天地、泣鬼神的治水壮举！竟然是精卫填海、女娲补天的气贯长虹！

大洪水的规模很可能超越了我们现代人的想象。按照孙皓晖的推算，洪水经历了尧、舜、禹三代近古政权，大约百年上下。① 按照孟子对洪水规模和大禹治水总体方略的分析："当尧之时，洪水横流，泛滥于天下……禹疏九河，而注诸海；决汝、汉，排淮、泗，而注之江，然后中国可得而食也。"黄河流域和江淮流域到处水天泽国，不治水，无生路。

大规模的治水已经是所有族群的共同愿望和共同需求。尧首先命共工氏族群治水，共工采用"壅防百川"的办法，失败；第二次治水，鲧仍然采用堵截之法，历时 9 年，再败。尧禅让帝位后，舜摄行天子之政。舜精于政事之道，执政 28 年后尧去世。"尧崩，三年之丧毕，舜让辟丹朱于南河之南。诸侯朝觐者不之丹朱而之舜。"按照古人"让辟"做法，即使被选定的接班人也必须远离权利核心，然后由天下诸侯用脚来投票站队，非常类似今天的竞选制度。虽然舜避让尧的儿子跑到偏远之地，但是诸侯都跑到舜那里拜见，于是舜登天子之位。舜执政后，在治水方面雷厉风行，首先处置流放了前期治水不利的共工、鲧等高官。最重要的是"舜举鲧子禹，而使续鲧之业"，竟然举拔了罪臣鲧的儿子大禹，继续治水大业。

历史的密码是，虽然天子需要诸侯认可这一程序，比如候选人避让，但是

---

① 孙皓晖：《国家开端》，上海世纪出版集团 2012 年版，第 46 页。

尧舜禹都是黄帝子孙。

舜帝观人的眼光的确非凡。第三次治水所选择的四员干将分别是禹、契、后稷、伯夷，这四人所代表的族群在中国历史上可不简单，竟然相继成立了夏、商、周、秦四个朝代。大禹治水的英雄群体不仅拯救了华夏族群于水患，它所迸发的文明更影响了中国 2000 余年的历史进程。

大禹采用疏导之法治水，带领契、后稷、伯夷的族群，"左准绳，右规矩，载四时，以开九州，通九道，陂九泽，度九山"。通过强有力的组织协调，在诸侯之间调配人力、调度物质，"食少，调有馀相给，以均诸侯"，保障治水大军的给养。解决办法也因地制宜非常经济，"禹乃行相地宜所有以贡，及山川之便利"，各诸侯提供的物资根据产出品种而定，就地取材。这支分工明确、调度有方、统一运作的治水大军，奋战了整整 13 年终于平定了水患。

这场天下诸侯共同迎战才能取得的治水成功，不仅使大禹赢得天下诸侯的拥戴，同时进一步强化了联盟政权体系，丰富了公共权力范畴。在舜的默认授权下，大禹的政治影响力获得了极大提升。"敬禹之德，令民皆则禹。不如言，刑从之。"公告天下诸侯都要听从大禹的指挥，否则将受到处罚，治水成功后的大禹获众望所归，距离盟主之位仅一步之遥。舜帝死后，大禹模仿舜当年的避让做法，跑到老家嵩山以退为进，"禹辞辟舜之子商均"。天下诸侯开始用脚投票，"天下诸侯皆去商均而朝禹。禹于是遂即天子位，南面朝天下，国号曰夏后"。

禹开九州、设国号，初步形成了国家层级意识，创立贡赋制度以维持公共权力运转，采取井田制平均地权，故《史记》认为："自虞、夏时，贡赋备矣。"为维持权威，禹诛杀防风氏、平乱三苗，进一步强化了最高权力联盟。大禹治水奠定了国家初级形态，国家的权力构架基本完成。所以说，中国古代国家形态的出现很可能源于这次大规模的治水，在治水过程中国家最为公共需要的核心要素都出现了：统一调度的机构即行政机构、维持共同运作的财富即赋税、一支独立于所有诸侯的武装力量即军队。

三、夏商周与国家形态确立

武力在国家形态正式确立过程中发挥了重要作用。

翻阅《史记》，自黄帝以来，最高权力一直都在黄帝族群之间血缘传承。虽然尧舜禹也有黄帝血缘，但是自尧帝实行禅让制，目的是保证贤者成为最高权力的继承者。大禹也理应遵循这一制度，大禹内定的继承人估计也是这样想。伯益（秦人祖先）由于在治水和维护大禹权威中的杰出贡献，被大禹指定为接班人，伯益自己估计也踌躇满志，为此工作努力认真负责。但是在伯益例行"避让"惯例的时候，发生了历史大逆转。"三年之丧毕，益让帝禹之子启，而辟居箕山之阳。禹子启贤，天下属意焉。及禹崩，虽授益，益之佐禹日浅，天下未洽。"伯益乐颠颠地远离权力中心行"避让"，等待诸侯来站队完成权力交接仪式。没想到诸侯们不仅任性不来了，还竟然支持大禹的儿子夏启获得了最高权力。

按照《竹书纪年》说法，"后启杀益"，夏启诛杀了伯益然后夺权。《战国策·燕策一》的记述更为精彩："禹授益，而以启人为吏。及老，而以启为不足任天下，传之益也。启与支党攻益，而夺之天下，是禹名传天下于益，其实令启自取之。"大禹虽然表面承诺将帝位传给伯益，但是任命的主要高官却都是夏启的手下，伯益当然就被架空，成了摆设。如是，大禹的权谋绝不逊其治水。这可能是中国历史上第一次政变。

夏启非常规获得帝位的举动，立即引发一场维护禅让制的战争。"有扈氏不服，启伐之，大战于甘。将战，作甘誓，乃召六卿申之。"夏启大军消灭了有扈氏后，"天下咸朝"的局面才得以出现。自此，夏王朝建立了贡赋制度、井田制度、常备军队，国家形态在中国历史上才真正的形成。

历经17代君主到夏桀时，"自孔甲以来而诸侯多畔夏，桀不务德而武伤百姓，百姓弗堪"，由于天下诸侯"叛"夏，或者断朝贡不朝，或者叛王权结盟大诸侯，或者举兵叛乱，夏桀失德，征伐不断，百姓难以承受，此时松散的邦联制已经面临解体的局面。

面对危局，夏桀最初对天下诸侯采取的是"斩首"行动，"乃召汤而囚之夏台，已而释之"，即囚禁了成汤。成汤是殷契的后人，"契长而佐禹治水有功，封于商"。因为另一个治水功臣秦族的先人伯益，已经被夏启诛杀了，秦族群四处逃匿，对夏王权已经不构成威胁。殷商应该是天下具有重要影响力的诸侯，颇令夏桀担惊受怕。夏桀虽然软禁了成汤，但是最终又离奇地释放了他，放虎归山。成汤回封地后，"汤修德，诸侯皆归汤，汤遂率兵以伐夏桀"，修德抚民，结盟诸侯，并与秦族群联手建立强大的统一战线，"（秦伯益后人）费昌当夏桀之时，去夏归商，为汤御，以败桀于鸣条……遂世有功，以佐殷国，故嬴姓多显，遂为诸侯"。最终的结局毫无悬念，"桀走鸣条，遂放而死"。夏桀临死前说了一句亡国之君最爱重复的相似语言："吾悔不遂杀汤于夏台，使至此。"伯益的后人即秦族立战功、佐殷商成为显赫的诸侯。"于是诸侯毕服，汤乃践天子位，平定海内。"

夏存于约公元前 2070 年至前 1600 年，存国 471 年。[①]

自夏开始，国家权力的传承就采取了血缘制父子相传，开始了"家天下"，此前天下共主之位由天下诸侯用脚投票决定的民主规则被彻底抛弃。商汤取帝位后，国家权力的传承也模仿夏，采取了血缘制。对于臣服的诸侯，商汤作《汤诰》警告说："不道，毋之在国，女毋我怨"，即对于失道诸侯有生杀予夺的权力，打造了更为紧密的邦联制，诸侯与共主共同遵守"德"的底线，相安无事。在组织形式上类似于苏联解体后诞生的"独立主权国家联合体"。

商汤承天子之位的程序也非常具有"德治"色彩，"汤放桀，而归于亳，三千诸侯大会。汤取天子之玺，置之于天子之坐左，复而再拜，从诸侯之位。汤曰：此天子之位，有道者可以处之矣！夫天下非一家之有也，唯有道者之有也，唯有道者宜处之。汤以此三让，三千诸侯莫敢即位，然后汤及天子之位。"[②] 也许商汤真心希望更有德行的人即位才三让，但是中国历史上经常有人玩三让以粉饰自己的野心。以德治国，对于商王朝熨平以后的社会矛盾发挥了重要作用。商传国 30 代中，虽有六次衰落、六次复兴的周期振荡，但是诸侯叛乱很少，更多的表现是"殷道衰，诸侯或不至"，"殷道复兴，诸侯来朝，以其遵成汤之德也"。

但历史的讽刺恰恰在于商因纣王（帝辛，纣为周人称谓）"失道"而亡！所谓"酒池肉林"、"靡靡之乐"、"炮烙之法"，皆是历史对商纣王失道的描述。但是历史的矛盾之处也恰恰在于历史的记录，《史记》描述帝辛"资辨捷疾，闻见甚敏；材力过人，手格猛兽；知足以距谏，言足以饰非"[③]。毛泽东认为，"把纣王、秦始皇、曹操看作坏人是错误的。其实纣王是个很有本事能文能武的人。他经营东南，把东夷和中原的统一巩固起来，在历史上是很有功劳的。纣王伐东夷，打了胜仗，但损失也很大。俘虏太多，消化不了。周武王乘虚进攻，大批俘虏倒戈，结果使商朝亡了国。"[④] 左传的类似评判是："商纣为黎之搜，东夷叛之。"[⑤] 即帝辛在黎地阅兵，但是东夷部落背叛了商朝，于是"纣克东夷而陨其身"[⑥]，虽然帝辛派主力军队最终平定了东夷，开拓了华

① 夏商周存国时间采用"夏商周断代工程"正式公布的《夏商周年表》。

② 参见《尚书·大传》。

③ 参见《史记·殷本纪第三》。

④ 摘自毛泽东 1958 年 11 月关于斯大林《苏联社会主义经济问题》的谈话，见陈晋主编：《毛泽东读书笔记解析》，广东人民出版社 1996 年版，第 1158 页。

⑤ 参见《左传·昭公四年》。

⑥ 参见《左传·昭公十一年》。

夏疆土，但是军力消耗过大，而国都的兵力一下子空虚，这给了周武王一个突袭的机会。另外，帝辛的哥哥微子启因没有承天子之位，很可能做了周的卧底，分化瓦解了商的力量，微子启后被周分封于宋，所以殷商速亡与内争不无关系。关于对帝辛的评价最具深意的当属子贡："纣之不善，不如是之甚也。是以君子恶居下流，天下之恶皆归焉。"[1] 纣王的坏，并不像传说的那么严重。很可能是讨伐他的人以君子自居，为了掩饰自己盗取江山的下流行为，就极力诋毁帝辛称之为"纣王"，把天下的坏人坏事都归到了帝辛的身上。

如果这个判断符合历史的真实逻辑，几个重大的历史事件就容易理解了。由于帝辛警觉到周的潜在威胁，于是趁姬昌朝见之际"囚西伯羑里"，软禁了他。周倾力献媚营救，表忠心，终于取悦于帝辛，"纣乃许之，赐弓矢斧钺，使得征伐，为西伯"，不仅释放了姬昌，还授予代天子征伐之权，镇守西部。"西伯归，乃阴修德行善，诸侯多叛纣而往归西伯。西伯滋大，纣由是稍失权重"，表面上忠心耿耿甘愿镇守边陲，私下里借"征伐之权"威逼利诱诸侯，周文王潜伏包装的功夫实在了得。即便如此，周武王精心准备了9年，原计划率兵渡河攻击商，却又半路退回，玩了一次"孟津观兵"，盖无必胜的把握。至于仅仅2年后发生的灭商"牧野之战"，周与诸侯的联合军队可谓长驱直入，陈师牧野，期间竟然无帝辛的军队抗击，或许帝辛伐东夷消耗了大量军力，而周武王在孟津等待的恰恰就是这样可以乘虚而入的机会，否则难以战胜帝辛。"纣师皆倒兵以战，以开武王。武王驰之，纣兵皆崩畔纣。"帝辛的军队毫无招架之力，一触即溃，令人费解，除非不是正规军。是奴隶？还是朝歌王畿临时拼凑起来的商人族群？也可能是微子启临阵倒戈哗变？反正帝辛自焚后还被周人冠以"纣王"斩首一次，以示其恶。

商约成立于公元前1600年，公元前1046亡国，政权存在了555年。

周朝初立，武王为收服人心，巩固政权，采取了诸侯分封制。首先，以殷治殷、分而治之，安抚殷商遗民，并设三监防卫；其次，分封圣王后裔，彰显德治；第三，分封灭商功臣；第四，分封血缘。周初直接分封诸侯16国，"馀各以次受封"，即还分封了一些小诸侯。

这些封国大部集中于今黄河南岸洛阳附近的地区，在商人势力中心的黄河北岸，只有一个。至于东方的广大地区，仍是商朝旧势力的范围，周人可望而不可即。这种局面，无疑充满了危机。如果加上此前会盟于周的"至盟津，诸侯叛殷会周者八百"，此时天下大小诸侯近900余家。所以周初之时尚无足够

---

① 参见《论语·子张》。

力量强化中央权力，只能承认已经存在的自立政权，采取夏商时期松散式的邦联体制，这是谋求大局稳定的无奈之举。

周初建时并不稳定，周武王经常"自夜不寐"，他非常清醒地认识到灭商源于抓住了上天赐予他的一次千载难逢的偷袭机会，"天不享殷，乃今有成。维天建殷，其登名民三百六十夫，不显亦不宾灭"，殷商族群势力与影响尚在，天下还不能宾服于周。于是"武王病。天下未集，群公惧"。找不到解决潜在危险的灵丹妙药，急得武王病危了，人心开始浮动。这个时候一个影响华夏文明的人物挺身而出——周公旦。周公旦对周王朝的稳定发挥了扭转乾坤的作用，是封建制的始创者。周公不顾天下侧目，"恐诸侯畔周，公乃摄行政当国"，断然摄政，全力维护国家稳定。武王病逝，维稳的难题留给了年幼的成王与周公旦。

一个历史契机迅速改变了这一状态。如周武王所虑，一场该来的复辟风暴最终还是爆发了。

第二节 财富分布与封建制

一、三监之乱与封建制诞生

公元前 1046 年周武王灭商后，为监管殷商遗民，武王封商纣王之子武庚于商都，并将商的王畿划分为 3 个封区，分别由武王弟管叔、蔡叔、霍叔去统治，包围监视武庚，总称三监。

周武王于灭商后的第二年病逝，他 13 岁的儿子周成王即位。彼时周公旦辅政，"践阼代成王摄行政当国"。管叔是武王的弟弟，也是周公旦的哥哥，虽有觊觎王位之心，但最终却为一个孺子所得。管叔本来已经很是失落了，而更令他气愤的竟然是弟弟周公旦摄政当国，自己空想一场。故管叔、蔡叔、霍叔等贵族怀疑周公有篡位之嫌，于是拉拢武庚，联合东部几个国家（即被商纣王平定的东夷），起兵反周复商，玩起了监守自盗。

管蔡之乱的根本在于诸侯制。尤其殷商后裔盘庚封地在商都，商的残余势力很容易乘乱起事，当管蔡等监管之人亦存图谋之心的时候，两股势力结合终于酿成祸乱。

周公亲自东征，耗时 3 年，消灭武庚势力，杀死管叔，流放蔡叔，并平定了东方各国。不仅巩固了周政权，还迫使东夷族群归附，扩大了周的版图。平乱成功之后，原有松散的邦联制弊端已经暴露无遗。面对版图的扩大，建立有效的国家管理体制已经迫在眉睫。

经过灭商大战和平定东方叛乱的两次大战，周已经在天下诸侯中树立起了绝对权威，周公借势开始了国家管理体制的创新，做了两项在中国历史上具有举足轻重的重大决策。

一是兴灭继绝。"古者诸侯始受封，则有采地。其后子孙虽有罪黜，其采地不黜，使其子孙贤者守之，世世以祠其始受封之人。此之谓兴灭国、继绝世。"①为安抚解决殷商族群，周公选择了臣服于周的商纣王哥哥微子启做殷遗族代言人，封国于宋，延续殷商王族的社稷祭祀与血统传承，而没有斩尽杀绝，这一策略迅速平定了殷商残余势力。孔子对此举的评价极高："兴灭国，继绝世，举逸民，天下之民归心焉。"②后世开国之君大都采取这个策略安抚臣服之国，运用最为娴熟的当属唐太宗李世民，最差的当属项羽，竟然诛杀了秦子婴。

二是隆重分封，以亲屏周。"封建亲戚，以蕃屏周……莫如兄弟，故封建之，其怀柔天下也，犹惧有外侮，捍御侮者，莫如亲亲，故以亲屏周。"③周朝建立后，为了稳定新征服的地区，分封了71个诸侯国，其中多数是周王室姬姓诸侯，逐次分封，逐级臣属和纳贡。试图用同姓血缘诸侯构筑一道屏障来捍卫周天子的中央权威。在这种经济形式下，土地所有权原则上归属于周"天子"，由"天子"将土地分封给各诸侯，领地皆为世袭绝不允许转让，诸侯具有贡赋的义务。天子对诸侯享有赏罚予夺之权，诸侯具有镇守疆土、出兵勤王、缴纳贡赋等义务。

按照孙皓晖的评价："这种诸侯制国体，就是后世的联邦制国体——最高的中央政权与地方邦国之间实行分权运行的一种国家体制。周初确立的联邦诸侯制，是中国早期国家形态进入成熟国家形态的历史坐标。"④周王朝实行的分封制，应该是当时历史条件下对广大的区域实行有效统治的最好的办法，对巩固和稳定周王室确实起了非常重要的作用。周灭商以后，在周王朝势力以外尚存众多旧国，在边远地区也有大量少数民族部落。周王朝的封国，不仅有效地扩大了周王朝的政治影响，对传播周的先进文化，加速民族统一体的形成有

① 参见《尚书·大传》。
② 参见《论语·尧曰》。
③ 参见《左传·僖公二十四年》。
④ 孙皓晖：《国家开端》，上海世纪出版集团2012年版，第129页。

着重要的意义。

令最初的顶层制度的设计者周公万万没有想到的是，血缘竟然也不可靠。按照最初设想，依靠血缘、裂土封侯的家族治理模式，应该可以永享太平万世。遗憾的是西周也仅仅享国275年，比夏商王朝短命得多！西周时期中央政府虽然采用封建诸侯屏周，还创立了"宗法制"，明确君权至上与嫡子继承制度来"定分"以防止无序的争夺，推行"以礼治国"，规范社会行为准则。虽然这些措施换来了短暂的"井然有序"，以至于引起孔子"郁郁乎文哉！吾从周"的无限向往，但是却依然内乱外患交织，最终一个流传两千余年的"烽火戏诸侯"故事，终结了血缘的信任度和礼治的幻觉。

"成康之治"后礼治的效用就开始衰退。成康之际，天下安宁，而后"王道微缺"、"王道衰微"。及至周厉王时期，民怨沸腾，"诸侯不朝"，虽有大臣"防民之口，甚于防川"的谏言而无效，高压统治之下，"国人莫敢言，道路以目"。面对财政匮乏，周厉王"好专利"，试图据经济利益为王室所有，侵害了贵族和国人利益。

所有的一切最终于公元前841年诱发了"国人暴动"，天翻地覆的暴乱下国人袭击了王宫，周厉王逃离镐京，14年后客死他乡。面对宗周无主的局面，贵族们竟然想出了六卿合议制，史称"共和行政"。周宣王即位后，"诸侯复宗周"，公元前789年周反击西部戎狄战败，损失了征自南方的军队，于是"料民于太原"，统计人口补充兵源，这是中国历史上第一次人口统计调查。公元前781年周幽王即位，改立太子，原太子宜臼的支持者"申侯怒，与缯、西夷犬戎攻幽王"，周幽王"举烽火征兵，兵莫至"，血亲诸侯竟然不出兵勤王！叛兵和犬戎"遂杀幽王骊山下，虏褒姒，尽取周赂而去"，直接引发了"镐京之乱"。这场军事政变彻底摧毁了西周，丰邑、镐京两大都城悉数被洗劫，成为废墟。

诸侯拥立原太子为周平王后，原来的都城已经被犬戎洗劫一空，而且犬戎盘踞不走，"平王立，东迁于雒邑，辟戎寇"。周平王引狼入室，自食其果，消除犬戎的威胁已经刻不容缓。但是此时的周室无兵无财，毫无办法。在没有诸侯愿意出兵的情况下，周向秦族群求助并发誓："戎无道，侵夺我岐、丰之地，秦能攻逐戎，即有其地。"现在犬戎占了周人发迹之地，如果你们秦族能打跑犬戎，这块宝地就给你们了！周人虽然花血本悬赏，但秦人想得到还需要靠本事从游牧民族手里抢回来。

"秦襄公将兵救周，战甚力，有功。周避犬戎难，东徙雒邑，襄公以兵送周平王。平王封襄公为诸侯，赐之岐以西之地。"秦人重回历史舞台、拥有领地靠的是血战。一个影响中国几千年的诸侯大国秦国就这样在血与火之中诞生了，从助大禹治水，到辅成汤立商，直至挽周于即倒，秦族群始终在中华文明史上发出灿烂光芒，最终奠定了中国乃至世界史上国家文明的框架。

公元前1046年周成立，公元前771年西周灭亡，共275年。虽然封建屏周，可是和夏、商相比，竟然更短命，原因在哪里？

黄帝之前，各族群土地占有依自然分布状态。黄帝作为天下共主，虽然拥有邦联制最高权力，但是并没有改变土地所属状态，即使大禹设立贡赋、建常备军也没有改变天下诸侯对土地所有权状态。虽然商加强了对天下诸侯的管理，开始以"德治"标准为底线行征伐之权并没收土地，但是仍然没有改变土地既定状态。一直到周灭商行分封诸侯开始，周将占领的殷商土地和其他灭国之地分封，同时又承认追随周灭商的天下诸侯。

这种复杂状态很快就因为"三监之乱"而改变，周公平乱之后即采取断然措施改造国体，其重点是土地国有、推行封建制。

分封诸侯的一个重大前提是对土地所有权的确认，即从过去各族群自然拥有状态改变为中央政府所有，只有臣服中央政府并缴纳贡赋的诸侯才有资格享有土地使用权。中央政府对地方诸侯的控制在经济上依靠土地和贡赋制度，在军事上依靠常备军队和对诸侯军队的调度权。

商灭夏、周灭商之所以都可以长驱直入，一个重要原因是诸侯拥有土地，为了保护私产更愿意坐山观虎斗。天下共主失德，尚且有"诸侯不朝"的情况，当出现危机的时候诸侯不一定会勤王，相反到乐见其成，因为换了新主后行德治，大家的日子会更好过。周公一定也看清了夏、商亡国的根源之一在于国家组织形式松散的弊端。解决这一弊端就必须进行政治制度改革即迅速推行封建制，"封建亲戚，以藩屏周"，依靠血缘与土地双重关系将中央政府与地方政府牢牢地捆绑在一起，维持王朝永存。

但是在地多人少的年代，诸侯和平民可以开垦私地，甚至将"山泽之利"作为重要的财富来源，这些并不在向中央政府缴纳贡赋的范围之内，同时为争夺土地财富，诸侯兼并之势不可避免，土地日益向大诸侯集中。在历史发展的进程中，一些诸侯发展壮大起来，开始向四周扩展实施兼并，成为雄踞一方的大邦，到春秋时期，形成了诸侯割据列国争霸的局面。这种趋势的结果必然是侵蚀中央政府的税基。随着诸侯势力强大开始断贡，最终断了中央政府存在的物质基础。当权力的天平开始向诸侯倾斜的时候，天下共主的宝座就不稳了。

血缘也改变不了这个趋势，财富分布才是决定因素。

二、西周时期制度性财富分布

我们首先看西周时期财富包含的种类。西周时代的财富，基本上以财物的自然属性或使用价值为内容："问君之富，数地以对，山泽之所出。问大夫之富，曰，宰食力，祭器衣服不假。问士之富，以车数对。问庶人之富，数畜以对。"[①] 诸侯领有的土地山泽，大夫的采邑，士的车马，庶人的牲畜，均为体现财富的具体形式。

西周的高利贷由封建国家参与经营，比较独特。泉府是政府主管高利贷的机构，每年终将高利贷的收入上报封建国家，这是西周封建财政收入的一个特点。

西周时期的赋税制度与其政府运作制度相适应，诸侯制在财政上对应的是分税制。

大体上，中央政府周天子获得财政收入约有两块。

一是取于诸侯的"贡"，也就是地方上缴中央的财政收入。"贡"分为"职贡"和"朝贡"，根据诸侯领地大小远近、爵位高低等因素确定，缴纳的方式比较灵活，"任土所宜"，实物与货币均可。"职贡"是地方诸侯每年向中央政府上缴的经常性收入，而"朝贡"则不是每年均发生，根据诸侯距离王城远近而定。这种制度实际上是将中央政府的财权委托给地方政府代理，这是与现代意义上的分税制存在的根本差异之一。如果中央政府软弱，地方诸侯势力足够大，就可能抗拒上缴"贡"，中央政府就麻烦了。

二是王畿之民负担的"彻"与力役。"彻"按照土地面积征收，税率根据离王畿远近确定，轻近而重远，税率为5%～25%。这种差异税率设计的原因之一是，"近者多役"，平时为王城修建付出的力役多，相应抵减田赋，而远者力役成本太高故用田赋取代。原因之二是出于安全考虑，近王畿者多为忠信之民，而远者多为被征服之民如"殷之顽民"。被征服之民承担赋税多，难以集聚财富谋反。

地方诸侯的财政收入来源比天子要广阔。一是"助"，即井田制中的"公田"收入，税率10%左右。税基不是粮食产量而是土地数量，"彻田为粮"、"计亩而分"，目的在于杜绝瞒报，但是对贫地就有失公平。二是山泽之利的专营收入。三是劳役和兵役。四是高利贷收入。对诸侯来说，土地、人口、垄

---

① 参见《礼记·曲礼》。

断资源的多寡成为直接决定封建领地的强弱的经济基础。

从分税制角度看，诸侯一级的地方财政无疑要远远强于中央政府的天子，中央政府的支出完全取决于诸侯上供的质量，天子的饭碗实际上是端在诸侯的手里。当天子之"势"弱的时候，只有看各大诸侯的脸色行事犹如讨饭一般，东周就是非常鲜明的例证。此时，地方诸侯具备了自立为王的经济基础和强大军队后，就想着问鼎了。这是血缘诸侯制必然崩盘的另一个原因。

西周芮良夫认为，财富乃上天所赐，"夫利，百物之所生也，天地之所载也。而或专之，其害多矣。天地百物，皆将取焉，胡可专也……夫王人者，将导利而布之上下者也，使神人百物无不得其极……匹夫专利，犹谓之盗，王而行之，其归鲜矣。"[①] 故财富应公平占有，惠及各阶层。如果由国王独占，归顺的人就没有几个，最终危及国家。

2000 年前就有如此看法，目光深邃。

---

① 参见《史记·周本纪第四》。

第二章 春秋战国与国家组织结构的嬗变

第一节 王室瓦解

东周是亡命政权，只是形式上的天下共主，"周室衰微，诸侯强并弱"。与各大诸侯相比，周王室已经沦落到财力最薄、军队最弱的状态，已经失去了对天下诸侯的控制力。强者争霸的兼并拉开了春秋战国时代的大幕。权力关系的演变依靠的是实力。

春秋是霸主的时代，而战国则是篡夺的时代，从公元前 771 年开始，终于公元前 221 年秦始皇统一中国。虽然东周的暮气弥撒了 550 年，但是春秋战国是中国历史上充满竞争、探索和创新的百花盛开时代。

东周王权的衰微，给了天下诸侯自行扩张的机会。诸侯兼并称霸，天下复归混乱与争夺，天下生变的序幕依然拉开。正如管仲所言："强国众，合强以攻弱，以图霸。强国少，合小以攻大，以图王。"① 大小诸侯相互攻伐，天下动荡不息。"欲用天下之权者，必先布德诸侯"的德治主张早已经被称霸天下的野心吞噬。生活在春秋时期的孔子，在评论这一时期的社会大变革时说："天下有道，则礼乐征伐自天子出。天下无道，则礼乐征伐自诸侯出……天下有道，则政不在大夫。天下有道，则庶人不议。"② 诸侯取代了天子行征伐之权，大夫贵族控制了朝政，天下议论纷纷。司马迁曾评述："春秋之中，弑君三十六，亡国五十二，诸侯奔走不得保其社稷者不可胜数。"③

表面上诸侯的崛起开始于东周王室的衰微，但是生产力、生产关系、经济

① 参见《管子·霸言》。
② 参见《论语·季氏》。
③ 参见《史记·太史公自序第七十》。

基础、上层建筑各种矛盾已经不可调和。打破周王室的神权只需要一个契机而已。公元前707年，繻葛之战，一箭射散了周王室的天威。周恒王即位之后，为恢复王权尊严，惩罚郑国擅自征伐、无视天子权威的罪行，联合几个小诸侯国对郑国发起了讨伐。郑庄公率兵迎战"王师"联军，郑国将军祝聃一箭射伤周天子，联军落荒而逃。周天子威信扫地，"礼乐征伐自天子出"的传统从此消失。继郑国之后，齐、晋、楚、秦等大国先后兴起。诸侯争霸，周王室无力征讨干预，天子之位，形同虚设。这场挑战神圣王权的战争，彻底宣告了王权的沦丧。

第二节 诸 侯 春 秋

诸侯强国的诞生本身就演绎了财富重新分配的必然逻辑。

如何在生存竞争中获胜成为每一个诸侯都不得不考虑的问题。在农业社会中，掌握土地和人口对于成为强国至关重要，拥有更多的土地才能够承载更多的人口，拥有更多的人口才能拥有更多的军队，拥有更多的军队才能获得更多的战争红利，大国诸侯的崛起必须解决人地关系这个财富分配的矛盾。围绕着如何解决财富在国家、贵族、国人的分配问题，形成了不同的政治主张，以求激发国家活力。

春秋时期的改革几乎都集中在土地制度和户籍制度，根本原因是保证税收。在公室、贵族、平民这三个利益集团中，财富分布的主要流向是公室或者贵族，当二者势力均衡的时候，平民的倾向对打破利益平衡的格局就至关重要。正如孟子所言，"域民不以封疆之界，固国不以山溪之险，威天下不以兵革之利。得道者多助，失道者寡助。寡助之至，亲戚畔之。多助之至，天下顺之。以天下之所顺，攻亲戚之所畔，故君子有不战，战必胜矣。"① 固国不以山河之险而是民心，历史上的强国争取民心的重点都离不开财富分配。

生产力与科技进步对社会变迁起到了推波助澜的作用。春秋中晚期，铸铁冶炼技术的飞跃发展和大规模水利工程建设，成为推动社会经济进步的重要技术创新动力。冶炼业已普遍推广，其生产规模也大为扩大。如齐国故都临淄冶铁遗址表明当时的冶铁业占地面积达40余万平方米，河北燕下都城址内有冶铁遗址三处，总占地面积也达30万平方米。这时期还出现了许多著名的冶铁

---

① 孟子：《得道多助，失道寡助》。

手工业中心，如宛（今河南南阳）、邓（今河南孟州市东南）和邯郸等。冶炼技术的全面发展使铁器在农耕和战争中开始广泛应用。铁制农具极大地推动了生产力的发展，铁制兵器的普遍使用有效地提高了单兵和军队整体的作战能力。欧冶子名传千古的"湛卢剑"、"龙渊剑"、"工布剑"、"鱼肠剑"、"干将莫邪剑"均出自这一时期。

大型水利工程的建设已经在诸侯国之中普遍开展，农田灌溉、水利运输工程都得到大力开发。如吴国在扬州附近开凿了一条沟通长江和淮河的"邗沟"，即现在的京杭大运河前身。西门豹邺郡治水，引漳水灌溉农田，连续修建 12 条水渠，魏国大富。鉴于蜀在统一华夏战略中的重要地位，秦国军事统帅司马错认为"得蜀则得楚，楚亡则天下并矣"[1]，秦依其策得蜀之后，设郡并修建了举世闻名的都江堰。秦在关中地区修建郑国渠，"渠就，用注填阏之水，溉泽卤之地四万余顷，收皆亩一钟。于是关中为沃野，无凶年，秦以富强，卒并诸侯，因命曰郑国渠。"[2] 为统一岭南，秦始皇修灵渠解决运输问题，连接长江和珠江两大水系，构成了遍布华东华南的水运网。公元前 214 年，灵渠凿成，岭南迅速统一。魏国则修建了连接黄河和淮河的人工运河"鸿沟"，"自是之后，荥阳下引河东南为鸿沟，以通宋、郑、陈、蔡、曹、卫，与济、汝、淮、泗会"[3]。中国古代主要的大型水利灌溉工程在春秋战国时期已经基本修建完成，在农业发展、交通和军事战略等方面都发挥了重要作用。

西周失去天下共主的一个原因是私田垦辟的逐步扩大，奴隶或者逃离，或者隐匿于诸侯。诸侯势力增大而共主的势力下降。土地私有取代公有已经不可逆转，贡助彻的赋税基础被破坏，这种趋势直接威胁到西周共主的财政基础。同时各诸侯国在激烈的生存竞争中，纷纷适应土地私有浪潮，相继改革土地制度和赋税制度，国家实力和军队战力都获得极大提升。

约公元前 685 年，齐国管仲推行"均地分力"、"相地而衰征"的经济制度，实际上是打破了井田制，将土地分配给农民，根据土地产量征税，征税更为合理。管仲主持的这次改革，兼顾各方经济利益，取得巨大成功，齐国迅速成为春秋第一个霸主。这是中国历史上第一次全面的经济改革，很多经济管理指导思想对后世产生了深远影响（见表 2 - 1）。

---

① 《华阳国志·蜀志》。

② 《史记·河渠书》。

③ 《史记·河渠书》。

表 2 - 1　　　　　　　　　　齐国管仲改革主要内容

改革领域	改革内容	意义
土地制度	改井田制为授田制： 1. 均地分力，将公田分给农户，自行经营； 2. 相地而衰征，根据土地级次实行差别征税； 3. 与之分货，按照固定比例征收实物地租。	废除奴隶制的劳役租赋，建立实物地租制度，取代井田制，承认私田合法地位，提高生产率。
赋税	农业税收，两年征税一次。大丰收之年，每年征收15%；中等之年，每年征收10%；下等之年，每年征收5%；灾荒之年免税。 工商税收，免除与他国贸易的税收，鼓励进出口；对国内商品交易征收2%。	通过鼓励农业生产，实现"仓廪实"，通过鼓励商业促进经济发展。
轻重之权	国家掌握货币发行权，并直接经营商业，借以平衡物价，调剂供需。"齐中衰，管子修之，设轻重九府，则桓公以霸。"[1]	通过对货币和商品流通的控制，平衡物价，是后世均输、平准思想的起源。
垄断经营	实施盐铁专卖。取之于无形，使人不怨。	后世中央集权国家的经济保障手段之一。
兵民一体	将民众按照军事组织统一编制，五家一体，固定居住。	管仲编民法是商鞅连做制度的雏形。

注：① 《史记·货殖列传》。

公元前 645 年，晋国推行"作爰田"、"作州兵"两项改革，将公田无偿分给国人，增加了赋税和兵员基础，实质是承认土地私有。

公元前 643 年，郑国子产进行了"田有封洫，庐井有伍"的田制改革，随后完成了"作丘赋"的军赋改革，根据土地多少征收税赋，适应了土地私有化步伐。

公元前 594 年，鲁国实行"初税亩"，对公田、私田一概"履亩而税"，实际上是承认了土地私有。

公元前 548 年，楚国"书土田"和"量入修赋"，划分收入种类，根据产量征收赋税，实际上是打破了奴隶制，向土地私有制过渡。

这些诸侯国进行的经济改革核心，实际上就是承认土地私有，按照土地数量和粮食产量课税。这不仅解决了财政不足问题，也调动了农民的积极性。国家实力相继获得提升，率先改革的齐、晋、楚先后称霸整个春秋时期。

中国封建生产方式的第一阶段，从生产关系来看，春秋已开始了领主土地占有形式的瓦解过程，到战国末已完全为地主土地占有形式所代替；从政权形

① 《史记·河渠书》。

式来看，领主经济的瓦解过程，正是无数的小割据向几个封建国家的大割据的转化过程。而战国时代几个封建大国的割据称雄，终于给领主经济的政治统治唱了挽歌。

到春秋晚期，周王室已经是备遭天下诸侯冷落的花瓶，对诸侯已经没有任何实质性的影响力，诸侯之间的兼并战争已经成为常态。整个春秋时期发生战争 395 次，战国时期 230 次①，一些大国通过兼并战争不断壮大，纷纷成为灭国的先锋。

晋国吞灭 12 国，成为当时华夏中国最强大的诸侯国；

楚国吞灭 21 国，成为当时华夏南部最具实力的大国；

秦国吞灭 16 国，成为当时华夏西部最具实力的大国；

齐国吞灭 4 国，成为当时华夏东部海滨区域最具实力的大国；

燕国吞灭蓟国，又吞灭北部胡人政权若干，成为当时华夏北部实力最强的大国。②

第三节　权臣上位

从周衰微至王权失势，根本原因在于内部诸侯势力的壮大。中央与地方的分权犹如天平，维持平衡的是财富分布的控制权。当诸侯拥有更多的财权军权治权的时候，这个天平就有可能被打破，转而倾向诸侯一侧。这一因素也同样深刻地影响了大诸侯国的变迁。大诸侯国内部，当国君与世族强臣的财富分布发生逆转的时候，几乎国君都被革命了，在战国时代篡权成为这一时期的最明显特征。

土地制度的变化直接影响了财政制度，税收形式也发生了根本变化。由于社会生产力的发展和私田垦辟的日渐扩大，奴隶社会制度下依托井田制的"贡助彻"征税方式逐渐失去了基础，王权财政日益枯竭。相反诸侯和卿大夫随着土地兼并和私田增加，势力不断扩大。各诸侯国的赋税制度也因土地私有制度的变化而相继进行改革，根据土地数量和粮食产量确定赋税水平。各大诸侯国的盛衰转换都与土地制度和征税制度发生直接关系，财富的分布状态逐渐影响到不同利益集团力量消长，最终影响到统治权的更迭。

---

① 根据《历代战争年表》（解放军出版社 2003 年版）统计，引自孙皓晖《中国原生文明启示录》，上海世纪出版集团 2012 年版，第 467 页。

② 孙皓晖：《中国原生文明启示录》，上海世纪出版集团 2012 年版，第 294 页。

强臣上位的标志性事件是三家分晋、田氏代齐、鲁国三恒事件，其共同特点就是公室衰微、治权与财富分布转向强臣。

一、三家分晋

晋国虽然是霸主，但是晋公室的腐败和倾轧，给了私室一步步强大起来的机会，晋国后期治权逐渐被世族强臣控制。"晋，季世也。公厚赋为台池而不恤政，政在私门，其可久乎！"[1] 晋国要完蛋了，晋国收税很高但都用于吃喝玩乐，财政匮乏，国家事务被六卿掌控，这个国家还会长久吗？"六卿欲弱公室，乃遂以法尽灭其族。而分其邑为十县，各令其子为大夫。晋益弱，六卿皆大。"竟然以法治的名义诛杀公室血脉，然后将领土给私分了，王室的血脉不继，但是强臣却日益强大起来。公元前 512～496 年，孙子与吴王对话，讨论晋国"六卿专权"谁将胜出，孙子预言赵氏必将获取晋国。推断的理由是：就田赋而言，范氏、中行氏税率 20%，智氏是 15%，韩魏是 12%，赵氏是 0。低税有利于争取民心，民心必然归附赵魏韩。[2] 历史进程与孙子的预言十分接近，公元前 403 年，赵、魏、韩先后灭掉范、中行和智氏，瓜分其土地为私邑，最终实施了"三家分晋"，一个华夏最大的诸侯国就被强臣分裂为赵、魏、韩三国。司马迁对三家分晋感慨不已，"故君道之御其臣下，固不易哉！"，道出了国家治理中集权与分权的平衡之难。

最强大的诸侯晋国灭亡之根本原因在于国家管理权的过度分散导致的财权失控，土地和征税权都逐步转移到六卿之手，"晋益弱，六卿皆大"，此是分权过度导致了国君丧失了控制权，"幽公之时，晋畏，反朝韩、赵、魏之君。"[3] 晋国的国君竟然要朝拜三晋之卿家，三家分晋就是必然的结果。至于权力如何流转，确如孙子关于税赋与民心的推理，通过土地税竞争，最终赵魏韩三家获取民心，各自从世族蜕化为诸侯。

---

[1] 《史记·晋世家第九》。

[2] 《孙子兵法·吴问》。范氏、中行氏的田制，长 80 步、宽 160 步为一亩，税率 20%。结果是公家富，置士多，主骄臣奢，冀功数战，故曰先（亡）。智氏制田，长 90 步、宽 180 步为一亩，税率 20%，结果应该是继范、中行氏而亡。韩魏制田，长 100 步、宽 200 步为一亩，税率 20%，韩魏应在智氏之后而亡。赵氏制田最慷慨，长 120 步、宽 240 步为一亩，公无税焉。公家贫，其置士少，主金臣收，以御富民，故曰固国。晋国归焉。

[3] 《史记·晋世家第九》。

二、田氏代齐

齐国是周初封立的诸侯国之一，首封之君是姜太公。"太公至国，修政，因其俗，简其礼，通商工之业，便鱼盐之利，而人民多归齐，齐为大国。"① 姜子牙宽政治理下的齐国成了经济大国。管蔡作乱、淮夷叛周的时候，周王室授权齐国"东至海，西至河，南至穆陵，北至无棣，五侯九伯，实得征之"②。齐国因此获得可征伐权力，在政治上，齐国也成了大国。齐桓公以"尊王攘夷"为号召，联合中原各诸侯，讨伐戎、狄、徐、楚，安定周室，成为春秋第一个霸主。桓公之后，齐国因内乱失去霸主地位，逐渐衰落，齐国的公族势力也因内斗而大大减弱。

公族势力的衰弱给了世族专权的机会，其中田氏击败其他家族逐渐控制了军权和治权，并采取"大斗出、小斗进"的借粮之法在齐国招揽民心。晏婴为此叹道："齐国之政卒归于田氏矣。"③ 自田常时期，田氏完全把持齐国，齐国诸邑大夫皆为田氏族人，田氏占有的地盘已经大过齐国国君。公元前386年，田和贿赂周王被立为诸侯。田氏历经285年的精心谋划终于上位齐国，取代姜姓吕氏，但仍沿用齐国名号，史称"田氏代齐"。法家申不害曾警告说，"一臣专君，群臣皆蔽"，其后果是"蔽君之明，塞君之聪，夺之政而专其令，有其民而取其国矣"，姜齐变田齐犹如此语的真实写照。田氏入齐初期，辞高官不受，却结党世族与施恩百姓并举，逐渐剿灭所有与其合作的世族，专擅齐国政权，诛杀齐国公族，使齐国国君成了摆设，最终将整个齐国揽入怀中。谋划之深之远令人惊叹，一个中国历史上鸠占鹊巢的精彩故事！

三、鲁国三桓

鲁国的失落令人费解。鲁国有过几次废长立幼、杀嫡立庶的事件，始作俑者就是周宣王。此后就内乱不止，先是庆父弑君乱后宫，孔子曾慨叹"庆父不死，鲁难未已"，而后的"鲁国三桓"竟然横跨九位鲁公在位期间，公卿争权不止。须知，鲁起自周公至顷公，总共34世，内乱竟然占了鲁国历史的三分之一！鲁国乃周公旦之后，按理说应该是正宗嫡传的礼仪之邦，

---

① 《史记·齐太公世家》。
② 《史记·齐太公世家》。
③ 《史记·田敬仲完世家第十六》。

但是鲁国弑君、乱伦、内争这些有悖于礼治的丑闻不断，可能是春秋时期发生最多的国家，连司马迁都觉得不可思议，发出了"至其揖让之礼则从矣，而行事何其戾也"的疑问，表面上礼仪有嘉，背地里净干些见不得人的勾当。

鲁国内乱频发的原因有三。一是继承制度，"一继一及，鲁之常也"①，就是所谓的"父死子继，兄死弟及"，国君的儿子有继承权，国君的弟弟也可能有继承权。鲁国三桓控制朝政导致"民不知君"的根源就在这里。二是强势卿家分权。鲁国第一家族季文子时期，掌控鲁国朝政和财富，公元前594年推出著名的"初税亩"，"政自之出久矣，隐民多取食焉。为之徒者众矣。"② 就是说百姓因初税亩改革获得实际利益，都争相投靠季氏。而且季文子非常注意自己在民众中的形象，"家无衣帛之妾，厩无食粟之马，府无金玉，以相三君"③，可谓克勤于邦、克俭于家、克政为民。三是初税亩的改革表面上提高了公室收入，但实际上挤压公室权力。鲁国初税亩虽然是中国历史上首次承认土地私有，但是井田制（公田）赋税合计是20%④，而私田只有10%，还有谁愿意种公田？开垦私田的奴隶和平民等所谓的"隐民"纷纷归附季氏和三桓，公室权力和财富则受到根本性打击。而商鞅变法则杜绝了鲁国改革的致命缺陷，施行的是土地、户籍、税制的综合改革，实际上是对贵族土地占有进行了釜底抽薪。这是秦国土地私有改革而国家强大、鲁国土地私有改革而贵族强大的根本原因。

鲁君自然失去民心，为张大公室，"宣伯告晋，欲诛季文子。文子有义，晋人弗许"⑤，季氏颇受民众拥戴，以至于鲁国数次准备诛杀季氏不成，连国际社会中的霸主晋国都支持季氏反对鲁君。鲁宣公死后，季文子趁机发难，驱逐权臣。季氏终于原形毕露，走上了专权执政鲁国之路。鲁定公时期，孔子做大司寇，欲"毁三桓城，收其甲兵"，但是"伐之，不克而止"，孔子与三桓的矛盾公开化。季氏用美人计离间了孔子与鲁君，"季桓子受齐女乐，孔子去"，孔子失望离鲁，开始了周游列国。鲁国虽然是第一个进行了土地私有化，但是过度分权导致了世族的强大，而继承制度不一导致内乱不止。所以以季氏

① 《史记·鲁周公世家》。
② 《左传·昭公二十五年》。
③ 《史记·鲁周公世家》。
④ 《春秋经传集解》。杜预注云：公田之法，十取其一，今又履其余亩，复十收其一。故哀公曰："二，吾犹不足。"据此推算，鲁宣公"初税亩"，田赋课征已实行20%税率。孔子的学生有若就此劝谏还要加税的鲁哀公："百姓足，君孰与不足？百姓不足，君孰与足？"
⑤ 《史记·鲁周公世家》。

为代表的三恒崛起，就意味着此时的鲁国已经非周公时的鲁国，残存的只是鲁国的名号而已，其实质与田氏代齐毫无二致。

第四节　大国崛起

大国崛起的秘密在于：强干弱枝，通过改革变法使治权、财富向公室与民众倾斜。

华夏族群在漫漫历史长河中，时而壮怀激烈，时而跌宕起伏，时而万马齐喑，时而峰回路转，但是华夏文明之火依然绵绵不绝，图存与创新并举。当我们徐徐打开历史画卷，在百花齐放的春秋战国时代，英才辈出，犹如黑夜中闪烁的星辰永恒不熄，虽然身躯不在但精神永存，凝聚一起铸就了一座不朽的历史丰碑。中国历史上的变法大潮起于战国时代，魏国李悝变法强国的大地惊蛰，吴起楚国变法的壮士扼腕、秦国商鞅变法的震烁古今、赵武灵王胡服骑射的铁血幻想，不仅开创了人类社会法治国家的先河，同时也推动了华夏不断走向统一之路。对于他们，无论爱与恨、赞美与诋毁，透过厚重的历史迷雾，只要我们怀着虔诚之心，仍然能够朦胧地感觉到先人的过人智慧与忘我的探索精神，他们的结局向现代人诠释了"触动利益比触动灵魂还难"的哲理，先人们的神灵在冥冥之中给后人指明了未来之路。

自战国时代，土地私有已经形成趋势，诸侯国家取得财政收入的主要形式已经不是地租而是土地课税。这种转变将私地也纳入征收范围，承认农民的土地收益私有，废除了井田制，通过财富分配向公室转移、提升农民待遇，有效地抑制了世族势力，强化了公室权力。魏国首先进行了变法改革，变法后强大的魏国成为其他诸侯国追随的榜样，而最弱势的秦国经过商鞅变法彻底走向了强国之路，奠定了统一华夏的制度基础。

一、魏国变法

公元前 422 年，仅有 33 岁的李悝被魏文侯任命为相，开始了变法强魏之路。魏国变法从整体上构建了一种全新的类似于中央集权的国家管理体制，在政治、军事和财政方面进行了具有创新性的改革。

在治理国家方面主张，废除传统的世卿世禄制，选贤任能，"食有劳而禄有功，使有能而赏必行，罚必当"①。治理国家的原则就是，按劳分配、按功授禄、任人唯贤、赏罚分明。同时，"夺淫民之禄，以来四方之士"，即取消放纵者的俸禄，用来招揽有志之士。官员的遴选任免制代替了承袭制，国君掌控官职任免和军队控制权，推行法治放弃礼治。

在经济方面，基本废除了分封制，贵族封地只保留征税权，治权兵权归属国家任命的官员，强调"尽地利之教"，精耕细作提高生产率。推行私田制经济，重农抑商，实行"平籴法"平抑粮食价格抑制商人利益。

在税收方面，鼓励老百姓垦荒，废除原本井田制下的土地界限，允许土地私有买卖，根据土地产量征收10%税收，"今一夫挟五口，治田百亩，岁收亩一石半，为粟百五十石，除十一之税十五石，余百三十五石"②，李悝制定的10%税负一直成为后世农业税的基准。

魏国变法的局限性在于没有真正地废除封地制，治权没有真正地归于国家（见表2-2）。尽管如此，变法完成后魏国迅速成为超级强国，其连锁效应就是直接引发了战国初期的变法浪潮。李悝的变法思想与举措构成了商鞅变法的主体内容，但商鞅更具魄力，克服了魏国变法的不足。历史的惊人巧合在于，商鞅变法的时候与李悝一样竟然也是33岁。难怪商鞅入秦的时候携带的一本书就是李悝的《法经》，粉丝。

表2-2　　　　　　　　　　　　魏国改革变法的主要内容

改革领域	改革内容	意义
分配制度	食有劳，禄有功，赏有能。	废除世卿世禄，强化国家权力。
重农	尽地力之教，精耕细作。	废除阡陌封疆，鼓励农业生产，提高农业产量。
稳定粮价	实施"平籴法"，官府设仓，平衡粮价，防止商人投机。谷贱伤农，谷贵伤民。	借鉴管仲轻重思想，平衡物价。

二、楚国变法

公元前390年魏国政局发生重大变故，著名军事家吴起被迫离开魏国到楚国，"至则相楚"。吴起认为，楚国贫弱缘于"大臣太重，封君太众。若此，

---

① 《说苑·政理》。参见魏文侯问李克。

② 《汉书·食货志》。

则上逼主而下虐民，此贪国弱兵之道也"①，国家权力分散于强臣和世族，欺君虐民，国家必然走向衰弱。吴起通过变法削弱贵族势力，"三世而收爵禄"，废"世卿世禄制"，"罢无能，废无用，损不急之官，以奉选练之士"，精简机构，节省财政资金，实现富国强兵（见表2－3）。吴起在楚国历经十年变法，"均楚国之爵而平其禄，损其有余而继其不足，厉甲兵以时争于天下"②，楚国实力大增，"南平百越，北并陈蔡，却三晋，西伐秦。诸侯患楚之强。故楚之贵戚尽欲害吴起"③。吴起变法严重地削弱了贵族势力，贵族复仇，吴起惨死。此后贵族集团的封地分治一直成为楚国崛起的羁绊，所以韩非子评论说："楚不用吴起而削乱"。

表2－3 楚国改革变法的主要内容

改革领域	改革内容	意义
治权集中	均爵平禄、三世而收爵禄、迁徙贵族至"广虚之地"。	废除世卿世禄，削夺贵族治权，强化国家权力。
精简机构	罢无能，废无用，损不急之官。	提高效率，压缩行政开支。
节约开支	损其有余而继其不足，厉甲兵以时争于天下。	节约开支，加大军费支出。

三、 商鞅变法

处于华夏腹地的魏国、韩国、齐国相继变法赚足了世界眼球，秦国变法却没有引起诸侯国的注意，根本原因在于秦国是地处西陲的穷帮大国，"秦僻在雍州，不与中国诸侯之会盟，夷翟遇之"，华夏诸侯根本瞧不起秦，视之为戎狄，无缘会盟诸侯。所谓"孔子西行不入秦"即是，连倡导天下大同的孔子也不愿意与秦国打交道。就在无人看好的背景下，一代雄主横空出世如黑马奔腾，不仅要彻底改变他的国家还要征服世界，历史对他的记述可怜得只有寥寥几处，但是并不影响他对华夏文明的伟大贡献，他就是秦孝公。

秦孝公即位时只有21岁，面对少梁之战后的危局，年轻的秦孝公镇定异常，"布惠，赈孤寡，招战士，明功赏"，开始了秦国休养生息发奋图强之旅。同时发布了引发历史裂变的《求贤令》："昔我缪公自岐雍之间，修德行武，东平晋乱，以河为界，西霸戎翟，广地千里，天子致伯，诸侯毕贺，为后世开

① 《韩非子·和氏第十三》。
② 《说苑第十五·指武》。
③ 《史记卷六五·孙子吴起列传第五》。

业，甚光美。会往者厉、躁、简公、出子之不宁，国家内忧，未遑外事，三晋攻夺我先君河西地，诸侯卑秦、丑莫大焉。献公即位，镇抚边境，徙治栎阳，且欲东伐，复缪公之故地，脩缪公之政令。寡人思念先君之意，常痛于心。宾客群臣有能出奇计强秦者，吾且尊官，与之分土。"① 大意是：秦国历史上是正宗诸侯，具有辉煌的历史，但是后来连续四代昏政，内乱外患交迫。三晋攻夺我河西，诸侯都蔑视我秦国，我感到耻辱，痛恨在心。如果谁能让秦国强大，我则封他高官，与他一起分享秦国。这篇《求贤令》现在读起来仍然有荡气回肠之感，言简意赅，霸气胸怀跃然纸上。透露出的信息也非常明确：明国耻、求长策、重分红、坦心胸。

这篇《求贤令》最终引出了震烁古今的变法强国奇才商鞅，商鞅开始变法的时候也只有33岁。就是说一个21岁和一个33岁的两个年轻人开始了中国历史上最伟大的变法强国，其深远意义影响了中国历史进程。

商鞅的聪明旷世罕有。商鞅年轻的时候已经是魏国丞相府的幕僚，屡出奇策。丞相公叔座"知其贤，未及进"，还没有来得及提拔商鞅，自己就卧病不起了。公叔座临终前向魏惠王推荐商鞅作为自己的接班人："年虽少，有奇才，愿王举国而听之"，魏王没有反应。公叔座继续说："王即不听用鞅，必杀之，无令出境。"魏王说"好"就离开了。公叔座又招商鞅愧疚地说："我向魏王推荐你做丞相，魏王没有答应。我又向魏王建议不用你为相就杀掉你，你快逃亡吧。"商鞅反应机敏，镇定自若地说："魏王既然不听你的话任我为相，又如何会杀我？我用不着逃跑。"魏王后来对身边人嘲笑说："丞相病糊涂了，竟然让我把魏国交给商鞅这个毛头小伙，神经病！"② 历史的滑稽之处在于，商鞅变法成功后率兵收复河西之地，逼得魏国割地求和。魏惠王后来评说这件事，懊悔地说："寡人恨不用公叔座之言也。"

商鞅进入秦国与秦孝公的相互揣摩也同样精彩。商鞅看到《求贤令》后，通过秦孝公近臣景监引见，这也成后代儒家丑化商鞅的一个借口。商鞅三次试探秦孝公，分别用帝道、王道、霸道说秦孝公，孝公最初不好意思发作，听得昏昏欲睡，之后大骂景监鉴人不利。最后听到霸道之时，认为有些道理，这时商鞅彻底明白了秦孝公的远大宏图，于是两人第四次相见，商鞅向孝公详细地

---

① 《史记·秦本纪第五》。
② 《史记·商君列传》：公叔座召鞅谢曰："今者王问可以为相者，我言若，王色不许我。我方先君后臣，因谓王即弗用鞅，当杀之。王许我。汝可疾去矣，且见禽。"鞅曰："彼王不能用君之言任臣，又安能用君之言杀臣乎？"卒不去。惠王既去，而谓左右曰："公叔病甚，悲乎，欲令寡人以国听公孙鞅也，岂不悖哉！"

阐述了变法强国之术，"公与语，不自知膝之前于席也，语数日不厌"①，孝公跟商鞅谈得非常投机，膝盖不知不觉向商鞅挪动，相谈数日不倦，大有相见恨晚之意。

商鞅其实在变法初期就意识到法治的不足，法治可以在短期迅速打造一个强国，但是在文明建设方面上有很多工作来不及展开，"然亦难以比德於殷周矣"②，法治恐怕不如殷周的德化久远啊，这是商鞅对法治不足的批评。这个历史细节多数人都有意无意间忽略了，耐人寻味。可惜商鞅命丧复辟势力，上天没有给他进一步展示才华的机会。商鞅大脑里盘整国家的大策略很可能是先法治后德治，二者并举。

商鞅在秦孝公的鼎力支持下，在秦国进行了两次变法，为秦国战胜各诸侯国统一华夏打下了坚实的政治基础。

公元前356年，秦国商鞅改革。彻底废除奴隶社会的井田制，"开阡陌封疆而赋税平"，对平民实施国家授田，承认土地私有、"民得买卖"，统一赋税；废除"世卿世禄制"，根据军功、垦功授予爵位，人人都有获得社会地位的机会；废除分封制，建立县制、编制户口、以户赋制取代田赋制，不仅彻底瓦解了贵族封地，还鼓励农民垦荒，增加了税收；重农抑商、奖励耕织，实行粮食储备和平准制度，"市利尽归于农"；实行"壹山泽"盐铁专卖，增加国家财政收入。

但是当时秦国的国情是人少地多，难以承受持续战争对国力的消耗，"兴兵而伐则国家贫，安居而农则敌得休息"③，这个矛盾如何解决？商鞅采取了"移民战"策略。商鞅建议秦孝公对外来移民采取优惠政策，将三晋民众招来秦国，开垦荒地，达到富国强兵目的。移民战的主要内容围绕财富展开，主要是授予土地和免税。"今王发明惠，诸侯之士来归义者，今使复之三世，无知军事；秦四竟之内陵阪丘隰，不起十年征。者于律也，足以造作夫百万。""今利其田宅，而复之三世，此必与其所欲而不使行其所恶也，然则山东之民无不西者矣。"④ 秦国的优惠政策，凡是各诸侯国来归附的人，立刻免除三代的徭役赋税，不用参加作战，并提供田宅。秦国四界之内，岭坡、土山、洼湿的土地，十年不收赋税，这一政策足够招徕上百万从事农业生产的人。同时对秦人和新移民进行社会分工，"今以故秦事敌，而使新民作本，兵虽百宿于外，

---

① 《史记·商君列传》。
② 《史记·商君列传》。
③ 《商君书·徕民第十五》。
④ 《商君书·徕民第十五》。

竟内不失须臾之时，此富强两成之效也"，即以秦原有的民众成军对敌，而让新移民从事农业生产，这就在富国强兵两方面都能收到成效。古代军人的地位要高于农民，这是尚武精神的体现（见表2－4）。

表2－4　　　　　　　　　秦国改革变法的主要内容

改革领域	改革内容	意义
田制改革（公元前408年）	初租禾。实物地租取代劳役地租。	承认私地合法化。
户籍改革（公元前375年）	五家为伍，强化户籍管理。	摸清人口基数。
县制改革（公元前377年）	推行县制。	加强国家对地方控制。
求贤（公元前361年）	商鞅入秦，揭开变法强国篇章。	
田制改革（公元前356年）	废井田开阡陌，实行国家授田制。①根据军功大小授爵田，贵族平民机会均等，平民政治地位提升；②制土分民，将国有土地分授给农民，每户100亩，消除了农民对贵族的依附，国家收租税。	私地合法化，农民获得土地长期占有和支配权，财富向平民和国家转移，推进社会公平，凝聚国家力量。
废除世卿世禄制	①按"二十等军爵"制依军功大小，授予相应爵位和薪资待遇。②通过治罪刑罚削夺宗室贵族世代食禄的特权。	集中国家治权。
户籍改革（公元前356年）	国家对户籍统一登记造册，"五家为伍，十家为什"。实施"连作法"相互监督。	将贵族封邑内的"隐民"置于国家控制之下，削弱贵族势力。
推广县制（公元前350年）	将贵族领主封邑全部改由国家统一管理的县。	通过户籍制度与县制，削夺了贵族在封邑内的治权、军权，解放了农奴。即对贵族釜底抽薪，又增加了劳力与兵源。
税制改革（公元前348年）	即"初为赋"。①田租即"土地税"，实行履亩而税，彻底废除"贡助彻"劳役租赋制，根据田亩产量课征实物税。②口赋即"人头税"，按人口征收，鼓励农民垦荒，向贵族加征军赋。针对贵族荫庇大批"隐民"侵蚀税源而增设。③刍稿税，根据授田亩数征收的军马饲料税。	公平税负，充实国家财政，抑制贵族势力。
统一度量衡（公元前344年）		公平和简化交易，利于征税。

续表

改革领域	改革内容	意义
重农抑商	①发布重农法令、垦草令，以轻税免役奖励务农。 ②鼓励小农经济，"民有二男以上不分异者，倍其赋"。 ③实施粮食储备和平准政策，打击囤积投机。 ④重关市之赋，实行"不农之征必多，市利之租必重"。 ⑤实施"壹山泽"国家专卖，盐铁专卖。	农业是国家基础，所谓抑商不是否认商业交易作用，而是限制商业投机，维护经济稳定，但是损害了贵族集团利益。

关于商鞅在秦国实行盐铁专卖，西汉桑弘羊曾评论道："昔商君相秦也，内立法度，严刑罚，饬政教，奸伪无所容。外设百倍之利，收山泽之税，国富民强，器械完饰，蓄积有余。是以征敌伐国，攘地斥境，不赋百姓而师以赡。故利用不竭而民不知，地尽西河而民不苦。盐、铁之利，所以佐百姓之急，足军旅之费，务蓄积以备乏绝，所给甚众，有益于国，无害于人。"① 尽管后人对盐铁专卖制度横加指责，尤其从现代市场经济的效率角度肆意发挥鞭挞，但是即便是当代，在一个贫穷落后的国家推行现代民主制度，你看到有成功的先例吗？盐铁专卖的实质是将世族富商的垄断利益收为国有，斩断了他们的利益之源。所以改革家遭到利益集团的咒骂应该是比较轻的，多数都不能功成身退，商鞅、吴起即是代表。

商鞅变法获得了巨大成功，司马迁评价说："行之十年，秦民大悦。道不拾遗，山无盗贼，家给人足。"后世儒家说商鞅横征暴敛肯定不对，否则怎么会"家给人足"？商鞅虽然被复辟势力车裂，但是秦国仍然沿袭了他的以法治国大政方针，不断壮大，为日后秦国剪灭六国、统一华夏奠定了坚实的政治经济基础。

虽然后世对商鞅的评价褒贬不一，但多数局限于法儒学派之争。西汉刘向的评价比较客观："秦孝公保崤函之固，以广雍州之地，东并河西，北收上郡，国富兵强，长雄诸侯，周室归籍，四方来贺，为战国霸君，秦遂以强，六世而并诸侯，亦皆商君之谋也。夫商君极身无二虑，尽公不顾私，使民内急耕织之业以富国，外重战伐之赏以劝戎士，法令必行，内不阿贵宠，外不偏疏远，是以令行而禁止，法出而奸息。"② 对于法儒之争，韩非更是不客气地评价道："儒者用文乱法，而侠者以武犯禁。"③ 遗憾的是西汉后期的衰败似乎印证了韩

---

① 《盐铁论·非鞅第七》。
② 刘向《新序》。
③ 《史记·老子韩非列传第三》。

非的判断。西汉政治的败坏，恰好就是由于文学贤良之类掌握了政权，元帝"少而好儒，及即位，征用儒生，委之以政，贡、薛、韦、匡迭为宰相，而上牵制文艺，优游不断，孝宣之业衰焉"①。汉宣帝是汉代治世的巅峰，经济全面好转，而且是吏治最好的时代，估计也是中国权力自上而下体制中最好的时代，汉宣帝作为执政者的评价更客观，"俗儒不达时宜，好是非古今，使人眩于名实，不知所守"，史书对汉朝的划段也是自元帝，"汉世衰于元成，坏于哀平"②。

同是提升国家实力，但是商鞅的法治改革与管仲的重商改革有根本的不同。管仲的改革是对既定的利益格局不做大的调整，而是通过实行国家专卖聚集财富，是另辟蹊径。但是个体小农经济是封建地主经济的最基本生产单位，是国家政权赋税和军役的主要承担者。随着土地兼并的加剧，大批农民破产流亡。富商巨贾借机垄断流通领域，阻碍商品经济的正常发展。不打破既有的利益格局，虽然国家会富裕但是并不强。齐桓公死后，齐国迅速衰落，这应该是根本原因。面对国家的赋税基础受到严重削弱，重农抑商是商鞅强秦改革一个非常现实的出发点，这就必须打破既有的利益格局。商鞅的重农抑商还有一个考虑，若使秦国崛起必然走强军吞并诸侯之路，就必须做到"兵出粮给而财有余"。重农，不仅有利于积累财富，还有利于民众"归心于农"，易于教化培养成忠勇奋战之士。而"商民善化，技艺之民不用，故其国易破也"，利益决定商人立场的善变，商人不具备牺牲精神，而且"民富而不用"，如果百姓太富裕了就会因为守财和享乐而怯战，宋朝就是最鲜明的例子。所以从强秦的战略出发，重农抑商是一个问题的正反两面。重利无义焉有强国？

战国时期的经济改革争端，集中在法家与儒家主张的尖锐对立，焦点是土地税收问题。土地改革是中国历朝都不能回避的基本问题。儒家主张平均地权，主要是推行井田制。但是井田制存在的两个致命问题。一是土地有限。土地储备丰富，才能均田，才能足以保证新增人口可以分配到土地保证劳动力存活。但是土地有限而人口却自然增长，必然产生人多地少矛盾，故均田不可持久，建立在均田制基础上的国家早晚要完蛋。二是封建制，分封土地给诸侯。历史已经证明，诸侯利用自己优势地位，从兼并土地开始不断壮大，财富分布开始向诸侯倾斜，国家必然面临被肢解的局面。法家改革的主要目标也是土地制度，主张土地私有，与儒家的井田制根本对立。商鞅改革应该是最为彻底，

① 《汉书元帝纪》。
② 《汉书佞幸传》。

"废井田、开阡陌"的实质是废除了诸侯和大地主阶级存在的经济基础，没有了赋税、专营和人口，断了他们赖以存活壮大的根，进而国家的权力基础必然得到巩固。商鞅改革之后，秦国接受封爵的主要是功臣，虽仍有封邑，但在封邑内没有统治权，以所征的赋税作为俸禄。正如《从军行》（卓尔堪）的描述，"战胜食采邑，战死为国殇"。秦统一华夏彻底抛弃了分封诸侯，确立郡县制，建立了统一的中央集权国家。中国历史上洞悉其中奥秘并铁腕实施的当属商鞅。所以毛泽东曾感慨道，"今试一披吾国四千余年之记载，而求其利国福民伟大之政治家，商鞅不首屈一指乎？"

第五节　小结——财富决定

按照恩格斯的说法，"国家是文明的概括"。但是有关国家起源的探讨，一旦打上阶级的烙印，就有了不同的理论。所谓的"君权神授"只不过是统治者的自我神化与迷惑臣民而已，而卢梭的"社会契约论"则认为国家产生于全体社会的"共同意志"。但是按照阿罗不可能定理，社会选择不可能建立在个体自由意志之上，因为所谓的社会"共同意志"在众多的利益选择面前，不可能达成共识。按照生物界的进化规律，生命在自由竞争中，弱势种群依靠数量优势获得种族延续的机会。一人一票的民主社会，要想在选举中获得总统大位，必须迎合那些社会弱势群体。社会在这种游戏规则下演化出三条路径选择：要么逐渐衰落下去即混乱无序；要么暗地里保护少数优势群体而表面上追求"共同意志"，缔造一个祥和社会；要么走向集权。

黄帝以武力消除社会混乱建立最高权力联盟，代表了人类和平的渴望，而大禹治水则代表了人类生存的渴望，社会"共同意志"的确是国家存在的基础，但是黄帝与炎帝、蚩尤的战争、大禹平三苗之乱折射出的却是统治权力之争夺。禅让制看起来很美，犹如现代的民主制，但是却最终在大禹的继承者中寿终正寝了，"共同意志"已经成为一个遥远的神话。按照《竹书纪年》说法，中国历史上儒家推崇备至的禅让制根本就不存在，"昔尧德衰，为舜所囚"。历史的真相很可能被《韩非子·说疑》一言以蔽之："舜逼尧，禹逼舜，汤放桀，武王伐纣，此四王者，人臣弑其君者也。"

西周初期的封建领主在国家治理的权力分配中应该处于更为强势地位。事实上各级封建贵族领主对领地内的土地实际占有，领主被赋予在领地内军事、政治、司法和经济的特权。相比之下，地主经济则是以地主土地占有形式为基础的经济形式。在这种经济形式下，土地所有者的土地基本上是通过自由买卖方式取得的，它已不是领地，土地所有者也没有被赋予公开的军事、政治、司法和财政特权。一个令中国古代统治者非常头疼的大命题是：依靠血缘分封制的领主经济不行，那么依靠土地自由流转是否更好？中国历史的回答是：农业社会下土地自由买卖的最终结果是土地兼并，世族豪绅最终通过控制土地而蚕食了国家赋税基础，当一个王朝失去了赋税钱粮，社会财富都集中到世族豪绅之手，王朝的分崩离析就不远了。

恩格斯有关国家本质的认识最为彻底，"国家是表示：这个社会陷入了不可解决的自我矛盾；分裂为不可调和的对立面而又无力摆脱这些对立面。而为了使这些对立面——这些经济利益互相冲突的阶级，不致在无谓的斗争中把自己和社会消灭，就需要有一表面上驾于社会之上的力量，这种力量应当缓和冲突，把冲突保持在秩序的范围以内，这种从社会中产生但又自居于社会之上，并且日益同社会脱离的力量，就是国家。"

通过封建与宗法来团结血族以求江山万代，这种社会组织最终崩溃于社会经济的不断发展。按照马克思的论断，所谓统治权即是财富的分配权力。古代所谓国，多指诸侯的都城，诸侯在封域内享有土地收益权。但是这种王道分配下的土地所有制，在春秋时期就成为经济发展的羁绊，诸侯兼并此起彼伏。春秋时期商品交换的发展加快了领主经济形式的瓦解，领地变为私有财产，领主逐渐向地主阶级转化，地主土地占有形式成为支配形态，领主蜕化为割据的诸侯，"天子"已经成为摆设和工具。

国家间的兼并战争，不仅扩大了胜利者的土地占有，伴随着诸侯国的数量减少，形成了较大规模的诸侯国家，这一趋势为最终合并成一个统一的封建国家创造了条件。人口增加—经济进步—国力充实—征服他国—开疆扩土—战争兼并—文化融合—封建趋于统一。

应验了恩格斯的论述："自从阶级对立产生以来，正是人的恶劣的情欲——贪欲和权势欲成了历史发展的杠杆，关于这方面，例如封建制度的和资产阶级的历史就是一个独一无二的持续不断的证明。"人类的贪婪与实力决定了财富分布状态，在财富的争夺中演绎了无数精彩的历史故事，也催生了文明进步。

如果从夏成立开始算起，到秦始皇统一中国，统一之路大概走了2000余年。

第二编　统一之路与财富分布

有一句话大家都记得：忘记历史意味着背叛。如果时光能够轮回，当站在历史的起点，顺着夏商周演化逻辑，到春秋战国，再到秦商鞅变法、始皇开天辟地统一华夏，然后再梳理王朝更迭的历史逻辑，相信任何人都会对华夏民族的历史由衷地自豪。我们的先人经历了人类所有的灾难、战乱，解决了其他古代民族所不能解决的国家管理难题，在人类文明的历史上书写了绚丽篇章。华夏文明的伟大不仅仅只有指南针、造纸术、火药和纺织术，还有更伟大的汉字，还有更伟大的法学、兵学、天文学，还有更伟大的国家管理构架，还有无数为这个民族而生、为这个民族而死的英雄豪杰。当你沉浸在历史演化的大逻辑中，禁不住的是激情、自豪之情。

从夏立国建立了华夏历史上第一个国家形式——统一联邦制开始，统一的意识就一直沉淀于国家治理的理念之中。自夏开始至今大约4000多年的漫长岁月中，中国的统一与分裂的线条，大体可以分为两大块。

第一块是夏商周。时间跨度大约为2000年，诸侯国的军政自治权比较独立。到春秋战国时期周王室已经形同虚设，各诸侯国事实上已经独立（见表1）。

表1　　　　　　　　　夏商周至春秋战国统一时间

朝名	代数	延续期	国体及形态
夏	16 王	大约 500 年	统一联邦制
商	31 王	大约 600 年	统一联邦制
周	13 王	大约 257 年	统一联邦制
春秋	25 王	大约 300 年	分裂
战国	7 大战国	大约 250 年	分裂

第二块以秦帝国成立到1949年。按照封建国家计算，时间跨度长达2192年中，分裂期为893年，分裂时期占40.74%（见表2）。

表2　　　　　　　　　　秦至民国的统一与分裂统计

朝名	代数	延续期（年）	国体及形态	内乱状况及内乱期（年）	
秦	2	15	统一帝国		5
西汉	15	215	统一帝国		
新	1	15	统一国家		3
东汉	14	196	统一国家	初期8年内战，后期24年内乱	
三国		60	分裂		60
西晋	4	52	统一国家		15
东晋南北朝	12	264	大分裂		264
隋	5	39	统一国家		3
唐	25	276	统一国家		30
五代十国		52	大分裂		52
北宋	9	163	大分裂	北宋、辽、西夏、吐蕃、回鹘、大理、黑汗并存	163
南宋	10	157	大分裂	南宋、蒙古、金、西夏、西辽、吐蕃、大理并存	157
元	13	88	统一国家		
明	19	294	统一国家		
清	10	268	统一国家	自1840年外辱内乱72年	
中华民国		37	分裂		37

　　总体上中国的统一占据了主流。分裂内乱虽然终归统一，但是也一直在历史的进程中反复出现，正所谓的合久必分分久必合。历史的规律也非常明显，强盛时期全部是统一时期，而分裂内乱时期则积贫积弱。奇迹在于，世界上没有一个国家像中国这样历经如此多的分裂内乱竟然都能自我整合，最终回归统一之路。

　　考察中国历史变迁，必须从多维度出发才能获得更客观的结论。纵观中国历史上眼花缭乱的朝代更迭，主线索大体可以分为三类：环境变迁、国家管理体系、经济问题。问题的复杂性在于这三个主线经常交织在一起，演化的结果必然难以预料。但是其演化的诱因与结果都集中到财富分布的问题（见图1）。我们会按照这个大思路逐项展开分析。

　　准确理解中国历史变迁的逻辑，还应该借鉴毛泽东的中国社会阶级分析的视角，将社会主体分为三个阶级：王权、贵族（或者世族）与农民三个利益集团。这三个集团共同作用，影响了中国历史进程，缺一不可。总体上如果王权和贵族结合的朝代以剥削为主，国力比较弱如宋；如果贵族和农民结合，一定是皇帝人头落地，改朝换代；如果是王权和农民结合，一定打造出一个强盛朝代如秦、汉、唐；如果农民被剥削压迫难以生存，就一定会爆发出轰轰烈烈的农民起义。

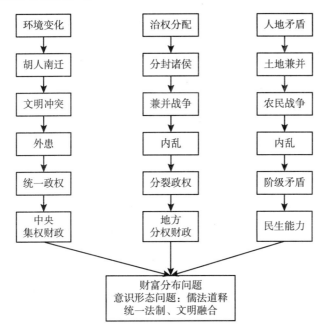

图1　财富分布与历史演化分析框架

　　王权如何与农民结合？一是给农民更多实惠，中国农民要求很简单，能填饱肚子就行。如果能够再给农民财富如减税分地，那就更不得了了；二是给农民信仰，改造农民的思想。任何强盛的朝代都没有忽略这项工作。秦国崛起时候的政策核心是"强国富民"，这在《商君书》中表述得非常清楚，秦国开启灭国大战的核心思想是"以战易战统一和平"；汉武帝大战匈奴的背景是民众苦于边患，正如霍去病所言"胡未灭何以为家"；唐朝崛起的前提是200多年的大混战，民众渴望和平；清比元高明的地方在于实施民族融合政策。将信仰贯彻到民众之中，才能获得民众不尽的支持。中国历史上能够战胜强敌的军队都具有一种精神信仰，秦国为统一而战，岳家军为雪国耻而战，解放军为民族生存和自由而战。

第三章　地理、气候与外患

第一节　地理环境与朝代更迭

打开中国地图①，现代的，古代的，我们都会发现华夏文明诞生于一个相对封闭的区域。东南方濒临大海，西南方有青藏高原和云贵高原做屏障，更有世界屋脊喜马拉雅山脉，西北方向有昆仑山脉和天山山脉环绕，北方有阿尔泰山、阴山和大兴安岭在广阔的蒙古高原上依次连绵。东南的大海和三面环山阻隔了华夏先人与世界大规模沟通的可能，所以欲与世界连接就只有打通陆路。

从地形看，古人只有两个选择。

一个是在内蒙古高原黄河中段与阴山、大青山以北之间的河套平原。唐韦蟾有诗歌赞其"贺兰山下果园成，塞北江南旧有名"。河套平原犹如马鞍，坐拥河套平原就有可能顺势而下进入黄河中下游。河套平原在中国历史上是游牧民族进入黄河流域的主要通道，也是华夏民族抵御游牧民族最重要的战略平台，秦国名将蒙恬就在这一带建立了进攻匈奴的战略基地，再往北就是不适合农业生产的蒙古高原。西晋后期游牧民族就是突破了河套平原的防御而进入黄河中下游的，上演了中国历史上最悲惨的"五胡乱华"。

另一个就是祁连山脚下的河西走廊。河西走廊南北介于南山（祁连山和阿尔金山）和北山间，长约900公里，宽数公里至近百公里，为西北—东南走向的狭长平地，形如走廊，就成为华夏对外交流的唯一通道，自古就是通往西域的咽喉要道，是丝绸之路的重要组成部分。李白有诗赞曰："明月出天山，苍茫云海间；长风几万里，吹度玉门关。"明朝又筑天下雄关嘉峪关，被称为"边陲锁钥"。从战略上看控制了河西走廊就基本控制了西域，也就打通了丝

---

① 可参见谭其骧：《简明中国历史地图集》，中国地图出版社 1991 年版。

绸之路。① 而一旦河西走廊被扼守住，西域基本上就可以独立，也可以对黄河流域形成进可攻退可守的战略优势。所以汉朝和唐朝不惜一切代价要打通西域应该都有彻底解除边患保卫国家统一的战略构想。中唐时期安史之乱后游牧民族则突破了河西走廊的天然咽喉要道进入黄河流域。明朝则先后失去河西走廊和河套平原，主要军队力量被牵制在这两个区域抵抗游牧民族，不仅酿成了皇帝被瓦剌生擒的悲剧，连北京都成了边防重镇。这种对抗局面给了后金一个极好的壮大机会。

东南的大海曾经是一个不可逾越的天然屏障。随着造船航海技术的推进，自隋唐以后中国与世界的沟通开始向大海深处延伸。到宋代则突破了大海的阻隔，形成了海上丝绸之路，也将华夏文明推到了历史上的最高峰，宋朝也成为农业文明史上最富裕的国家。从世界各国崛起历史看，如果对大海的征服缺乏贪婪的商业资本驱使、没有贸易红利的话，将难以为继。宋朝的海上贸易的主打品种是当时中国最具有世界竞争力的产品茶、丝绸和瓷器，大宋国因贸易而不断富裕，但是明朝郑和的庞大舰队七次下西洋的目的却成历史之谜。我们有能力征服大海，有能力超越天然屏障走向世界，可惜历史的走向没有依照现代人的逻辑判断。明朝立国不久就实行海禁，一直到 1567 年"隆庆开关"。到了清王朝更进一步实行了闭关锁国的政策，自我孤立于世界，一直到 1840 年的鸦片战争，中国那扇尘封已久的大门才被洋人的坚船利炮打开。

中国的政治经济中心在历史上的游走基本上是以咸阳、西安、洛阳、北京为主线，而开封和南京作为政治中心都不长久。地理位置最佳的当属咸阳、西安和北京，基本上都是三面环山易守难攻，而且有盆地或者平原为依托展开农业生产，利于战略补给。而开封和南京虽然处于平原富庶之地，物阜民丰，但是几乎无险可守，相反却成为最大的诱饵，北宋时期金国进攻开封、清朝曾国藩围困南京剿灭太平军，地势上都发挥了重要作用。

关于开封是否应该做都城，北宋时期进行了长期的争论。按照张方平的说法："今之京师，古所谓陈留，天下四冲八达之地，非如雍、洛有山河形势足恃也，特依重兵以立国耳。兵恃食，食恃漕运，汴河控引江、淮，利尽南

---

① 秦汉以来近千年的开垦、放牧、砍伐及战争破坏，黄土高原北部边缘与鄂尔多斯高原之间在唐代后期开始出现强烈的风沙侵蚀，并形成流动沙丘，北宋时形成较大面积的沙漠。检阅两汉时期文献，阴山以北，河套与鄂尔多斯高原地区，则因地肥绕，多水草，成为秦汉王朝与匈奴激烈争夺的地带。秦、西汉两朝曾多次移民屯垦，同时匈奴骑兵也不断南下，往来驰驱，从未见有沙漠的记录。故可推断，今天的毛乌素沙漠在秦汉时期不存在，而是在唐中后期开始逐渐形成。参见朱士光：《历史时期黄土高原自然环境变迁及其对人类活动之影响》，《干旱地区农业研究》1985 年第 1 期。

海。"① 公元前 225 年秦国名将王贲水淹大梁灭了魏国。开封不如长安、洛阳地势险要，由于无险可守只有依靠重兵，这就需要漕运解决粮食问题，由此兵役、劳役激增将消耗大量财力。所以赵匡胤一直有迁都之意，目的是"据山河之胜而去冗兵"，但是这件事遭受晋王（宋太宗）为代表的诸大臣反对而不成，他曾经感叹道"不出百年，天下民力殚矣！"战略家的眼光的确非同一般。

中国的政治、经济中心在唐朝开始了分离。秦统一华夏的时候，长江流域和珠江流域尚处于未有效开发阶段，其文明程度较黄河流域相距甚远。随着几百年的不断耕耘，长江流域和珠江流域相继获得开发，逐渐成为国家赋税的主要承担者。政治中心长安与经济中心长江流域存在十分明显的分离，所以隋朝建国之后就面临这种十分尴尬的局面，要么迁都，要么将长江流域的钱粮运到长安。隋朝选择了后者，开凿大运河（见图 3 - 1）。隋朝开凿大运河的战略意义无论如何评说都不为过，惜乎太急。

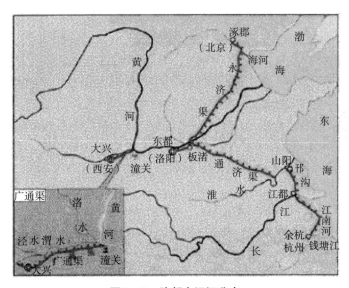

图 3 - 1 隋朝大运河分布

资料来源：百度图片。

黄河流域由于战乱频繁和环境变化等因素，自唐朝开始就对统一国家的经济贡献逐渐下降。中国封闭的地理结构有利于不同文明的相互融合，而北方与

① 《乐全集》卷二十三《论京师军储事》。

南方的生存条件的差异实际上进一步增强了南北互补的相互依存度，北方作为抵御外患的前沿，南方作为兵马钱粮的基地。这种变化对后世朝代更迭影响极大，本质上是军权与财权的统分结合问题，而这对任何一个政权几乎都是根本性的。所以成吉思汗虽然可以横扫亚欧大陆，但是元朝崩塌却始于江南，根本原因在于朱元璋等起义军纷纷在江南崛起，断了元朝的钱袋子米袋子。清朝覆灭的一个战略上的原因也是革命起于长江流域和珠江流域，大清帝国钱粮被断了。

按照埃尔曼·塞维斯（Elman Service）的说法，中国早期城市的出现、政权的集中和阶级的分化，均与游民民族的冲突有关①，中国历史上华夏族群与游牧民族的战争可谓史不绝书。卡内罗提出的限制论对这一推论的解释为，族群之间为争夺生存资料战争就难以避免，当被攻击的一方所处的地理环境特殊，处于无路可退的情况，就必然形成一个统一的指挥集团和有组织的机构，国家就是在这一基础上发展起来的。② 其观点与"天子之立也出于君，君之立也出于长，长之立也出于争"③ 的逻辑如出一辙。

解放战争时期，毛泽东的军政战略选择对中国的统一发挥了至关重要的作用。一次是不惜一切代价抢占东北。占有东北这个战略要地，不仅可以成为中国革命的重要补给基地，而且可以从东北、西北双线出击，形成对华北和中原的夹击之势。第二次是没有听从斯大林国共划江而治的建议，继续跨过长江统一全中国。如果划江而治，虽然共产党占有的土地面积要大得多，但是没有江南富庶之地作为钱粮基地，未来发展将会受到极大制约。而如果国民党占领江南和华南获得喘息机会，将军事力量与经济力量结合，中国就有可能出现比较长期的分裂局面。如果是这样，中国就不会享有今天在国际社会的强有力地位。

地理环境和气候变化可能是导致中国朝代频繁更迭最主要两个因素，当南北生存条件差别越来越大时，北方生存条件的恶劣加速了人口南移，成为北方政权不断南下的动力，这是民族融合和国家统一的内在逻辑。很大程度上明清闭关锁国也与地理环境有关，但是大海这个天然屏障因为航海和技术进步而变成洞开的门户，对统一国家而言是机遇与风险共存。

明清中国有最出色的航海与火炮技术，但是郑和并没有利用这些技术进行扩张而是布施和炫耀，然后就是闭关锁国。这种古怪的决策，很可能与独尊儒

---

① Service, E. R., 1975. Origins of the State and Civilization. New York: Norton, pp. 250 – 251.

② 童恩正：《中国北方与南方古代文明发展轨迹之异同》，《中国社会科学》1994 年第 5 期。

③ 《吕氏春秋·荡兵》。

术和科举制度有关，精英阶层都忙着皓首穷经升官发财，书中自有黄金屋颜如玉就是最直白的写照，早已经没有春秋战国时期敢为天下先的勇气和激情责任。当众多精英阶层乐于钻入故纸堆、醉心仕途之时，从思想上就已经排他而自我封闭了，闭关锁国只是表象而已，所谓早期儒家精英的灵魂早已经死去。儒家华而不实的东西被1840年洞开的国门所闪现的文明科技之光照得体无完肤。今天中国应对开放的挑战很可能来源于中国畸形的教育体制和官僚制度。

中国封闭的地形和欧洲开放地形形成鲜明对照。相对封闭的地理环境决定了个体自由迁徙的空间极其狭小，只能被动承受，当生存条件已经突破最低生存底线，动乱将不可避免。封闭系统与独尊儒家的封闭思想促使整个社会最终走向最大熵状态和僵化，而秦汉唐之所以强大在于均分土地和思想开放百家争鸣，解决了内部混乱的利益矛盾与冲突。反观欧洲开放的地理环境就有利于个体的自由迁徙，当生存条件恶劣的时候，古代的欧洲人采取的是"惹不起躲得起"的迁移策略。恶税引至的纳税人大量逃亡是罗马帝国崩塌的一个重要原因，大量的农民迁徙逃亡断了强大罗马军团的生存基础，没有外族入侵罗马帝国也会散落成泥。鲜明的对比是穆斯林入侵欧洲的时候遇到的阻力极小，因为选择穆斯林意味着免税[1]，即使是基督徒也不愿意承担恶税。所以古代中国的封闭地形和古代欧洲的分散环境因素在各自演化路径的选择上都发挥了重要作用，一个封闭一个开放，形成鲜明对比。尤其我们的祖先找到了大一统的管理智慧，有效控制了财富分配权力。而罗马的财富控制在贵族和包税人手中，利益纷争导致的混乱就不可避免。

虽然在中国历史上西汉末年、东汉末年和十六国时期的混乱导致大量"流民"逃亡到河西走廊避难，但是高山和沙漠的阻隔再也无法继续前进了，公元851年张议潮率领瓜、沙十一州起义归唐[2]，反倒加快了统一步伐。相反游牧民族的南下则更为壮阔，游牧民族南下为中国的统一做出了更大贡献。第一次南下可以追溯到东汉后期自北魏，隋朝在北方统一的基础上消灭了南朝，实现了统一使命，这是盛唐得以辉煌的基础。第二次南下高潮自"安史之乱"后的藩镇，五代中的三代都是由沙陀人建立的，契丹、女真，最后蒙古灭南宋，实现了真正的统一。第三次则是满族南下建立清朝，最终完成了统一大业。民族大融合成为封闭地理环境中的必然结果。

在过去的千年，中国经济规模虽然长期保持着世界老大地位，但是增速缓

---

① 查尔斯·亚当斯：《善与恶——税收在文明进程中的影响》，中国政法大学出版社2013年版，第92页。

② 葛剑雄：《统一与分裂》，商务印书馆2013年版，第116页。

慢，而美国因保持持续增长而超越中国。回眸漫长历史，1949 年是中华民族
腾飞的开始，而改革开放则成为中国崛起的新起点。中国要实现中国梦，解放
思想、冲破贸易限制和实现人民币国际化尤为重要。问题的关键不在于是否一
党和集权，而是开放、法制、冲破竞争对手的遏制（见图 3 - 2）。

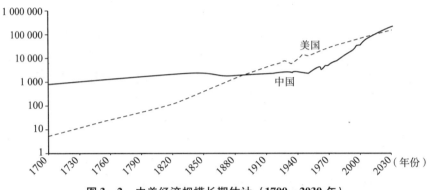

图 3 - 2　中美经济规模长期估计（1700 ~ 2030 年）

注：单位为亿国际元，1990 年价格。
资料来源：www. ggdc. net/Maddison 和 Maddison（2007）。

第 二 节　气 候 与 朝 代 更 迭

　　气候变化很可能是中国古代朝代更迭的最重要因素。根据竺可桢的研究，
在近 5000 余年的历史中，气候寒冷时期出现在公元前 1000 年（殷末周初）、
公元 400 年（南北朝）、公元 1000 年（唐末）和公元 1600 年（明末清初）时
期，相应的汉唐两代则是比较温暖的时期，清朝气温要明显高于明末时期。[1]
在这一开创性研究基础上，很多学者进行了进一步研究（见图 3 - 3）。

　　第一次寒冷期是西周冷期。公元前 1600 年时代正是中国仰韶暖期结束，
气温开始下降，同时殷商取代了夏王朝。商代初期，周人东迁至关中西北，到
商代中期则向西南迁徙到渭水流域的岐山之南。周灭殷商在公元前 1046 年，
而这一时期正是中国古代比较寒冷的时期。周人迁移和进攻的路线都指向了温

---

①　竺可桢：《中国近五千年来气候变迁的初步研究》，《考古学报》1972 年第 1 期。

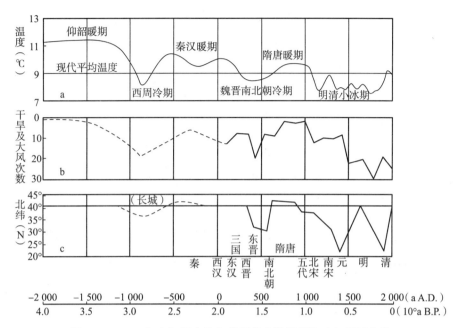

图3-3　4000年来气候变化与我国北方游牧民族政权疆域变化

注：a为气候的冷暖波动，b为气候的干湿变化，c为游牧民族政权疆域南界纬度变化。

资料来源：王会昌：《2000年来中国北方游牧民族南迁与气候变化》，《地理科学》1996年第8期。

暖地带。气候变冷也促使游牧民族不断南下寻找生存空间，与西周各封国冲突不断。齐国强大后领导各诸侯国采取了"尊王攘夷，九合诸侯"统一战线才能抵御游牧民族的南下冲击，灭亡西周的"镐京之乱"主力恰恰是游牧民族。

第二次寒冷时期是南北朝时期。虽然汉武帝强势扩张击退匈奴，东汉国力恢复后对匈奴连续作战，抵御了匈奴的南下。但是东汉末年国力衰微内乱不止，游牧民族趁机南下。而此时气候变冷，游牧民族为了生存只有加快南下步伐侵入黄河流域。最终导致了中国历史上大分裂时期——五胡乱华。

第三次寒冷期始于唐后期，一直到明末清初。这一时期，中国历史的最鲜明特征就是游牧民族的持续性南下，不仅成立了多个政权，还相继成立了蒙元和大清国。

中国历史上的暖期有两个：秦汉暖期和隋唐暖期。这两个时期造就了中国历史上最强大的统一帝国：秦帝国、汉帝国和隋唐帝国。

气候变冷，对于从事农耕和游牧的民族具有极大的影响。农业减产歉收，国力削弱，向温润的南部迁移就有了生存动力。对于游牧民族而言面临着水草枯竭、生态环境恶化的生存威胁，只有向南部农耕世界进攻，占领黄河流域。

游牧民族的南进，或者直接导致王朝更迭如西周、西晋、北宋、南宋、大明；或者中央政府为抵抗外族入侵、消除内乱，往往下放地方治权、军权和征税权，最终导致军阀割据中央政权瓦解，如东汉、唐。

气候温润，降水增加，农业经济不断发展，国力增加，军力大增，中央政府就有财力对游牧民族发动强有力的反击甚至开辟西域驻军，然后出现太平盛世。游牧民族则退出中原，重返水草丰美的大草原。

气候变冷影响的不仅仅是人类，动植物都会因气候变化而难以适应。比如根据竺可桢的研究，由于气候变冷，梅花、竹子等都先后在关中地区消失。6世纪、14世纪和19世纪发生的三次大的世界性鼠疫，在时间上与三次寒冷期存在惊人的巧合，是偶然吗？

与气候变冷相伴的就是干旱。从统计结果看，中国古代的干旱时期与气候变冷的时期非常一致，不同的研究都证明了这一点（见表3-1）。

表3-1　　　　　　　　陕北、关中不同历史时期水旱灾害次数统计

世纪		前2	前1	1	2	3	4	5	6	7	8	9	10	11	12	13	14	15	16	17	18	19	20①
陕北	旱灾	12	15				3	2	3	15	25	16	7	15	7	8	11	35	26	17	14	19	21
陕北	水灾	1	1				1			1		2	1	1			1	6	5	5		11	7
关中	旱灾	13	15	2	2	4	6	3	7	20	37	25	10	15	6	9	14	38	23	19	16	23	19
关中	水灾	1	2				1		2	4	8	5	2				3	5	5	6		11	11

注：①20世纪资料截止于前半叶。

资料来源：朱士光：《历史时期黄土高原自然环境变迁及其对人类活动之影响》，《干旱地区农业研究》1985年第1期。

明末天启和崇祯统治时期出现了又干又冷的最恶劣气候，在1601～1644年的40多年里，史书上记载了两次"八年大旱"，在河南出现了整整三年未下过一滴雨的噩梦。① 脆弱分散的小农经济不堪一击，农民纷纷破产，这是导致农民起义的直接原因。大旱之时，饲草歉收，鼠和旱獭等啮齿类动物也会被迫通过迁徙寻求食物，与饥民的接触机会增加，感染鼠疫的可能性大为增加。明末山西、河北和河南鼠疫流行都发生于大旱时期，彼时北京城内已经爆发鼠疫。② 李自成和崇祯都太不幸了，李自成强悍的部队消灭了明军精锐后，自鼠疫流行区一直打到北京城下，当时北京城竟然没有抵抗，明朝拱卫京师的部队估计在鼠疫中失去了战斗力。1642年春天李自成率百万大军进入北京城，在

① 许靖华：《太阳、气候、饥荒与民族大迁移》，《中国科学（D辑）》1998年第28卷第4期。
② 曹树基：《鼠疫流行与华北社会的变迁》，《历史研究》1997年第1期。

山海关与20万清军竟然一触即溃，仅仅43天后就退出了北京。在某种程度上李自成是被鼠疫逐出了北京，可能不完全归罪腐败，也不是清军多么强大。鼠辈可恶，却改变了历史轨迹。

神医吴又可出场了。他虽是游医，四处流浪，但颇具悬壶济世的仁爱之心，不怕传染，在疫区行医，专研临床实践，大胆创新，逐渐形成一套温热病的论治方案。1642年著成《瘟疫论》一书，率先提出病毒传染学说，比西方要早200多年。《瘟疫论》中的药方"达原饮"在"非典"期间也收到了奇效。

应该说王莽是一个有能力的统治者，但是公元17年当寒冷与干旱引起大面积的饥荒时赤眉绿林起义爆发了，再强有力的政府也不能阻止因饥饿求生的农民起义。东汉时期，温暖气候持续了几十年，然后恶劣气候返回，气候明显恶化。公元184年的饥荒与瘟疫引发了黄巾起义，纷乱最终导致了汉王朝崩溃。在3世纪末期，极端寒冷和干燥的气候降临，晋王朝统治期间发生了最严重的干旱：在281～290年的10年间，一直持续干旱。在309年即晋怀帝永嘉三年达到灾难的顶峰，"泾、汉、渭"都干枯了，以致人们可以徒步涉过。中国北部和中部大面积干旱，饥荒引起了大量饥民的死亡。西晋王朝被饥荒和内乱削弱，而游牧民族也因干旱离开草原进入黄河流域，开启了"五胡乱华"。唐末873年关东地区大旱成为黄巢起义的直接原因。

干旱对王朝兴衰的影响不仅仅在中国漫长历史上留下刻痕和伤痛。现代考古学更多的证据揭示了古代文明兴衰与气候异常的密切关联。

古埃及王国建造了金字塔和狮身人面像这样的建筑奇迹，却在繁荣了近1000年后突然崩溃。全球性气候灾变，导致尼罗河年复一年越来越缺水，古埃及王国大片土地沙漠化，整个国家由此陷入大饥荒，一个伟大的古代文明随之崩溃。考古学家认为，对古埃及王国造成致命一击的，是公元前2200年至前2150年连续50年的降雨量剧减引发的长时间大旱：大旱阻止了尼罗河正常情况下的涨水，从而引发数十年全国范围的饥荒和纷争，最终导致古王国的终结。

公元250～600年，气候越发异常多变，干旱与西罗马帝国的严重危机时期同时出现。西罗马帝国也随之走向衰败，同时出现了人口大迁移，标志性事件为外族入侵、高卢地区多个省份出现政治混乱和经济动荡。

千年吴哥曾经是高棉帝国都城，人口近百万。吴哥城兴建了庞大水利系统，发达农业种植供养众多人口，支撑了一个强大的帝国。但是在距今约600年前的1415～1439年，吴哥地区长达20余年严重干旱彻底摧毁了它赖以生存的水利系统，王国变成亡国，留给历史的只有沉默的吴哥窟。

玛雅文明的衰落是长期以来世界未解谜团之一。考古学家利用最先进的考古技术研究发现，玛雅的兴衰与降雨量密切相关。较丰富降雨量时期对应于公元300～600年间，当时玛雅人口增长，政治中心繁荣昌盛。然而在公元660～1000年间，气候逐渐干旱，降雨量减少，当时引发了政权争斗，伴随着战争频发，最终导致玛雅政权瓦解。在公元1020～1100年间，干旱气候进一步严重，导致农业减产、饥荒、死亡、迁徙，玛雅人放弃了繁荣的城邦，走向热带雨林之中寻找食物和避难所。原本宏伟壮观的玛雅宫殿也失去了光彩，成为杂草丛生、野兽出没的废墟。玛雅文明城邦和玛雅人的辉煌文明就这样隐匿在热带雨林之中。①

第三节　外　　患

一、民族矛盾、中央集权和朝代更迭

尽管地理环境和气候变化成为人类社会变迁的重要外在条件，但是不同国家历史演变的路径差异还是很大。考察中国朝代更迭似乎应该从两个矛盾方面综合分析，一个矛盾是民族矛盾，另一个是内部集团矛盾。历史上西周后期就面临着游牧民族的不断南进入侵，各相对独立的诸侯国深受其扰，直至发生"镐京之乱"西周被灭。管仲"九合诸侯，尊王攘夷"的根本目的也就是通过诸侯联合起来共同对付游牧民族的入侵，因为单一诸侯的力量已经不是游牧民族的对手。华夏民族真正对匈奴构成实质性打击的还是始于秦统一中国后蒙恬对匈奴一战，盖因统一国家政治军事经济力量足够强大所致。汉武帝改革强国，对游牧民族的作战虽然耗尽国库但终于取得决定性胜利，版图得以扩大。此后不得不承认的事实是，民族融合步伐加快的一个主要原因，是游牧民族的势力不断南进与华夏汉族势力衰落与南退。颓势的改变始于隋唐，盛唐作为统一的中央集权国家，其国力军力达到鼎盛，开始不断对游牧民族作战，版图得以继汉武帝之后扩大，以至于唐朝和亲更多是源于少数民族的祈求，这一点与汉朝初期恰恰相反。这种强势扩张直至唐朝中期，结束于"安史之乱"。而

① 陈默：《气候毁了古文明?》，《百科知识》2013年3月23日。

"安史之乱"的祸根之一就是唐玄宗任用胡人军事将领过多，一旦中央政府的控制力缺失，这个肘腋之患就发作了。此后，少数民族在与华夏汉族的纷争中一直处于优势，双方战和交织，最终后金统一华夏，建立了统一的大清中央集权。

所以说，中国历史上民族矛盾的演化方向与结果是一致的——从战争走向融合。

民族矛盾问题实施上可以归因于生存矛盾。从这个角度看，或者是人为过度开采、过度放牧，或者气候原因，创造了草原文明的游牧民族生存条件，相比于农业文明的城邦经济体，更为艰难。这个矛盾第一次爆发的标志应该是"镐京之乱"，此后永嘉之难、安史之乱、靖康之难、蒙古灭宋、清灭大明，直接或间接导致了中国历史朝代更迭。表面上是两个文明之争，从根本上说都是生存之战。

冷兵器时代，胡人的骑兵掳掠，疾如劲风，来去无踪，对城邦具有强大的冲击力。周初分封诸侯71国，以周初300万~500万人口计，平均各诸侯国人口就5万~7万人之间。各诸侯国基本上没有能力独自抵抗戎狄的入侵。"镐京之乱"虽有内鬼勾结，但也无疑让戎狄窥视到华夏的富有。春秋后期管仲相齐，以齐国之强，成军不过3万，"九和诸侯、尊王攘夷"，不过是任何一个诸侯都已经无法抵御游牧袭扰的必然选择。

我们的祖先之一秦人在"镐京之乱"中护驾有功，封国于西北高原，在与周围游牧民族的血战中自强求存。经过200多年的浴血奋战，秦军彻底征服了剽悍的游牧民族，统一了西北高原。历史上所说的秦赵同源，就是指这个马背民族——汉族的一部分。秦国和赵国在春秋时期直接面临匈奴的南下威胁，抗击匈奴就成为这两个国家主要任务。

公元前302年，赵武灵王胡服骑射改革，先后灭中山、破林胡、楼烦等国，设云中、雁门、代郡三郡，筑赵长城抵御胡人。

公元前300年，燕昭王名将秦开大破东胡，开拓大片北方领土，筑燕北长城，设辽东五郡。

公元前244年，赵国李牧大破匈奴10万骑兵，此后十余年匈奴不敢进扰。

秦国统一华夏之后，分派将军李信于陇西抵御羌狄和匈奴，蒙恬协扶苏、章邯统30万精兵铁骑于九原抵御匈奴。公元前215年，秦军发动了针对匈奴骑兵的大决战。仅仅一年的时间，30万匈奴骑兵就被彻底击溃，向北逃窜七百多余里，十余年"不敢南下而牧马"（贾谊语），黄河以南的大片土地重新回归秦国。此役彻底解决了华夏统一后的北部边患，历史评价甚高，如"蒙公为秦击走匈奴，若鸷鸟之追群雀。匈奴势慑，不敢南面而望十余年"①、"是时，蒙恬威震匈奴"②。

相比于刘邦败于白登之战、汉武帝大战匈奴 30 年，秦军战力之强、用兵之精、国家统一之强大实力，远非我们后人可以想象。尽管历史迷雾笼罩千年，但透过重重迷雾的几缕光线，仍然让人顿感一统华夏文明的血雨腥风之路。

汉朝初期，借华夏战乱无暇顾及边境，匈奴复还，"及其后，蒙公死而诸侯叛秦，中国扰乱，匈奴纷纷，乃敢复为边寇"③。

公元前 200 年，刘邦率 32 万大军与匈奴战于白登山，被匈奴 40 万精骑包围，刘邦通过贿赂单于的老婆方得逃脱，即"白登之战"。此后汉朝无力再战，被迫采取和亲策略，通过妥协换来与匈奴的和睦相处。女人为华夏的稳定发展不逊须眉，西汉自刘邦始和亲次数竟高达 16 次之多，著名的如昭君出塞。然而汉朝的和亲并没有换来永久的和平，和亲对角斗双方都只不过是一种暂时的妥协。对此，《汉书》作者班固评价最为精彩："自汉兴以至于今，旷世历年，多于春秋，其与匈奴，有修文而和亲之矣，有用武而克伐之矣，有卑下而承事之矣，有威服而臣畜之矣，诎伸异变，强弱相反，是故其详可得而言也。"

汉武帝强国强军后开始抗击匈奴。公元前 133 年，在马邑设伏击击匈奴未遂，此马邑之战。虽然未成功，却揭开了西汉反击匈奴的序幕。

公元前 127 年，河南之战，卫青远程迂回作战获得胜利，解除了匈奴对关中地区的威胁。

公元前 124 年，漠南之战，卫青获得胜利，巩固河南地区，匈奴被迫退至大漠以北苦寒地区。

公元前 121 年，河西之战。西汉采取大骑兵集团大纵深迂回，远程奔袭连续作战，匈奴遭到歼灭性打击。

公元前 119 年，漠北之战，西汉 10 万大军进击漠北，与匈奴进行战略决战，歼灭匈奴军 9 万余人。漠北之战汉军获得全面胜利，基本解除了百余年的匈奴边患问题。

公元前 101 年汉武帝也采取和亲策略，先后将细君公主、解忧公主嫁给乌孙王。这次和亲达到了"断匈奴右臂"的预期目的。在西汉与乌孙联合进击下，匈奴军屡屡战败，每况愈下。

---

① 《盐铁论·伐功》。

② 《史记·蒙恬列传》。

③ 《盐铁论·伐功》。

公元前 71 年，汉宣帝派遣五将军率 16 万骑兵，乌孙发兵 5 万骑兵，共击匈奴，取得了对匈战争的最后胜利。

公元前 55 年，匈奴分裂成 5 部，自相征伐。公元 48 年南匈奴降汉，被安置于今内蒙古中部。

公元 57 年始，西羌反汉，至公元 118 年东汉平定西羌，边患长达 60 余年。

东汉初年，国力尚待恢复，对匈奴采取防御为主，北匈奴挟西域诸国，屡犯河西诸郡，边患日益加重。公元 72 年，为打通西域道路，东汉开始对匈奴实施战略反击。

公元 73 年，汉军四路出击北匈奴，一直追击到天山一带，班超招降西域诸国。

公元 87 年始，北匈奴内乱，在汉、南匈奴和鲜卑相继攻击下，20 万人降汉。

公元 89 年，稽落山之战，大破北匈奴 20 余万人。

公元 94 年，北匈奴 20 万降汉，此后残部无力再发动大规模南侵，但为鲜卑发展提供了条件，鲜卑成为以后新的边患。

公元 109 年始，南匈奴、鲜卑、乌桓相继成为东汉边患。南匈奴于公元 195 年参与中原混战。

公元 184 年西北羌乱。西羌内迁过程中，与东汉在河西走廊与陇西冲突不断，先后发生了烧当之乱、先零之乱，历时近百年，后汉惨胜，西羌取代匈奴成为后汉第一外患。公元 184 年发生的西北羌乱产生两个意外结果：一是羌人势力没有被控制住；二是平叛的西北军崛起，董卓拥兵入京逆行废立，东汉解枢，军阀割据混战。

公元 202 年，南匈奴首领归附汉丞相曹操。公元 216 年，南匈奴单于被曹操羁留于邺，曹操将南匈奴分成五部，安置在平阳郡，匈奴单于王朝终结。曹魏末年，匈奴首领刘渊在洛阳当人质时，曹魏已经实现了对匈奴的有效统治。

公元 207 年，白狼山之战曹操平定乌桓 20 万军队，统一北方。

公元 265 年晋朝成立之初，境内存在的五胡包括：匈奴，散布于今山西境内，先后成立前赵、北凉、胡夏；羯，居于上党地区，成立后赵；鲜卑，部族散布东起辽东，西至甘肃境内，人数众多，先后成立前燕、后燕、西秦、南凉、南燕；氐，居于汉中，先后成立成汉、前秦、后凉，公元 351 年成立前秦，苻坚曾统一中国北部，淝水之战后前秦基本瓦解；羌，成立后秦，为羌族政权，极盛时辖有今陕西、甘肃、宁夏及山西、河南的一部分，占据关中绝大多数的重要政治、经济城镇和关东大片领土。

但历史开了一个大大的玩笑，内乱先于外患，始于公元291年终于306年的"八王之乱"，长达16年，成为"五胡乱华"的导火索。自曹操始南匈奴首领一直被羁留在邺，匈奴刘渊以平乱借口脱逃后，304年自立为前赵，不断南侵，开始了"五胡乱华"的黑暗时代。

公元311年，刘渊之子刘聪遣匈奴开始进犯，歼晋军十余万，兵破洛阳屠城，史称"永嘉之乱"。大量人口从中原迁往长江中下游，谓之"衣冠南渡"。中国经济中心开始南迁。

公元316年西晋灭亡，中国北方进入"五胡乱华"状态，时间长达100余年。五胡乱华时期是中国历史上最黑暗的时期，汉朝鼎盛时期人口过5 000万，五胡乱华结束后人口只有1 600万左右。野蛮的胡人对华夏文明造成了巨大的破坏，华夏文明和中国处于生死存亡的历史关头。

公元350年，冉闵建立魏国，发布了《杀胡令》和《讨胡檄文》致书各地，从而引爆了汉族积压了近半个世纪的国仇家恨，点燃了汉族的复仇反抗怒火，冉闵之百战百胜具有雄厚的民族基础。冉闵驱胡挽救了华夏。

公元383年，淝水之战后秦苻坚战败，游牧民族南进步伐被遏制。

公元439年北魏结束五胡十六国状态，北方统一，南北朝时期开始，民族大融合的序幕拉开。北魏孝文帝改革，更是对于华夏统一的多民族国家的发展做出了积极贡献。

公元581年杨坚取代北周建立隋，公元589年灭南朝。中国再度统一，期间中国分裂长达300年之久，历经民族融合后的新汉族，不久即开创隋唐盛世，在世界史上留下不朽的伟业。杨坚建隋之初，南有陈朝，北有突厥，东北有高丽，西北有吐谷浑，在战略上处于被包围态势，他们不时攻掠隋边。特别是突厥实力强大，出军40万大举攻隋，文帝被迫实施南和北战、先北后南的战略，"远交而近攻，离强而合弱"。

公元583年，杨坚派出重兵，分路反击，大败突厥军。599年隋再次利用离间之计，并以骑兵再败突厥，稳固了北部边防。

公元608年，隋集中优势兵力，数次大败吐谷浑，消除了西部边境的威胁。

公元618年唐朝成立后到907年唐灭亡，唐朝对外作战高达128次，主要包括唐灭突厥之战、唐灭吐谷浑之战、唐灭高丽之战、唐与吐蕃之战、唐与大食之战。唐朝前期，国力鼎盛，良将名臣无数，大多数对外战争都取得胜利，当时唐朝对外征战的主要对手都是少数民族。而唐与大食的恒罗斯之战虽然因偶然因素战败，但也在历史上阻止了阿拉伯帝国的扩张。唐太宗、唐高宗等在位期间屡次开疆拓土，先后平定了辽东、西突厥、吐谷浑等地区，使唐朝成为一个国境极为辽阔的国家。

即使唐朝是中国历史上最为强大的王朝，在"九天阊阖开宫阙，万国衣冠拜冕旒"的盛景背后，也离不开众多和亲公主的默默奉献。唐朝与突厥、吐谷浑、吐蕃、契丹、奚、回纥、南诏等族（国）共计和亲 28 次。唐朝的和亲与汉朝有根本的不同，唐朝势力强大，少数民族为了寻求认可和支持，或者向往中原先进生产及生活方式，主动请婚居多，著名的如文成公主。唐朝和亲政策，一个重要目的是以夷制夷，如唐代就通过与突厥的和亲，使突厥贵族进入皇族，从而达到对突厥的统治。

公元 755 年，历时 8 年之久的安史之乱爆发。安禄山与史思明均为胡人，唐朝中央地方分权过度与民族矛盾是导致安史之乱爆发的两个最重要因素。节度使的权力有多大？据《新唐书·志第四十兵》言："既有其土地，又有其人民，又有其甲兵，又有其财赋"，外重内轻，节度使简直就是封建诸侯。安史之乱平定后各节度使更不服从中央政府调遣，藩镇割据愈演愈烈，唐由盛而衰。

公元 907 年，藩镇割据演化成王的五代十国开始。中国的内乱，直接导致了契丹辽国、党项西夏的逐渐独立。

公元 936 年，石敬瑭割让燕云十六州给契丹，中国北方门户洞开。

公元 960 年，北宋成立。宋朝从立国起，内政就是"强干弱枝"，外交就是求和乞降。北宋政权先后与辽、金、西夏对峙。

公元 1126 年金兵攻入开封，烧杀抢掠，俘虏徽、钦二帝，都城公私积蓄为之一空，史称"靖康之难"，次年北宋灭亡。

公元 1127 年，南宋成立。南宋苟存 152 年，与金、西辽、大理、西夏、吐蕃及初兴的蒙古帝国为并存政权，期间抵抗金国入侵的代表是岳飞。

公元 1271 年，蒙古族建立元朝。元朝是中国历史上第一个由少数民族建立的大一统帝国，于 1279 年灭南宋，统一中国。

公元 1368 年，明朝建立，随即北伐，元朝灭亡。明朝是中国历史上最后一个由汉人建立的统一封建王朝。1435 年蒙古西部的瓦剌逐渐强大，经常滋扰明朝边境，1449 年瓦剌首领也先率军南下伐明，明战败，英宗突围不成被俘，史称"土木之变"。之后瓦剌继续进兵曾围困北京，"土木之变"是明由盛及衰的一个标志。

公元 1616 年努尔哈赤建立后金即开始伐明，1636 年改国号大清，1644 年清兵入关并定都北京，中国再度成为一个由少数民族建立的统一国家。清统一蒙古各部后，采取和亲和盟旗制度，使蒙古成为清政府统治全国的一支重要军事力量和清帝国北部疆域不设防的屏障。同时在蒙古大力扶植推广喇嘛教，有效地收服了人心，维护了蒙古地区安定局面。

公元1696年康熙平定噶尔丹叛乱。清乾隆中叶，先后平定准噶尔、回部，统一了新疆。一举解决了中国历史上游牧民族和农耕民族之间旷日持久的冲突，发展边疆地区的经济、文化和交通，巩固了中国多民族国家的统一，奠定了现代中国的版图。

清对汉人的政策比较曲折，比如初期"剃发易服"和"文字狱"，推行民族牢狱式的统治。但自康熙时期开始，通过重用汉人精英、恢复科举、废除贱籍、允许满汉通婚等政策，满汉走向融合，多民族和平共处，出现了历史上的"康乾盛世"。

二、论多民族统一国家的必然性

关于战争与国家存亡，中国古代最有名的论述当属司马法的一句名言："国虽大，好战必亡；天下虽平，忘战必危！"孙子在其传世之作《孙子兵法》开篇就说："兵者，国之大事，死生之地，存亡之道，不可不察也。"

罗斯福对于战争与存亡的认识也很深刻，他在《赞奋斗不息》演讲中说："我们决不能扮演中国的角色，要是我们重蹈中国的覆辙，自满自足，贪图在自己疆域内的安宁享乐，渐渐地腐败堕落，对国外的事情毫无兴趣，沉溺于纸醉金迷之中，忘掉了奋发向上、苦干冒险的高尚生活，整天忙碌于我们肉体暂时的欲望，那么，毫无疑问，总有一天我们会突然发现中国今天已经发生的这个事实：惧怕战争、闭关锁国、贪图安宁享乐的民族，在其他好战、爱冒险的民族的进攻面前是肯定要衰败的。"

其实罗斯福并没有看到中国历史的全貌，至多看到了北宋时代。在中国2000多年历史上，你看到的一定是频繁战争，一定是以战易战。人们渴望和平而不是战争，但是仅仅渴望能够实现和平吗？

中国历史上儒家一直反对战争倡导和平，《盐铁论·轻重》记述了儒家反对汉朝抗击匈奴的论调："边郡山居谷处，阴阳不和，寒冻裂地，冲风飘卤，沙石凝积，地势无所宜。中国，天地之中，阴阳之际也，日月经其南，斗极出其北，含众和之气，产育庶物。今去而侵边，多斥不毛寒苦之地，是犹弃江皋河滨，而田于岭阪菹泽也。转仓廪之委，飞府库之财，以给边民。中国困于繇赋，边民苦于戍御。力耕不便种籴，无桑麻之利，仰中国丝絮而后衣之，皮裘蒙毛，曾不足盖形，夏不失复，冬不离窟，父子夫妇内藏于专室土圜之中。"这段话的意思是，边地苦寒，不毛之地，国家劳师远征，耗费巨大，没有任何价值。如果非要争夺那片不毛之地，可以采取的策略是："夫蛮、貊之人，不食之地，何足以烦虑，而有战国之忧哉？若陛下不弃，加之以德，施之以惠，北夷必内向，款塞自至，然后以为胡制于外臣，即匈奴没齿不食其所用矣。"真是空谈也！看看中国两千年的外患，你还这样说吗？不战还能够存活下来吗？忘战必危。

在战与不战的选择上，历代统治者比儒生们要现实得多。因为只有通过战争才能保护华夏文明不被毁灭。这个道理往往都被历史上名声不好的人所揭示，比如秦始皇与商鞅、汉武帝与桑弘羊，没有蒙恬对匈奴致命一击焉有汉初和平？没有武帝大战匈奴焉有后世 300 年无外患？唐太宗可以说是天纵英才，恩威并施，战和并用，一举解决了民族矛盾，换来 300 年的和平。历史也用鲜血教育儒生们的主张多么幼稚可笑，"五胡乱华"时代生生将一个汉朝盛世时的 6 000 多万人口屠杀到 1 600 万人，如果加上胡人南迁，华夏汉人几近被屠戮殆尽了；一个以胡人为主的"安史之乱"生生毁掉了一个大唐帝国，军阀割据，民不聊生。

我们总是从心里不解为什么中国历史上发生了那么多的战争？似乎中国人好战。你不战，别人要战，战是为了生存需要。孙皓晖曾经对秦国统一华夏消除边患的历史功绩做了一个非常精辟的总结："剪灭六国，平定华夏内争也！驱除匈奴者，平定华夏外患也！生存危亡，外患之危大于内争之危！华夏文明要万事千秋，便得深彻根除外患！"

根本原因是生存的选择。华夏汉人和匈奴胡人都没有选择。

我们看地理就非常清楚。华夏族通过战争和文化融合，控制了黄河流域（中原）和长江流域（江南）的土地。其实对早期汉民族而言，中原江南以外的蛮荒之地没有什么吸引力，因为这些土地不能大面积种植农作物，这一点确如偏爱井田王道的儒家所说。但是想想就明白，匈奴胡人估计也不愿意在蛮荒之地风餐露宿，也必然会对中原江南垂涎三尺。这是南侵的必然，为生存而战，尤其遇到天灾更甚。

这一观点，黄仁宇在其著作《中国大历史》中以"15 英寸等雨线"作了极好的注释，"这条线从中国东北向西南，当中的一段与长城大致符合，更西而南则使青海与西藏和中国本部分隔。这等雨线之东南，平均每年至少十五英寸的雨量是常态，符合拉铁摩尔（Owen Lattimore）所说，中原农业茂盛，人口繁殖。提及线之西及北，他则说：几千英里内人类全然不事农桑，他们不直接地倚赖土地上的植物为生，而在他们自己及植物之间加入一种机械作用。这也就是巧妙地说出这群人为游牧民族，他们与牲口来往于干燥的地区，让牛羊自觅水草。牧人的生计不能转变为种稻人的生计。"《史记》中的农牧界限（龙门—碣石—山西中部—河北北部—秦皇岛）也基本上与长城走向一致，反映了农牧民族冲突的生存环境必然性。

胡焕庸先生引进西方近代地理学理论和方法，从人地关系的角度研究我国人口问题和农业问题，提出中国人口的地域分布以瑷珲—腾冲一线（胡焕庸线）为界而划分为东南与西北两大基本差异区，人口密度要和土地承载能力相匹配。胡焕庸线东南侧是人口主要的聚集地，经过大半个世纪，人口分布依然符合胡焕庸线的规律，1935 年，36% 国土承载了 96% 的人口，2000 年43.18% 的国土承载了 93.77% 的人口；胡焕庸线西北侧地广人稀，受生态胁迫，其发展经济、集聚人口的功能较弱，总体以生态恢复和保护为主体功能。

人为万物之灵，能够感知到最适宜生存之地。2000 多年的自然迁移所形成的人口分布几乎和这条线惊人的啮合，甚至长城的走势也与二者高度重合。所以长城的修建应该说是华夏汉族早期对付游牧民族南侵的被动无奈之举，秦始皇统一中国顺势将散落各国长城连成一体并扩建。即便如此，如果不是利于整个华夏族群的生息，如此浩大工程如何能够在十余年完成？即使是守卫灵枢的兵马俑，其神态各异、栩栩如生之状，你能相信是千百的艺术家被迫愤懑之作？后人以现在的眼光来批评古人，自由民主挂在嘴上，其实还没有古人更了解地理生存环境。[①]

所以汉族的"扩张"，多是因为不堪周边民族为争夺领土而进行的屠杀、劫掠和骚扰，出于稳定疆土、以绝后患的目的才大举兴兵。为了保卫长安必须占领河西，为了保卫河西必须控制青海，为了控制青海必须占领西域来分吐蕃帝国的兵力，使其不能并兵向东扩张。所以就历代王朝而言，经营西域不仅可以张扬国威，又保证了丝绸之路贸易的繁荣，获得贸易之利益。控制了西域就可以牵制和削弱北方游牧民族的势力，并进而保障河西、陇右的安全，防止南、北两个方向游牧民族势力的汇合。

但是民族融合的趋势不可阻挡，"永嘉之乱"标志着游牧民族的复来，历经百年后，游牧民族基本上控制了黄河流域。而北魏孝文帝的改革，加速了民族融合与文明的交汇，对于中国统一的多民族国家的发展做出了积极贡献。从

---

① 有兴趣的读者，可参阅百度图片"15 英寸等雨线与胡焕线（1935 年）"。

对外战略而言，中国历史上的秦代始皇、汉代武帝和唐代太宗时期属于对外扩张型，唐朝中期之后华夏族群对游牧民族而言总体保持守势，北宋开始与金、西夏、辽对峙，已经无力发动大规模的主动进攻，而南宋"建炎南渡"则意味着华夏汉族只能依靠长江天险苟且偷安，游牧民族的势力已经控制了长江以北。南宋当时除了东南面的大海，可以说是被异族环视，蒙古灭南宋只不过是手到擒来而已。但是蒙古族建立的元朝对汉人残酷的歧视政策激起华夏族群反抗，又被驱逐至漠北。彻底解决民族矛盾的当属清朝，这又是一个游牧民族建立的统一国家，但统治者吸取历史教训，倡导满汉结合，收服汉人和其他游牧民族，才真正地实现了民族大融合。

在民族斗争烽火不断的大历史背景下，民族的大融合，是华夏先进文明对游牧民族的影响日益加深的过程，是游牧民族不断汉化的过程。对华夏民族大融合做出巨大历史贡献的当属唐太宗，唐朝对外战争中频繁获胜，为避免汉朝对匈奴重复作战的覆辙，唐朝采取的是"兴灭继绝"的高超政治策略，不改变原有部落组织风俗，设都督府管辖，以夷制夷。比如突厥可汗贵族都是在长安居住，但让当地人任都督，管辖当地自己的部落。所以这些人对朝廷感恩戴德，尊唐太宗为天可汗。唐太宗自己对此曾说："自古皆贵中华，贱夷狄，朕独爱之如一。"唐朝的"兴灭继绝"，实际上是文武并用恩威并实，"兴灭国，继绝世，举逸民，天下之民归心焉"①。唐朝以最小规模的政府成为中国历史上最强大的统一国家，唐太宗的这个民族政策发挥了极其重要的作用。这个政策应该是曹操统御南匈奴时初用，康乾盛世也是这个政策对汉人发挥作用的结果。说白了就是：承认民族文化差异和平等的生存权利，在统一的国家下相互尊重、和平共处。只有在和平交往中先进文明才能发挥潜移默化的作用。但是这个"兴灭继绝"政策似乎只有在中央政权强大的时候发挥作用，一旦内部纷乱，这些继绝的部落就会乘势作乱，反成心腹大患，"五胡乱华"、"安史之乱"莫不如此。

虽然战争是解决冲突的重要手段，但是要实现民族的真正融合，非文化不可。按照萨缪尔·亨廷顿（1997）的理解："文明和文化都涉及一个民族全面的生活方式，文明是放大了的文化。它们都包括：价值、规则、体制和在一个既定社会中历代人赋予了头等重要性的思维模式。"相比于战争，文明之力更绵长，文明扩散之势不因朝代更迭而断绝，文明在交流中共同进化。中国历史上游牧民族汉化的过程实际上是草原文明与农耕文明冲突与融合的过程。唐太

---

① 《论语·尧曰》。

宗对自己在西域方面的文治武功曾经总结道:"汉武穷兵三十余年,疲弊中国,所获无几,岂如今日绥之以德,使穷发之地,尽为编户乎?"汉武穷兵三十余年,长城万里尽烽烟却一无所获,而大唐以德服人,把落后的少数民族地区收编,国民增加了,版图扩大了。

中国古代同化异族的路径是文化拓展,华夏文明逐渐同化附近的民族,疆域亦随之拓展,随着版图进一步开拓,文明进一步扩散,文化进一步融合。在中国历史上,尽管存在落后文明的部落武力战胜汉人的时期,但是最终都被华夏文明所同化。游牧民族的政权要想获得强有力的竞争力,采取的政策恰恰是排斥本族落后文明、依附于更高级文明,主动汉化改制,如北魏孝文帝拓跋宏、西晋宇文泰。按照吕思勉的划分,中国民族融合同化的历史过程大致可以分为三个阶段,"北方民族和中国人的接触,始于公元前4世纪秦、赵、燕诸国与北方的骑寇相遇,至6世纪之末五胡全被中国同化而告终结,历时约1000年。其第二批和中国的交涉,起于4世纪后半叶铁勒侵入漠南北,至10世纪前半叶沙陀失却在中国的政权为止,历时约600年。从此以后,塞外开发的气运,暂向东北,辽、金、元、清相继而兴。其事起于10世纪初契丹的盛强,终于1911年中国的革命……为时亦历千余年。"① 这三大批游牧民族渐次进入中国,最终为汉人同化。

一个值得深思的现象是,游牧民族取得政权后多不长久,以至于非常害怕汉化,似乎融入华夏文明的同时也必然传染了文明病。忽必烈曾问:"或云:辽以释废,金以儒亡。有诸?"元朝的制度安排就是排斥汉人,汉人等级最为低下,或与抵制汉化有关。满人对汉化的消极影响最为警惕,皇太极曾有"恐日后子孙忘旧制,废骑射,以效汉俗"之忧,故清初抵制被汉化有一定的主动防御思想,但太平天国之后清朝中兴却又依赖汉人,同化似乎不可避免。

华夏5000年的历史是民族融合的历史,多民族历经战火洗礼,最终走向和平共处,建立统一多民族国家。从最初的崇尚武力解决,到和亲策略的践行,都试图消除民族矛盾,最终走向民族融合。根本原因在于千年传承的文化底蕴的融合之力,在于承认各民族在这块土地上都拥有平等的生存发展权力。

历史大浪淘沙的结果,铸就了中华民族和平、统一的文化与理念。

---

① 吕思勉:《中国通史》,中国画报出版社2012年版,第427页。

第四章　人地关系与内乱

第一节　人地关系与朝代更迭

黄淮流域在华夏文明的早期一直是各族生存发展的主要地区，一直持续到西晋。在这个漫长的历史时期，人地关系总的表现是人少地多，这一地区土地人口承载能力的极限是 6 000 万左右。南北朝时期，随着游牧民族大举进入黄河流域，华夏族群开始大规模迁移到长江流域。到隋唐时期长江中下游平原已经成为中国的富庶之地，是国家财税的主要来源，而后随着珠江流域崛起，中国人口分布、财富分布出现了向东南转移的根本变化，而黄河流域则因为气候环境战乱等因素逐渐衰落。

根据安格斯·麦迪逊的研究，在 8 世纪时，四分之三人口居住在中国北部，其主要农作物是小麦和谷子。到 13 世纪末，四分之三的人口居住在长江以南，以种植水稻为主。① 在公元 9～13 世纪，中国经济经历了一次重大转变，重心转移到了南方。

长江流域和珠江流域的开发缓和了中国的人地矛盾，但是到明清时期随着人口增加，人地矛盾又逐渐突出。人多地少的矛盾不仅决定了中国人重视农业并精耕细作，而且必然忽视牧业，动物蛋白主要靠猪、鸡等非牧场饲养的家禽提供。成吉思汗子孙进入中原初期的时候采取屠戮政策试图将中原地区牧业化，一直到 1279 年南宋灭亡，忽必烈才扭转了牧业化政策，开始重新汉化国家结构，并保留了南宋经济，其根本原因在于农业比牧业可以养活更多人口。

人地关系中，土地短缺一直是明清时期经济关系中的主要问题（见表 4 - 1）。

---

① 安格斯·麦迪逊：《中国经济的长期表现——公元 960～2030 年》，上海人民出版社 2007 年版，第 2 页。

为了生存，中国人开始不断引进新物种，比如棉花在宋朝时引进，高粱在元朝时广泛传播，16世纪中叶来自美洲的玉米、花生、马铃薯和甘薯，因其产量高、生长能力强，极大地提高了中国的粮食产量。1712年康熙发布诏令，为"滋生人丁、永不加赋"，实行"摊丁入亩"、取消人头税。人头税的取消和粮食产量提升，对中国人口在明清时期的爆炸式增长发挥了重要作用。在地少人多矛盾逐渐显现后，高度依赖水利工程就成为中国古代提升农业产量的重要手段（见表4-2、表4-3）。

表4-1　　　　　　　　　　　古代水利工程修建数量

时期	齐（包括维修工程）	帕金斯（不包括维修工程）
唐朝之前	16	10
唐朝	87	79
宋朝	349	233
元朝	351	492
明朝	822	723
清朝	1 222	600

资料来源：安格斯·麦迪逊：《中国经济的长期表现——公元960～2030年》，上海人民出版社2007年版，第24页。

以1820年为例，中国灌溉面积占总耕地面积的29.4%，而同期印度的灌溉面积仅仅3.5%。1995年美国的灌溉面积占10%，而中国竟然高达51.9%，中国农业高度依赖水利工程。即使中国人再勤劳、修建再多的水利工程也无法应对干旱。所以每当遇到大旱之年，治理流民就考验着统治者的智慧。东汉末年的黄巾起义、唐朝的黄巢起义、明末的李自成起义、清末的太平天国起义，其诱因几乎都与旱灾导致的流民难以生存相关。

华夏民族主要兴起于黄河流域。气候暖湿的汉代，中国人口分布主要集中于秦岭—淮河以北的黄河流域地区。当时北方人口约4 300万，南方人口仅约1 400多万。南北人口比例约为1:3，人口集中于陕西、山西、河南一带的黄河中下游地区。西晋后期人口南移逐渐加快。唐代中国人口分布发生了重大转折，南方人口数超过北方。虽然动乱、战争是直接原因，比如永嘉之乱、安史之乱、靖康之难，但是根本原因在于环境气候的变化导致北方生存条件逐渐恶劣，人口增长缓慢。随着南方的不断开发，南方人口增长不断加快。中国人口历史分布的变化犹如封闭系统中的布朗运动原理，在中国南北地域之间人口迁

表 4-2　　　　　历代灌溉面积及灌溉土地占总耕地土地的比例　　　单位：万公顷，%

年份	灌溉面积	总耕地面积	灌溉面积比例
1400	750	2 470	30.3
1820	2 170	7 370	29.4
1952	2 000	10 790	18.5
1995	4 930	9 490	51.9

资料来源：安格斯·麦迪逊：《中国经济的长期表现——公元 960～2030 年》，上海人民出版社 2007 年版，第 24 页。

表 4-3　　　　　　　　　　历代人地关系

年代	人口（亿）	耕地（亿亩）	人均耕地（亩）
2 年（西汉）	0.59	8.3	13.88
125 年（东汉）	0.49	6.9	13.70
755 年（唐）	0.53	14.3	27.03
1021 年（宋）	0.20	5.24	26.33
1381 年（明初）	0.60	3.7	6.13
1602 年（明末）	0.56	11.6	20.64
1680 年（康熙）	0.17	5.2	30.58
1734 年（雍正）	0.27	8.9	32.54
1753 年（乾隆）	1.02	7.1	6.89
1766 年（乾隆）	2.08	7.4	3.56
1887 年（光绪）	3.78	9.1	2.41
1949 年	5.40	14.7	2.70
1987 年	10.80	14.4	1.33
1993 年	11.45	14.9	1.30

资料来源：根据余同元《中国历代人口增长与土地纷争》整理。

徙如粒子般随机。但是按照熵增原理，人口最终必将按照土地的承载能力自动完成平均分布。虽然黄河流域初期地理环境适合人类生存，但是从历史统计看，汉、唐、明时期黄河流域的人口几乎没有太大规模的增长，这一地区在传统农业生产条件下的人口承载极限就是 6 000 万的水平。唐中期后随着长江中下游的不断开发与黄河流域生态环境的恶化，人口分布开始发生变化，长江中下游地区逐渐成为中国人口分布的主要地区，南北人口居住地的分界线为秦岭—淮河一线。南北人口的比例的变化也非常明显，安史之乱是重要的界限。战乱前北方保持过半数的优势，战乱后南方超过50%，并始终保持了优势。[①]汉初4 700万的北方人口最高数字，一直保持到清中期，说明北方人口发展缓慢（见图4 - 1）。

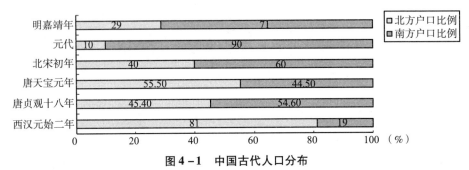

图4 - 1　中国古代人口分布

资料来源：根据余同元《中国历代人口增长与土地纷争》整理。

　　虽然1230年后蒙古骑兵南下，战争使人民南逃，这当然是问题的一个方面。但是南北人口的转变，与发生于1230～1260年的气候最大转变基本吻合，时间高度一致则绝不是偶然，因为1260年以后气候变化使农业种植带南移。元代北南人口比从宋代的63.5∶36.5变到了15.25∶84.75，变化很大。到了明弘治年间，北南比稳定下来，呈2∶3的格局，与现代相近。[②] 这一人口变动趋势与西晋末期"八王之乱"之时人口迁移到汉中四川的路径根本不同。

　　西汉时期黄土高原人口占全国人口比例11.5%，东汉末年大动荡致使这一比例骤降至4.3%，隋唐时期达到最高20.8%[③]，此后这一比例逐步下降。北方人口发展缓慢的原因：一是北方地区长期遭受战乱，二是自然环境恶化，三是南方的开发（见表4 - 4）。

　　① 余同元：《中国历代人口增长与土地纷争》，www.360doc.com/content，2010年7月16日。

　　② 王铮等：《历史气候变化对中国社会发展的影响——兼论人地关系》，《地理学报》1996年第51卷第4期。

　　③ 朱士光：《历史时期黄土高原自然环境变迁及其对人类活动之影响》，《干旱地区农业研究》1985年第1期。

表4-4 西汉以来黄土高原人口统计 单位：万人，%

朝代和年代		县数	人口数	全国人口数	占全国总人口比例	河谷平原地区人数	占黄土高原人口比例	丘陵山原地区人数	占黄土高原人口比例
西汉	平帝元始二年（2 年）	254	684	5 959	11.5	364	53.2	320	46.8
东汉	顺帝永和五年（140 年）	181	213	4 915	4.3	120	56.3	93	43.7
西晋	武帝太康初年（280 年）	138	190	1 616	11.8	84	44.2	106	55.8
隋	炀帝大业五年（609 年）	211	956	4 602	20.8	374	39.1	582	60.9
唐	玄宗天宝元年（742 年）	244	868	4 891	17.7	428	49.3	440	50.7
北宋	徽宗崇宁元年（1102 年）	204	642	4 491	14.3	228	35.5	414	64.5
金	哀宗正大、天兴年间（1224～1234 年）	499	920	7 634	12.1	266	28.9	654	71.1
明	世宗嘉靖、穆宗隆庆年间（1567～1572 年）	194	527	6 365	8.3	174	33.0	353	67.0
清	仁宗嘉庆二十五年（1820 年）	208	3 115	36 169	8.6	1 012	32.5	2 103	67.5
	1979 年	268	6 302	97 523	6.5	2 618	41.5	3 684	58.5

资料来源：根据相关资料整理。

人地关系对朝代更迭发挥了重要作用。有地就有人，有人就有兵，有兵就能战胜对手，获得更多土地，如此循环下去就会成为大国。但是中国古代农业社会所能负荷的人口规模似乎具有一种常量，清代以前极限是 6 000 万人口左右。突破了这个上限，社会资源分配即陷于失调（最重要的资源是可耕田地）。土地这种重要社会资源的分配失调最终必会导致社会动荡。所以历史中动乱、变革局面的周期性爆发就存在一定的必然性与周期性。这是历史对于社会经济关系及各种制度的一种自动调节方式，也是对于人口规模和土地资源分配的自动调节机制。

春秋战国时期诸多国家的灭亡，基本上是大国灭小国。人口因素发挥了决定作用。人口较少，国家力量较小，最终被人口大国或军事强国灭亡。战国七雄的强弱也主要取决于人口数量，最后是人口数量最多的秦国战胜其余六国。三国时期，魏国处于中原，人口最多，导致蜀、吴联合才能抗衡魏国，最终依然是魏国或其继承者西晋消灭蜀、吴。人口数量多的北方政权消灭了人口数量相对少的南方政权。五胡十六国的相互灭亡，都与人口数量因素关系密切。掌握人口数量多的政权，容易消灭掌握人口数量的少的政权。隋朝灭陈，是北方政权灭亡南方政权的又一例子，潜在原因就是北方政权控制的人口数量多，南方政权控制的人口数量少。后唐被北宋消灭时，后唐控制的人口数量没有北宋控制的人口数量多，国力也没有北宋国力大，是北方政权灭亡南方政权的又一例子。西夏政权控制的人口数量没有蒙古政权控制的人口数量多，导致综合力量没有蒙古政权强大，西夏政权以及民族也最终被灭亡，这是中国境内最惨痛的灭亡模式。彼时，蒙古政权不仅控制着蒙古族人口，还控制着其他游牧民族和众多农耕民族的人口，蒙古政权最大限度地享有当时综合力量优势，这是蒙古政权强大的重要原因，灭南宋只是时间问题。

北方政权往往消灭南方政权，这是中国古代的重要现象。其潜在原因就是在于，北方容易统一，导致政权人口数量多，统一政权力量大，容易消灭南方政权。但是到明灭元，这个规律就不起作用了，根本原因在于长江中下游不仅是人口最稠密的地区，也是国家钱粮基地，国家力量分布已经向南方转移，辛亥革命首先在南方爆发并成功也是这个道理。

财富分布因地理分布而发生变化。唐749年时期北方税粮占总额75.9%，宋1080年之前北方税粮还占54.7%。但是元代开始，尽管北方的耕地面积一直没有大的变化，但是财政收入比例在减少，税粮贡献一直在20%~30%之间，而中国南方成为中国赋税的主要来源。[①] 南方已经成为中国的钱粮基地，经济战略地位已经超越了北方。财富分布向南方转移的结果就是自唐以后的历代统治者更加重视夺取南方，使南方成为钱粮基地，而北方则成为兵源基地，没有南北互补就难以完成中国的统一大业（见表4-5）。

这一格局一直延续到现在，南北方经济差距还在持续性扩大，但是二者在经济上的互补更加紧密，北方作为中国现代工业的资源中心，南方则成为产品生产、技术服务与贸易中心。以地方财政收入占全国比例考察各地财富分布状况，如果2.98%是平均值，高于平均值的省份主要集中在长江三角洲和珠江三角洲，而低于平均值的省份依然集中在北方和西北地区（见图4-2）。

---

① 王铮等：《历史气候变化对中国社会发展的影响——兼论人地关系》，《地理学报》1996年第51卷第4期。

表4-5　　　　　　中国北方历史耕地/税粮占全国总量的比例　　　　单位：%

年代	田土	税粮	年代	田土	税粮
749 年（唐天宝八年）		75.9	1080's 年（宋元丰年间）	31.0	54.7
1328 年（元天历元年）	44.5	30.0	1393 年（明洪武二十六年）	41.3	35.9
1502 年（明弘治十五年）	44.3	38.8	1542 年（明嘉靖二十一年）	43.9	38.8
1661 年（清顺治十八年）	43.1	20.7	1753 年（清乾隆十八年）	45.3	21.1
1820 年（清嘉庆二十五年）	47.8	21.1	1990 年	46.2	35.3

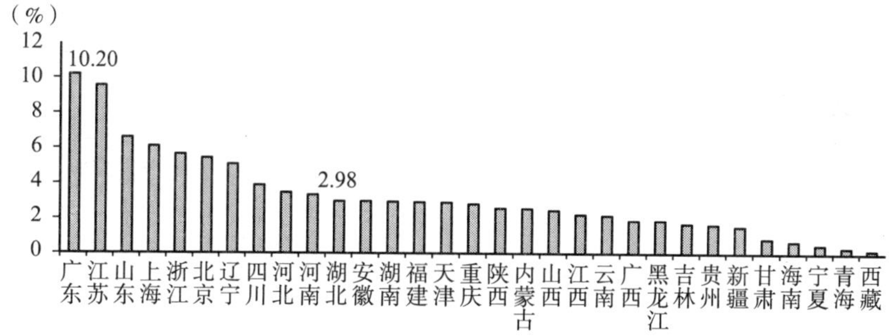

图4-2　2012 年地方财政收入排名

第二节　人地关系与农民起义

中国历史上的内乱大体上可以分为三类。第一类是农民起义，发起于社会下层，农民起义的实质是生存问题。第二类是封建诸侯割据或者强臣夺权，基本上都革了天子的命。宋朝以后这种现象基本就灭绝了，主要是国家权力制衡机制发挥了作用。这两种内乱往往互为因果。农民起义削弱了王朝势力，世族豪强趁势割据。割据态势形成，诸侯各自为政，中央政府形同虚设。这两个因素互为因果的结果是加速了朝代更迭。割据是统一国家分裂的开始，消灭割据则是统一的前提。中国的新朝代几乎都是从消灭割据、结束纷乱中诞生。农民战争在消灭王朝末期的军事力量过程中发挥了重要作用，但是最终取得政权的都是割据势力。第三类就是中央政权抽心一烂轰然崩塌，然后是军阀割据混战，清朝灭亡是唯一一例。

中国是世界上封建社会延续时间最长的国家，经历十数朝代，三千余年，有数不清的农民起义。中国王朝更迭，几乎全始于农民起义，但真正建立在农民起义上的王朝却少之又少，为什么？

历史的事实是，统治阶级盘剥压榨到下层人民难以忍受的程度，任何小的事件都可能诱发大规模的农民起义。最初的起义往往并没有明确的政治主张，至多提出"等贵贱、均贫富"，但是当起义规模不断扩大，往往产生两种可能。一是世族豪强的参与，依靠其经济实力和人脉推波助澜，并最终取得起义的领导权，改朝换代。二是世族豪强打着维护既有政权的幌子，借助政府的力量戡乱，乘机发展实力，实现诸侯割据，"地擅于将，将擅于兵"。一旦外重内轻的局面形成，中央政府离解体就不远了。所以真正具有政治野心的是世族豪强，他们最初躲在农民的身影后，揣测权衡天下大势，等待时机。一旦窥探到王朝气数将尽，就纷纷投机到历史的洪流中，捞功名、捞江山，问鼎天下，尽显英雄本色。而农民只不过是历史洪流中的流沙，能够摧毁熨平人间的沟壑，然后依然被水流覆盖，见不到暴风雨后的彩虹，总体上处于被世族豪绅利用的地位，是世族豪强的脚踏石。元朝的统治者歧视汉人将世族豪强消灭干净了，这才有了朱元璋领导的农民起义的成功。

一、秦末农民起义

秦末农民起义以陈胜、吴广大泽乡起义最为著名。公元前209年秋，秦征发闾左贫民屯戍渔阳，陈胜、吴广等900余名戍卒被征发渔阳戍边，途中在蕲县大泽乡为大雨所阻。按照秦法，不能如期到达目的地将死。陈胜吴广领导戍卒杀死押解的军官，发动兵变，建立张楚政权。陈胜的口号是："王侯将相宁有种乎？"陈胜看到了不平等，他也想挤入体制内，私欲超过了公心，谈不上有什么主张，混江湖的成分更多，查阅张楚政权成立后的表现就非常清楚。但是混江湖的机谋不如刘邦，所以被六国复辟分子给利用了。

大泽乡起义后，六国世族纷纷依附张楚，乘机复辟。起义不到三个月，赵、齐、燕、魏等地相继恢复六国的旗号，自立为王。当章邯领着刑徒兵围剿陈胜之时，各复辟之王拒不相救，陈胜吴广军队大败，农民起义成了被世族借用复辟的工具。各路起义军相继被章邯所灭，公元前208年定陶之战后，项梁楚军主力被灭，诸侯复辟势力大衰。秦军包围巨鹿，章邯与项羽"巨鹿之战"大对决。此时因内耗秦政尽失，秦军后援不济，粮草断绝，秦军战败，章邯投降。刘邦趁机西进关中，夺取咸阳。公元前206年秦灭亡。

二、西汉末年农民起义

赤眉起义爆发于公元13年，公元22年赤眉军大败王莽10万军队，取得"成昌大捷"。公元17年南方荆州饥荒，饥民聚众起义，史称绿林起义。公元21年绿林军屡败王莽军队。面对起义军的不断胜利，因王莽改制利益受损的世族豪强选择了脱离王莽的政府序列，开始结寨自保、聚兵割据。刘氏宗族便纷纷打出反莽旗号，南阳地区的刘縯、刘秀兄弟最为典型。

公元22年，刘秀的地主联合军队（春陵军）起事，联手绿林军的新市兵、平林兵，取得"棘阳大捷"。公元23年，各路义军推举刘玄当皇帝建立"更始政权"，国号"汉"。公元23年刘秀在昆阳大战中击败王莽主力，绿林军攻入长安，王莽被杀，新朝覆灭。农民军与南阳刘氏兄弟代表的地主集团发生冲突，刘秀之兄刘縯等被诛杀，刘秀韬光养晦。

公元25年，刘秀与更始政权公开决裂，于河北称帝，史称"东汉"。经过长达12年之久的统一战争，刘秀先后平灭了赤眉军、关东、陇右、陇西、西蜀等地的割据政权，结束了长达近20年的军阀混战与割据局面，中国再度统一。

三、东汉末年农民起义

东汉末年，外戚专政，宦官专权，政局不稳，党锢之祸使世族离心。对西羌战争持续数十年，花费巨大，徭役兵役繁重。加之土地兼并现象严重，民不聊生。

黄巾起义爆发于184年，但是起义后仅历经9个月的时间，主力就遭到东汉政府与地方世族武装的围剿，彻底失败。黄巾起义对东汉末年的政局产生了深远的影响。为尽快平定战事，中央下放军权至地方，减缓了东汉覆亡的危机。但是却造成了具有野心的将领或官员乘机拥兵割据，揭开了东汉末年军阀混战序幕。

公元189年曹操陈留起兵讨伐董卓。公元196年曹操采用"挟天子以令诸侯"策略，剪灭各路豪杰，公元200年官渡之战清除了统一北方的最大障碍袁绍，公元207年平定北方。公元208年败于赤壁之战，三国鼎立局面形成，东汉名存实亡。

四、南北朝六镇起义①

北魏孝文帝拓跋宏于公元 484 年开始系列改革（又称太和改制），实行官吏俸禄制，严惩贪污、推行均田制，抑制土地兼并、推行租调制，减轻农民负担、迁都洛阳，鲜卑贵族汉化如改官制、禁胡服、断北语、改复姓、定族姓等。这些改革，加速了当时北方各少数民族封建化过程，促进了北方民族的大融合。

但是太和改制后，边陲六镇的待遇骤降问题成为纷乱的导火索。拓跋鲜卑建国时，军队以鲜卑人的部落兵为主，士兵身份高贵，作战勇猛。迁都洛阳后，部落兵发生了两极分化，迁入河南者为羽林、虎贲，勋贵与士族同列，而世守边陲六镇者则由"国之肺腑"逐步沦落为镇户、府户，身份低下，六镇军民普遍不满。六镇遂为各种社会问题的焦点。

公元 523 年后，沃野、怀荒、武川、怀朔、高平、柔玄六镇镇民相继兵变。525 年北魏联合柔然族平定叛乱。此后，河北、关中相继变乱，北魏统治濒临崩溃。边镇军事豪强乘机扩充实力，尔朱荣在镇压六镇之乱过程中势力最盛，下属高欢、宇文泰和侯景最为有名。528 年河阴之变铲除了鲜卑贵族和汉族大家，尔朱荣控制了北魏朝政。

533 年高欢消灭了尔朱氏的势力。534 年，高欢立帝迁都于邺，成立东魏。公元 535 年，宇文泰立西魏文帝，建都长安。北魏正式分裂为东魏和西魏。西魏在宇文泰主政时期，任用汉人苏绰恢复均田制、创立府兵制、和亲突厥、德治法制并用，最终取威定霸，转弱为强，奠定了北周之基础。高欢继任者于550 年建立北齐，东魏灭亡。宇文泰继任者于 557 年建立北周，西魏灭亡。公元 577 年，北周灭掉宿敌北齐国。公元 581 年北周禅让，外戚杨坚受天命而成立大隋，并相继诛杀宇文泰家族。

自六镇之乱，北魏相继发生了河北、关中变乱，各军事豪强借平乱之机大举扩张势力，军阀割据混战不止，北魏分裂已成必然，犹如三国再现。六镇之乱起于边陲毫末，纷乱之世长达 60 年，华夏文明却能够浴火重生，也堪称奇迹，也必将以一个崭新的面貌出现。担当这个历史重任的就是关陇集团。宇文泰虽为匈奴人，但能重用汉人，力主改革，依靠胡汉结合的关陇军事集团，不

---

① 南北朝六镇起义可否定义为农民起义学界存疑，但考虑到六镇起义是中国历史转折点之一，其诱因和多数农民起义一样——财富分布，故本书在此述之。

仅转弱为强，也铸就了西魏北周的崛起。在长期的军事斗争中，关陇集团人才辈出，兼收并蓄，为隋唐盛世奠定了强有力的军事基础、制度建设和人才储备。

五、隋末农民起义

隋朝末年大兴土木、对外不断用兵，徭役、兵役繁重，各地揭竿而起，呈星火燎原之势，形成了声势浩大的全国武装起义。公元616年后，在同隋军作战中，各地起义军逐渐从分散走向联合，形成三支强大的起义军：河南的瓦岗军、河北的窦建德军和江淮的杜伏威军。三支义军主力极大地消耗了隋军主力。隋朝统治已经摇摇欲坠，此时许多地方官吏豪强也乘势起兵反隋，纷纷割据一方。太原留守李渊乘虚进军关中，夺占长安，在军事战略上取得先机。公元618年李渊称帝后，即开始采取招降或者武力消灭的方式，解决农民起义军或者世族豪强的割据势力，瓦岗军和杜伏威军被招降，窦建德被杀。地方割据势力李密、王世充、薛举等均被消灭。

六、黄巢起义

公元874年关东大旱，官吏强行征收赋税徭役，阶级矛盾激化。公元875年，同为盐商的王仙芝和黄巢先后起义，不久两支队伍会师。公元876年黄巢反对王仙芝接受招安，二人分裂。公元878年王仙芝兵败被杀。王仙芝提出的"平均"口号对动员农民反抗唐朝统治具有推动作用，但是王仙芝率30万之众而两次请降也反映了农民革命的局限性与妥协性。

黄巢则大为不同，善骑射，5岁就显露诗才，其诗句气势非凡，如"他年我若为青帝，报与桃花一处开"。但成年屡试不第，一首《赋菊》虽藏其凌云之志，但也惊人心魄，"冲天香阵透长安，满城尽带黄金甲"。

黄巢义军初期转战黄淮流域，遇到各路节度使阻截后渡过长江进军江南，克福州，屠广州，横扫东南沿海地区。公元879年因士兵水土不服，自桂州沿湘江而下，屠潭州，占江陵，50万之众败于荆门。但地方节度使却停止追击，黄巢收余众渡江而走。公元880年，岭南大疫，黄巢兵力损失惨重，遂向围剿官军诈降，待唐军北渡淮河后，乘机强渡长江北进，先后攻取洛阳和长安，军力达百万之众，881年建大齐政权。唐宗室出逃成都。

公元882年唐招沙陀部（西突厥别部）李克用任节度使，多次击败黄巢。同年，黄巢部将朱温降唐。公元883年，李克用收复长安。公元884年黄巢被剿灭。

公元 907 年朱温代唐称帝，史称后梁。中国进入五代十国的纷乱年代。公元 923 年李克用之子称帝，史称后唐，同年灭后梁。后唐最终实现了对中国北方的统一，对中原王朝最终统一全国具有历史推动意义。公元 936 年石敬瑭割让燕云十六州借兵契丹灭后唐，从此中国北方门户洞开。沙陀先后建立了后唐、后晋、后汉、北汉四个政权。

七、北宋农民起义

公元 993 年，北宋时期王小波、李顺在四川青城起义，第一次提出"均贫富"主张，995 年起义失败。四川自唐末以来，一直由封建割据势力控制，如前蜀、后蜀等割据政权。黄巢起义并没有波及四川，世族豪强势力没有受到打击，土地兼并更为突出，阶级矛盾尤为尖锐。此外，北宋由政府对盐、茶叶、粮食等实行专卖，世族豪强趁机渔利，民众疾苦不堪。公元 993 年四川大旱，天灾人祸共同诱发了武装起义。

历史上的宋江远没有《水浒传》中的故事精彩，公元 1119 年宋江聚众 36 人在梁山泊起义，1121 年宋江战败被俘，起义失败。起义的导火线是宋朝廷为解决财政困难，宣布将梁山泊八百里水域全部收为"公有"，规定渔民依船只大小课以重税。民众长期积压在胸中的对社会现实的不满终于像火山一样爆发了。

公元 1120 年方腊率众起义，建立了农民政权，曾攻入杭州，打击了北宋东南统治，1121 年起义失败。方腊起义的原因主要是：北宋徽宗政治上极端腐败，生活骄奢淫逸，修建皇家宫苑"寿山艮岳"以求道教神仙之境。赋役、对外纳贡、"花石纲"之役等致使东南最富庶地区的民众都难以承受。

历史的滑稽之处在于 1126 年金兵攻入汴梁，不仅毁掉了宋徽宗耗费巨资修建的"艮岳"仙境，他自己也没有成为神仙反倒成为阶下囚。一个本应该成为艺术家的人，命运却让他主宰一个国家，当他写意江山的时候，岂知他的灵感却令治下子民难以承受，岂知他的成仙幻觉给了贪官无限空间，他的写意最终毁掉了他的国家。农民只不过用最激烈的手段向帝王将相们表达了他们的诉求而已。

八、元末农民起义

1351 年刘福通红巾军大起义，建立"大宋"政权，统辖中原各地红巾军。

1357 年三路大军北伐，1363 年刘福通遇难起义失败。红巾军起义共计 13 年，纵横大江南北，沉重打击了蒙古贵族和封建地主，基本上摧毁了元朝的统治力量。红巾军失败的原因主要是军事战略方面：一是没有建立广泛的武装割据根据地，致使北伐力量孤悬于外成流寇，被各个击破；二是元朝军队联合地主武装围剿，而被分化瓦解的张士诚、方国珍从起义军背后夹击，军事上处于劣势。

朱元璋于 1352 年参加濠州红巾军，其军纪严明，知人善任，势力不断壮大。1356 年以金陵为根据地，不断向外扩张，同时在东南地区努力恢复农业生产，免田赋，实施寓兵于农，取得了地主阶级和农民的支持。为避免与元军和割据势力过早交战，保存实力，1357 年采取了朱升"高筑墙、广积粮、缓称王"的策略，积极营建江南根据地。针对周围强敌环视的形势，朱元璋采取了刘基"先汉后周"的策略，避免两线作战、实施各个击破的军事部署。1360 年"鄱阳湖之战"大败陈友谅（汉），1366 年诛韩林儿，1367 年击败张士诚（周），江南武装割据势力尽灭于朱元璋之手。元末农民起义历时 17 年。

1367 年朱元璋乘胜北伐，提出"驱逐胡虏，恢复中华，立纲陈纪，救济斯民"。1368 年灭元朝，建立明朝。朱元璋的成功得益于军政谋略的高屋建瓴：免田赋，拉拢了农民和地主阶级；缓称王，既有利于其他割据势力自行相互绞杀，又有利于以剿乱之名扑灭最后的对手；驱除胡虏是所有汉人的意愿。

元末农民起义的原因主要是：元朝成立即行分封，后期帝位之争导致贵族之间相互倾轧，如南坡之变、天历之变；土地高度集中于蒙古贵族为代表的封建大地主，贫富分化十分严重；财政入不敷出，采用增税和滥发货币的办法弥补亏空；吏治败坏，腐败严重。元末农民起义遍地烽烟的根本原因在于元末社会的贫富不均、蒙古统治者残酷的民族压迫，阶级矛盾激化。

九、明末李自成起义

明末政治腐败，土地兼并盛行，贫富分化严重，数年大旱灾打击了明朝经济基础。李自成 1629 年参加起义，当时多路义军各自为战。1633 年起义军渑池突围打破明军黄河防线，完成战略转移。1635 年各路起义军会师于河南，开始联合作战。1639 年张献忠在罗山战役中歼灭明军主力左良玉部，1641 年占领襄阳，1643 年张献忠攻下武昌，1644 年入川攻占成都，建立大西政权。李自成于 1641 年占领洛阳。成功的战略配合打破了明军围剿计划。

1642年李自成攻占襄阳，连续取胜，基本摧毁了明朝在河南的精兵。同时在政治上提出了"均田免粮"，在军事上改变流动作战方式，开始据守城邑、步骑协同作战。军队实力大增。1643年攻克潼关，围歼明军主力孙传庭部，轻取西安。1644年建立大顺政权，经宁武激战之后，连克大同、宣府重镇，同年围攻北京，明军不攻自溃，明朝被推翻。同年四月与满汉联军战于山海关，李自成失败后撤离北京。1645年起义失败，历时17年。

李自成起义初期在军事上一直处于流寇状态，一直到1641年打破明军围剿后才获得了军事上的主动性，由流动作战为主向攻坚战转变。1642年在政治军事上提出明确主张后，兵锋所向披靡，民众争相依附，进入北京城的部队竟然达到百万之众。

十、太平天国起义

鸦片战争后，中国开始沦为半封建半殖民地社会。巨额的战争赔款和鸦片输入导致清政府财政出现亏空，民众的税负激增。国门打开后，列强工业品大量倾销，手工业者大量破产。土地兼并日益严重，阶级矛盾不断激化。

1850年洪秀全利用拜上帝教在广西金田起义。1851年永安建制，太平天国初具建国规模。1853年攻占武昌，起义军以50万之众连克九江、安庆、芜湖、江宁，定都天京，由流寇作战为主转向据守天京为主，自此在军事上陷于被动。1853年出师2万北伐，孤军深入，1855年全军覆灭。1853年西征遇阻。1855年石达开于湖口、九江大败湘军水师，克武汉三镇。1856年破清军江北、江南大营，解除天京的威胁。1856年天京事变，石达开出走。太平天国内讧，开始走向衰败。

1858年清军重建江南、江北大营，再次围困天京。1858年陈玉成、李秀成破江北大营。1860年李秀成破江南大营。1863年湘军合围天京。1864年天京陷落，太平天国农民起义失败，历时15年。

太平天国革命是中国历史上规模最大的农民起义，动摇了清政府的统治。采用神权与政权混一方式，初期的确可以诱导民众。但是到后期随着领导集体的腐败与内讧，神权作用渐失，队伍开始分化，整个太平天国缺乏正确指导思想的软肋就暴露无遗。实际上，从"摊丁入亩"取消人头税之后，中国的人口迅速增长，人多地少的矛盾开始爆发，吃饭问题成为多数人生存的基本问题。神权可以给你的是幻想，并不能解决万千百姓的生存问题。定都天京后，军事战略上出现重大失误，太平军不再采取机动灵活的战术在运动中消灭对手，精锐力量东征西讨皆是为了保护天京，不能再对清廷形成实质性的打击；相反在湘军围成的巨型口袋中徒劳挣扎，又没有进行根据地建设以至于后期缺粮少兵，当内无粮草外无救兵后必死无疑。表面上清政府放权世族豪绅、联合列强共同绞杀了太平天国，实际上太平天国是自己走向了不归之路，梦断天国。

第五章 控制权与财富分布

中国历史上的经济改革主线主要包括土地分配、专卖收入、税收这三块内容，其核心都是要解决国家财政不足的问题，实质是财富在中央政府（地方政府）、世族和农民这三方主要利益集团之间如何平衡利益分配问题。这个问题如何解决也贯穿了中国朝代的变迁始终。大禹立国，"会诸侯于涂山，执玉帛者万国"；成汤灭夏，"三千诸侯"前来朝贺；武王克殷，封诸侯，建藩卫，"立七十一国"。"国"之数量在历史演化中大幅减少，反映了与土地所有权结合在一起的政治统治权逐步集中、国家作用逐渐增强的大趋势。夏商周时期从整体上看还不能视为统一国家，而是与联邦制比较类似，地方诸侯拥有封地治权和军权。当地方政府做大，中央政府也就开始势衰直至被地方诸侯取代。自秦统一中国后中央集权政府是历代统治者追求的国家管理模式，就统一政府而言，都经历了从统一强大到灭亡的过程，尽管有地理环境变化的各管因素，但是财富分布状态的改变成为王朝更迭的最直接力量。

从西汉看，汉初刘邦通过分封诸侯建立统一战线，最终战胜了强大的对手项羽，统一国家建立后立即开始剪除异姓王。针对诸侯势力强大，晁错认为"今削之亦反，不削亦反。削之，其反亟，祸小；不削之，其反迟，祸大"[1]，于是汉景帝推行削藩策略，但是刘氏子孙还是自导自演了"七王之乱"以反对汉景帝的削藩政策，即使同姓分封之路也根本不可能保证国家的安定。汉武帝时期，采纳了贾谊"众建诸侯而少其力"[2] 的策略，实行"推恩令"，"藩国始分，而子弟毕侯"[3]，实际是分拆各诸侯国给子孙，没有采取激烈的手段就削弱了诸侯势力，这是分户析产的巨大威力。

即便汉武帝彻底解除了诸侯的隐患，代之以吏制，但是官吏制度中世袭的弊端也开始显现。一方面贤才不能进入决策领导层；另一方面世袭造成了国家

---

① 晁错：《削藩令》。

② 《汉书·贾谊传》。

③ 《汉纪·武帝纪第六》。

管理权力在固定利益集团中流转，形成了世族门阀。世族门阀到西汉后期通过土地兼并严重削弱了中央政府的财政，财富和国家权力向世族门阀高度集中，本质上西汉时期的世族门阀已经和夏商周时期的诸侯没有差别。王莽新政试图改变世族门阀兼并的社会痼疾，但是世族门阀利用赤眉绿林起义将其斩首。刘秀东汉政权则是依靠世族门阀的支持才得以恢复汉室，虽然刘秀在历史上被称为开明雄主，仍然没有能力解决世族门阀对东汉政权的掌控，而世族门阀利用中央政府授权组建军队剿灭黄巾起义的机会最终肢解了东汉，世族门阀的诸侯本性得以淋漓尽致的发挥。

曹操从根本上看到世族门阀对统一政权的威胁，采取了一系列手段进行改造，主要是屯田制，严厉限制世族兼并土地势力做大。而司马家族夺取了曹魏政权后，很快就废掉了屯田制，西晋采取了分封制，虽然国家经济快速发展，但是统一了区区 15 年之后利益纷争就导致了"八王之乱"，游牧民族乘虚而下进入黄河流域，开启了中华民族历史上的近 300 年的大分裂时代。这一时代中北魏孝文帝均田制改革和关陇集团的锐意进取探索，对后世中国国家管理模式的改进发挥了重要作用。

真正对世族门阀实施阉割的是隋文帝。隋朝建立统一国家后，隋文帝采取了均田减税和科举制度，降低税负恢复经济，同时通过科举制度斩断世族门阀对中央政权的控制，国家快速强大。隋末农民起义虽然瓦解了隋朝统治，获得政权的又恰恰是与杨坚同出于关陇集团的李氏家族，一直到李世民时期继续通过科举制才真正清除了世族门阀这个隐患。而武则天则是利用科举制选拔了大量人才取代了李唐旧臣，道理是一样的。

朝代更迭的实质性矛盾是财富在中央政府（地方政府）、贵族和农民之间的分布问题，多数情况下这种分布状态的改变取决于各方在决定财富分布中的力量。这三方利益集团中最弱的一方农民，由于抵抗风险的能力弱而遭受打击最为严重，最容易成为反对财富分布格局的先锋。一旦农民力量被门阀世族利用，二者联手就有可能推翻旧王朝建立新王朝，如西汉、东汉、唐、明；一旦农民力量和王权力量联手，门阀世族必然被削弱，很可能建立强大国家，如秦、唐。

第一节　大一统的管理模式

财富分布状态取决于国家权力在不同利益阶层分布的程度，中央集权管理体制的形成意味着皇帝拥有最高权力，至少在形式上对国家财富具有绝对的分配控制权力。自公元前221年秦国统一中国实行郡县制开始，基本上各朝代权力分配管理的构架都在这一模式基础上不断演进，直至形成中央集权制度的基本框架——三省六部制（见图5-1）。虽然这一制度奠定了大唐帝国的盛世辉煌，但是三省六部制确是由隋文帝创立、经隋炀帝精简改革而成，唐朝统治者的开明之处在于继承了这一古代国家管理的大智慧。此后的各朝代管理模式虽有形式或者称谓的改变，其集权与分权的思想精髓却一直延续下来，以至于深刻影响了现代国家管理构架。我们的祖先比其他民族更聪明地解决了权力之争问题。虽然这一制度框架有利于国家的超长期稳定，但是副作用也非常大，就是王权的制约力量被阉割了，导致"万马齐喑究可哀"的死局。

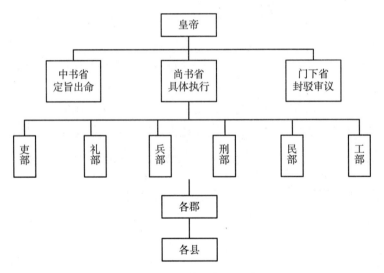

图5-1　三省六部制示意

三省六部制保证了最高决策权力与行政权力的分离，丞相的权力被一分为三，形成相互制约的"三省"。六大职能部门各司其职，不仅是保证中央权力意志贯彻执行的具体部门，也是将地方权力向中央集中的中枢。自郡县制诞生以来，最高权力之争在历史上更多地集中于皇帝与丞相之间，丞相位重权高。相对于众多诸侯与皇帝平均治权的状态，改变朝代更容易了，挟天子以令诸侯的曹操、司马家族取代曹魏建立西晋、王莽篡汉均是如此，掌握实权的丞相对皇帝的潜在威胁远大于诸侯，从这个角度就容易理解大力推行郡县制、帮助秦国崛起的股肱之臣商鞅被车裂的原因了。杨坚更是以丞相之身获北周"禅让"

之位，他太明白郡县制的死穴在哪里了。三省六部制大大削弱了相权，相权被一分为三，三省互相牵制监督，皇权则进一步得到了加强。自此中国历史上权臣上位的现象就基本杜绝了，重点是防范封疆大吏和藩镇。

隋朝统一初期，"当今郡县，倍多于古，十羊九牧，人少官多"，国家机构精简已经刻不容缓，故地方由州郡县三级改为郡县两级，"隋开皇初，有州241，郡680，县1 542。并减后大业五年，郡190，县1 255"①，州郡一级削减了近80%（见表5－1）。隋朝行政改革力度在中国历史上可以说是空前绝后，加之九品以上官员均由中央政府考核任命，裁汰了大量冗官，行政效率大幅提高（见表5－2）。隋富，高效的中央集权制发挥了重要作用。中央集权制的隋朝，行政效率非常高。大概3 000人养活一个官员，养官员的费用支出不超过财政支出总额1%。

表5－1　　　　　　　　　　　隋朝郡县基本构成

上郡	81	上县	688
中郡	17	中县	329
下郡	90	下县	225
合计	188	合计	1 242

说明：郡县数量采用隋炀帝时期州郡合并后数据，参见《隋书·地理志》，但合并后总数与《隋书》文字记述有差异。

直面历史数据我们会发现，隋朝虽然短命，但是对中国历史的贡献犹如秦朝的历史功绩一样辉煌，却被莫名其妙地湮灭了。隋朝是中国历史上最富裕的朝代之一，虽然只有30余年，但隋有耕地超过1 000万顷、人口4 500万，这个指标盛唐时期不过如此；隋朝击败了突厥、收复了青海、安抚了边疆游牧民族、统一了中国；隋文帝可能是历史上最节俭、最大方的皇帝，还最怕老婆；隋炀帝可能是中国历史上最勤奋的皇帝之一，足迹几乎遍布西部、北部、南部山河，亲自征讨青海；隋朝开凿的大运河将南北中国形成浑然一体的网络架构，从此再也打不烂分不开；隋朝创立了人类古代社会效率最高、规模最小的行政管理体制；隋朝创立了科举制，斩断了世族顽疾、打开了士人发挥才智的空间。唐朝全盘继承了这一切，捡了一个大便宜。

①《文献通考·职官十七》。

表5-2　　　　　　　　隋朝官员级别、数量与职田的估算

品秩	数量	职田（顷/人）	职田规模（顷）	永业田（顷/人）	永业田规模（顷）	公廨田
一品	31	5	155	100	3 100	
从一品	56	5	280	75	4 200	
二品	12	4.5	54	50	600	
从二品	8	4.5	36	30	240	
三品	83	4	332			
从三品	238	4	952			
四品	115	3.5	402.5			
从四品	159	3.5	556.5			
五品	166	3	498			
从五品	292	3	876			
六品	366	2.5	915			
从六品	1 801	2.5	4 502.5			
七品	1 247	2	2 494			
从七品	1 346	2	2 692			
八品	788	1.5	1 182			
从八品	1 398	1.5	2 097			
九品	1 906	1	1 906			
从九品	23 074	1	23 074			
合计	33 086		43 004		8 140	25 500

说明：1. 官员数量根据《文献通考·职官考》、《隋书·百官志》统计数据整理；2. 职田、永业田标准参阅《隋书》、《文献通考》相关记述；3. 公廨田数据无，参照唐。根据《隋书》，隋朝官员12 576人，唐开元末年官员总数18 805人，职田370万亩，公廨田255万亩。隋朝文帝时期公廨田数据难以查找，但至少不低于唐朝。

　　隋朝短命的原因从财富分布状态急剧变化中可以看出一些端倪。隋朝初创时期，隋文帝杨坚对追随他打天下的功臣赏赐非常丰厚，同时对民众和士兵都实行均田制，每户授田140亩，但是交税只有栗3石。隋文帝初期执行"薄赋"和"节俭"两大国策，自己以身作则崇尚俭朴，太子杨勇等皆因奢侈遭废黜，节省了大量国家财力，隋初全国行政开支仅相当于南北朝的三分之一。[①] 隋文帝在开皇十二年曾经不解地问："朕既薄赋予人，又大径赐用，何得（库藏皆满）尔也？"我征税很低，赏赐的时候也很大方，可是国库里的钱粮咋总也用不完？低税有利于经济增长，隋初是又一例证（见图5-2）。

――――――――――

① 曾国祥：《赋税与国运兴衰》，中国财政经济出版社2013年版，第138页。

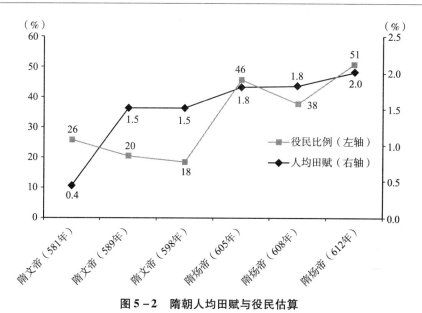

图 5 - 2　隋朝人均田赋与役民估算

说明：1.《隋书》记载隋朝耕地仅5 000万顷应有误，按照隋朝人口和均田制上限反推，隋朝耕地应该在1 000万顷左右；2. 役民比例指兵役和劳役占男性劳动力人口比例。

隋朝灭亡的根本原因在于"急役"，如隋炀帝时期连续征发了洛阳之役、长城之役、修船之役、高丽之役，如此多的"急役"耗用大量民夫，均田制的劳动力被彻底摧毁，所以隋"天下死于役而家伤于财"[1]，隋炀帝时期役民比例高达50%，逃亡者汇聚成反政府力量。虽然隋朝的税负低，但是整个国家的劳动力基本都投入军事和劳役之中，经济活动必然崩溃，贵族阶层、农民阶层的利益都遭受打击，其引致的多骨牌效应就是国家的动荡与崩溃。贵族集团之间矛盾的爆发仅仅是时机问题。隋文帝后期先后诛杀了王谊、刘昉、梁士彦、宇文忻、元谐、虞庆则、刘昶、王景、王世积、元旻、史万岁、李彻和燕荣等功臣，"其草创元勋及有功诸将，诛夷罪退，罕有存者"[2]，杨广即位后又先后诛杀了高颖、贺若弼、伍建章及废太子杨勇诸兄弟等。大清洗虽然有利于破除关陇集团的约束，但是无疑埋下了不稳定因素，一旦时机成熟，这股潜伏的不稳定因素就会发酵起事，李密、杨玄感、李渊、王世充等隋末英雄其实均为贵族出身。同时以萧铣、沈法兴为代表的南朝残余势力，以刘武周为代表的地方豪强，则借势割据。大举搞基建的隋炀帝很快就缺钱了，开始向富人征

---

[1]　《隋书·食货志》。

[2]　《隋书·高祖纪下》。

税，610 年征收财产税购买 10 万匹马，613 年向关中富人征收财产税。触动利益集团的根本利益是隋朝速亡的一个潜在原因，而急役将民众推向了造反之路。这两股力量汇集到一起，再强大富裕的集团也会被推翻。从另一个角度看，隋朝的低税促进了经济繁荣发展，无论贵族和农民都从统一祥和中获得利益，获得极大满足。尽管修大运河、清除边患之举泽披后世，但是那是后代子孙的福气，当下还有谁愿意再出苦力？还有谁愿意打仗？全国人民估计都难以理解隋炀帝，隋炀帝的思想政治工作出现了短板。

"暮江平不动，春花满正开。流波将月去，潮水带星来。""萧萧秋风起，悠悠行万里。万里何所行，横溪筑长城。"这首颇有雄阔境界的诗词作者恰恰是隋炀帝。可见，隋炀帝是一位境界高远、文武全才的人。

可能唐朝皮日休的《汴河怀古》评价最为客观："尽道隋亡为此河，至今千里赖通波。若无水殿龙舟事，共禹论功不较多。"

隋与秦一样是中国历史上因滥用民力而亡的朝代，虽然短暂却留下辉煌与惋惜，无论成功的经验还是失败的教训都足以成为各自的后继朝代汉、唐强势崛起的基石。

第二节 土地分配与土地兼并

司马迁在写史记的时候，已经注意到经济问题事关国家安定，"故善者因之，其次利道之，其次教诲之，其次整齐之，最下者与之争"[1]，不要与民争利，主张自由经济，百业自然兴起，而且还会产生比肩王侯的"素封"即首富。"仓廪实而知礼节，衣食足而知荣辱，礼生于有而废于无"，民众富裕了就好治理了。但是这只是表面现象，古代经济制度中的基石——土地制度的变化，对王朝的兴衰也产生了重要影响。

自商鞅废井田开阡陌一直到唐中期安史之乱，除西晋实行等级占田制度外，秦、西晋、隋、唐等统一王朝初期基本上执行均田制，即对贵族官僚实行按官员级别分田地，对农民国家按户授田。这种土地制度非常有利于王朝初建时期发展比如西晋、隋、唐，根本原因是地多人少。这种制度存在的基础是地多人少，一旦人多地少就要出乱子。未开垦的荒地、罚没贵族封地可以保证王朝初期土地供应，这是历代均田制的基础。均田制对促进社会稳定和经济发展

---

① 《史记·货殖列传》。

发挥了重要作用，也是隋、唐强大的制度基础。但人口增加就麻烦了，没有过剩土地用来均田，加上门阀世族的土地兼并，社会上失地农民开始增加。农民在整个利益分配格局中一直处于被动承受的弱势地位。当最繁华强大之时也就是人多地少矛盾不断激化时期，一旦气候变冷干旱，均田制下广大的小农根本无法抵御干旱的袭击，要命的是这个社会政治经济的根基崩溃了。饥荒之下农民起义就开始了，这是均田制度必然导致内乱的逻辑。所以唐安史之乱后就没有办法继续实施均田制，而是土地自由流转，其基本精神一直用到清代。土改时期也是均田分产到户，初期具有极大的激励作用，打土豪分田地、耕者有其田，绝对是最伟大的宣传语，老百姓一听就懂。解放战争时期我党在土地改革中不仅按照人口进行均田，给农民分地，而且对国民党官兵家属也同等分田，农民的生产性和革命性被调动起来了，仅仅淮海战役中就有 500 多万支前群众。国民党士兵听说自己家也分田了[①]，心中那杆秤随之向共产党倾斜，真是得民心者得天下！改革开放初期的承包制也是变形的均田制。

但是实行均田制过程中，由于土地可以自行转让，被均分到户的土地又逐渐集聚到富者之手，形成了中国历史上的顽疾——土地兼并。实际上，汉朝成立之初确定的休养生息国策虽然促进了经济恢复，但是到汉文帝时期土地兼并就已成气候，班固对这一现象有非常透彻的分析描述，"有者半贾而卖，亡者取倍称之息，于是有卖田宅、鬻子孙以偿责者矣。而商贾大者积贮倍息，小者坐列贩卖，操其奇赢，日游都市，乘上之急，所卖必倍。故其男不耕耘，女不蚕织，衣必文采，食必粱肉；亡农夫之苦，有仟佰之得。因其富厚，交通王侯，为过吏势，以利相倾；千里游遨，冠盖相望，乘坚策肥，履丝曳缟。此商人所以兼并农人，农人所以流亡者也。"[②] 土豪们巧取豪夺，放高利贷，官商勾机，共同掠夺农民土地，土地兼并已成当时社会毒瘤。武帝初期土地兼并趋势愈演愈烈，董仲舒说"富者田连阡陌，贫者无立锥之地"[③]，所以他建议应该"限民名田，以澹不足，塞并兼之路"[④]。甚至对土地兼并防范甚严的明朝，其后期也无法抑制土地兼并，酿成了"国家与民今日俱贫，而官独富"[⑤] 失衡局面。

---

① 1947 年 9 月中国共产党在河北西柏坡举行土地会议，通过了《中国土地法大纲》，其中第九条（戊）规定："家居乡村的国民党军队官兵、国民党政府官员、国民党党员及敌方其他人员，其家庭分给与农民同样的土地及财产。"

② 《汉书·食货志》。

③ 汉·荀悦：《汉纪·武帝纪四》。

④ 《汉书·食货志》。

⑤ 秦晖：《中国经济史上的怪圈："抑兼并"与"不抑兼并"》，《战略与管理》1997 年第 4 期。

土地兼并现象自秦以来一直是中国历史上各朝各代不能回避的问题，"抑兼并"与"不抑兼并"成为中国经济史上的怪圈。土地兼并，是指土地愈来愈集中到少数大地主、大官僚手中，而农民越来越多地丧失土地，甚至根本就没有土地。土地兼并是封建社会的一个不能有效解决的顽疾。世族门阀为了扩大自己的土地，通过政治手段和其他卑劣的手段用低廉的价格从农民手中获得土地。尤其是灾年，拥有土地的农民变卖土地和房产沦为佃农。土地兼并往往在一个朝代的后期表现突出，它是封建经济发展的结果，是地主土地私有制和地主阶级力量增强的表现。王朝强盛时期多主张"抑兼并"，如汉武帝时期桑弘羊"夫理国之道，除秽锄豪，然后百姓均平，各安其宇"①、朱元璋立法"佑贫抑富"甚至采取"籍诸豪族及富民田以为官田"② 和"增其赋"的手法玩起了"土地国有化"，根本目的在于保证国家税基和统治权的控制。而主张"不抑兼并"的则多是世族权贵，主张"官不与民争利"，如司马光认为"富贵贫贱，天之分也"，"天使汝穷而强通之，天使汝愚而强智之，若是者必得天刑"，其根本意图是国家应该放权让权贵巧取豪夺私人财富。

土地兼并果真是导致王权衰落的内因吗？在中国古代专制社会中，实行"分户析产"制。作为家长的父亲去世后，子弟当分家立户，财产平均分割。在这样的制度安排下，中国古代的土地占有和流转，存在两个相反的趋势。一方面，官员和地主兼并土地，促使土地走向集中；另一方面，这些家庭集中的土地因为"分户析产"制而被迅速分拆，很难形成稳定的土地集中。③ 另一个原因是权贵势力再大，也只不过是封建皇权的侍从，在皇权面前还很弱小，生死财富皆取决于皇权的意愿，按照马克思的话就是"权力统治着财产"，贵族的财富只不过是"统治—服从关系基础上的分配"。所以中国古代土地兼并的可怕后果可能被文人墨客夸大了。

历来"抑兼并"都有两大理由：一是道义方面，即削富益贫，"百姓均平"；二是财政方面，即"利出一孔"，"富国足用"。实际上二者并不矛盾，因为中国古代的均田制是国家的赋税基础，税源主要由土地税和人头税构成。"不抑兼并"，土地和流民则向权贵集中，其结果必然导致国家税源遭受侵蚀，国力被削弱。这是历代强势君主都主张"抑兼并"的根本原因，即实际动机则多出自财政理由，即通过经济垄断充实国库。我国历史上历次大规模的抑兼并运动，比如汉武帝的盐铁官营、明末的"三饷"加派，都是在朝廷财政危

① 《盐铁论·轻重篇》。
② 《明史》卷七七《食货志》。
③ 刘正山：《土地兼并的历史检视》，《经济学季刊》2007 年第 6 卷第 2 期。

机的背景下发动的。抑兼并的直接结果是国家财政尤其是中央财政的"汲取能力"极度膨胀而形成所谓的"国富民穷"之局。①

从中国土地制度演变历史看，从秦汉到隋唐基本上采取的分田到户的均田制，这一制度承认土地私有合法，但是土地兼并之风盛行。尽管小农的土地多被地主、富商所兼并，但是秦汉时期还是抑制兼并的政策为主。之所以"重农抑商"，根本原因就在于土地均分到户的制度是国家赋税、徭役的基础。虽然秦汉时期土地都已经私有合法并可转让，但是秦时期土地兼并现象不突出，而汉朝就非常突出，汉朝的土地宏观调控政策基本上失灵。根本原因在于秦国的法律制度完善，秦时期获得更多土地要靠军功获得爵位，有爵位才享有国家赐予的土地，而通过兼并获得土地属于非法。"农不上闻，不敢私籍于庸"②，没有爵位的人不得擅自占有劳动人手，隐占劳动人口和弃地不耕以事末业，都会受到严厉的惩罚，这就极大地限制了土地兼并势力的发展。秦国的土地兼并之所以比较少，因为依靠买卖进行土地兼并不仅违法，而且承受的赋税也重，"民有二男以上不分异者倍其赋"，如果不进行分户析产要承担重税。

隋唐初期的均田制对于恢复经济和稳定社会发挥了重要作用，虽然均田制的实施仅仅是用官田对无田者和官员进行分配授田，但是仍然承认土地私有。尤其是高官的永业田则是均田制基础上的土地完全私有化。在土地私有合法化背景下，不彻底的均田制实行的结果就是农民土地逐渐被兼并。

均田制能够调动广大农民积极性在于税负太低。按照理想状态，古人耕田效率基本上是：一夫百亩，亩产2石，一年的收成是200石。如果按照井田制即什一税，则税负10%为20石。如果按照隋唐均田制计算，每户授田百亩，亩产2石，一年收成200石。隋唐田赋2~3石/户，实际税负在1%~1.5%之间，这个税负水平应该是中国历史上最低的。所以均田制的税负远远低于井田制，难怪隋朝实行均田制后，"浮客悉自归于编户"，原来逃避税负的流民都主动地申请户口获得土地，广大农民劳动致富的积极性被充分调动起来了。土地对各利益集团具有极大的吸引力。

隋唐时期虽然依靠均田制在成立初期快速医治战乱，但是又通过均田形式将更多官田变成了私田，土地私有更多地改变了土地国有。因此，自战国以来所形成的封建地主大土地私有制的主导形式，并没有因为隋唐均田制的短期再现而发生根本性改变，其实质只不过是：看不见的利益之手，假借国家这只看得

---

① 秦晖：《中国经济史上的怪圈："抑兼并"与"不抑兼并"》，《战略与管理》1997年第4期。
② 《吕氏春秋·上农》。

见的手，使得土地从一个利益集团转到了另一个利益集团而已。土地租金收益水平基本上按照收成50%计算①，回报率很高。于是利益驱使士族与庶族地主共同开启了土地兼并之门，恣行兼并、违制买卖永业田、侵吞公田、篡改地籍等已经成为普遍现象。唐中期天宝十一年（752年）的敕令②则彻底承认了土地兼并的合法化，也意味着均田制名存实亡了，也意味着建立在均田制基础上的财税制度成了空中楼阁，杨炎两税法的横空出世是社会经济现实倒逼的结果。

所以自宋始，中国再无均田制的根本原因在于不能从制度上解决土地问题，实质是一个利益分配问题。均田制虽然短期解决了土地分配问题，但是长期看土地兼并仍然难以遏制，只好选择放任了。

大体上凡是依靠世族门阀建立起来的王朝在抑制兼并方面都不是很强势，其实是强势不起来，夺取江山依靠的是世族门阀，即使刘秀也只能默许利益集团的强大，比如东汉、西晋，到北宋更是放开不管了，能够像朱元璋那样诛杀功臣以绝后患的，历史上再无第二。

虽然自北宋开始，土地买卖自由，政府采取的是"不抑兼并"。但是人口增加和分户析产导致兼并现象被削弱了，只是过程稍长，分散布局的小农经济开始成为中国经济的主要特点。就是说虽然政府不再干预土地市场的兼并，但是在市场规律和分户析产的共同作用下，历经千年，土地分配竟然也趋向公平，意外地走向了均田制的效果。分户析产制度是中国古代经济不能走向强大的一个致命原因，大地主、大富商分家几代，这个家族就形成了松散、分散的关系，因为再多的财产也经受不住按照幂次增长的分户析产，任何一个强大的家族都可能自宫。而股份制分散的是股权、保留的是法律实体，股权可以延续、可以细分，实体仍然可以保持原有规模甚至扩大。所以中西方走向在明代开始分岔，中国越来越细分为分散的小农，失去了内在的扩张动力。而西方经济实际上是越来越走向集中和规模化，具有天然的外向扩张动力和基础（见表5-3、图5-3）。

均田制的问题在于，小农经济虽然有利于形成比较平均的财富分配形态与超级稳定的社会形态，但是由于小农经济抵抗自然灾害的风险非常薄弱，建立在此基础上的泱泱大国也不会坚如磐石。中国历史上历次大规模的农民起义几乎都是在灾害的背景下发生，根本原因在于均田制下的单一小农根本没有能力与自然灾害抗争，在生与死的抉择面前，如果政府不出手相救，揭竿而起或许是一条生路。

---

① 参见:《唐律疏议》卷二七《杂律》。参见《李文公集》卷一《岭南节度使徐公行状》:"岭南节度使徐公乃募百姓能以力耕公田者，假之牛犁粟种与食，所收其半与之；不假牛犁者，三分与二。"
② 《册府元龟》卷四九五。

表5-3　　　　　　　　　　　　遂安县两个地区不同时期的土地分配情况

田产数量分组（税亩）	同治元年（1862年）		宣统元年（1909年）	
	户数	占比（%）	耕地数（亩）	占比（%）
0	50	13.3	445	34.6
0.01~0.99	89	23.7	147	11.4
1~2.99	122	32.5	304	23.6
3~4.99	36	9.6	151	11.7
5~6.99	24	6.4	75	5.8
7~9.99	24	6.4	60	4.7
10~14.99	8	2.1	48	3.7
15~19.99	13	3.5	23	1.8
20~24.99	3	0.8	12	0.9
25~29.99	2	0.5	5	0.4
30~39.99	4	1.1	7	0.5
40~49.99	0	0	5	0.4
50~69.99	0	0	2	0.2
70~99.99	0	0	2	0.2
>100	0	0	0	0
合计	375	100	1 286	100

资料来源：赵冈、陈钟毅：《中国土地制度史》，新星出版社2006年版。

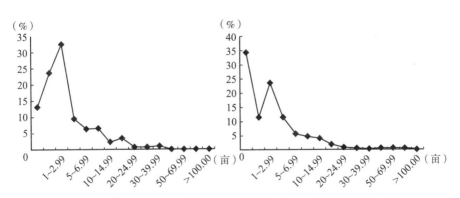

图5-3　清朝土地分布估算（左图为同治元年，右图为宣统元年）

资料来源：赵冈、陈钟毅：《中国土地制度史》，新星出版社2006年版。

第三节　田制与税制改革——中央财政的汲取能力

一、抑土地兼并——秦汉至唐

自东周始，儒、法关于土地、税制的主张可以说是背道而驰。儒家主张平均地权，具体办法是恢复井田制，董仲舒提出的"限民名田"稍有进步；法家则主张节制资本，主张官营，限制兼并和民间借贷。① 汉初的无为而治虽然形成了"文景之治"，府库充裕，但是国家并不强大。商业资本的聚积与集中加大了贫富分化②，分封制危及政权统一，放纵兼并危及财政根基，府库充裕的背后是通过向匈奴和亲赎买和平。到武帝强化军事力量抗击匈奴入侵的时候，国库很快就空虚了，如果没有桑弘羊遵循法家的主张进行了系列财税改革，从大商人手中抢夺盐铁专卖、剥夺诸侯铸币权，汉朝根本没有能力抵抗匈奴。武帝之后，桑弘羊被诛杀，各项限制世族豪强的政策相继被废弛，外戚、世族、豪强相互勾结，"不耻为利者满朝市，列田畜者弥郡国"③，兼并之风卷土重来，"山东大者连郡国，中者婴城邑，小者聚阡陌，以还相吞并"④，皇权已经形同虚设。甚至具有"光武中兴"之美誉的刘秀，因依靠世族豪强建立东汉政权，亦无力剪除世族豪强的利益之网。刘秀模仿其祖先休养生息的策略，初期对恢复经济虽然发挥了重要作用，但是世族豪强又起兼并之风又起，加速了农民离开土地的过程（见图5－4）。而且世族豪强的势力更甚，不仅灭了黄巾起义，还肢解了东汉。这种现象按照诺斯的解释：统治者试图使收入最大化并想控制臣民，而那些代理人其自身利益很少与统治者利益完全一致⑤。本质上财富向贵族集中导致税基恶化⑥，财政难以承受不断增加的军费，是罗马帝国崩塌的重要原因之一。大汉帝国和罗马帝国在这一点上堪称同病相怜。

---

① 吕思勉：《中国通史》，中国画报出版社2012年版，第81页。
② 翦伯赞：《秦汉史十五讲》，中华书局2012年版，第141页。
③ 《盐铁论·救匮》。
④ 曹丕：《典论》。
⑤ 诺斯：《经济史中的结构与变迁》，上海人民出版社1999年版，第135页。
⑥ 诺斯：《经济史中的结构与变迁》，上海人民出版社1999年版，第138页。

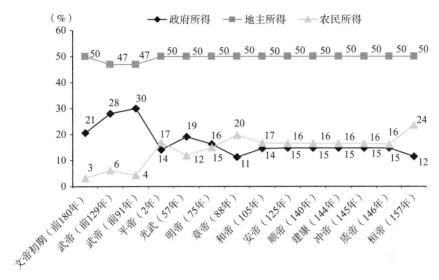

图 5 - 4　汉朝财富分布估算

资料来源：根据相关数据与制度估算。

　　西汉和东汉初期都共用"与民休息"的仁政国策，类似今天市场经济的自由放任，结果也相同：一个"文景之治"、一个"光武中兴"和"明章之治"，两个盛世都持续了 70 年左右；这两个盛世的瓦解原因也是同一个：世族豪强的兼并导致财富分布集中到大地主大商人，社会分配失衡，国家税基受到侵蚀，大厦必倾。自由放任的结果却导致了兼并集中，两汉国策结局不就是"斯密困境"的最好注释？公元 2 世纪的罗马帝国也同样面临着收入向贵族高度集中、分配不公平的问题①，古代东西方收入分配的趋同绝不是巧合必有共同的因素作用。汉武帝采取"外儒内法"强化中央集权，击退了匈奴，扩张了版图，代价却是整个国家财富打得精光。幸亏武帝敢于自我批评，下"轮台诏"罪己，幡然醒悟，"禁苛暴，止擅赋，力本农"，避免了王朝局势的继续恶化。

　　曹操在历史上的伟大之处在于为中国从分裂内乱走向统一奠定了基础。曹操治乱、统一北方除武力以外，还因势利导采取了"屯田制"和"租调制"，抑制豪强兼并，使曹魏的经济实力大增。曹操行屯田制属因势利导，因东汉末年大动荡使人口骤减，田地荒芜，只有通过屯田养兵而非赋税。他在《置屯田令》（196 年）中阐述了屯田积谷的意义，"夫定国之术，在于强兵足食。秦人

---

　　① 　诺斯：《经济史中的结构与变迁》，上海人民出版社 1999 年版，第 125 页。

急农兼天下,孝武以屯田定西域,此先代之良式也。"局势稳定之后,曹操于204 年开始税制改革,发布了著名的《收田租令》,力主税负公平、简化、抑制兼并,"有国家者,不患寡而患不均,不患贫而患不安",屯田制的田赋只有 4 升/亩即 2% 左右。曹操本人非常注意维护法律尊严,自己带头按照资产水平缴税"计资发调"①,按资产缴税本身就是削弱豪强举措。"租调制"不仅简化了税制,还降低了税负,一直影响到隋唐。"屯田制"的影响一直持续到明清,甚至在延安时期的大生产运动中也能感觉到屯田制的影响。两项改革具有重要的历史意义。

西晋依靠世族豪强夺取曹魏政权后,门阀世族全面兴起,土地兼并再起波澜,危机国家财政,限制门阀世族实力过度膨胀成为西晋政权无法回避的问题。在保证门阀世族政治经济特权前提下,扩大农民阶层,巩固税源,占田制和课田制应运而生,也造就了西晋初期 10 年的"太康盛世"。历史的惊人相似在于曹丕接受汉帝禅让称帝建立了魏,司马炎同样也让魏帝禅让建立了西晋。司马炎称帝后立即祭起了宗室屏藩、血缘分封的大旗,实行五等爵位之制,同宗封王 57 位,宗王出镇战略要地。但是司马炎死后仅仅 1 年,司马氏同姓王之间为争夺中央权力而爆发了混战,历时 16 年的"八王之乱"成为西晋速亡的重要原因,给了匈奴乘虚而入的机会,华夏大地开启了长达近 300 年的分裂局面。血缘分封根本靠不住。

西晋灭亡之后,游牧民族蜂拥而入,朝代轮换如走马灯。混乱局面中燃起的一丝希望就是北魏孝文帝拓跋宏开启的汉化运动,重用汉人精英阶层,不仅促进了民族大融合,实现了北方统一,其均田制(485 年)、户籍制(486 年)和租调制(486 年)改革也对后世田制和税制产生了重要影响。均田制计口授田,授予农民一定数量的土地,通过户籍管理的三长制将农民束缚在土地上成为国家编户,抑制了土地兼并,有利于国家征收赋税和徭役。租调制则相对减轻了农民的租调负担,有利于经济发展。

北周奠基者鲜卑人宇文泰在汉人助手苏绰的协助下,于 541 年实行均赋役改革,恢复北魏的均田制。其创立的关陇军事集团,共创造出四个王朝,分别是西魏、北周、隋、唐,在中国历史上是绝无仅有的奇迹,并将中国推向了一个新的历史高峰,这是草原文明与农业文明融合的结果,"取塞外野蛮精悍之血,注入中原文化颓废之躯,旧染既除,新机重启,扩大恢张,遂能别创空前

---

① 《三国志·魏书·曹洪传》注引《魏略》:太祖为司空时,以己率下,每岁发调,使本县平赀(资)。于时谯令平洪赀财与公家等,太祖曰:"我家赀那得如子廉耶!"

之世局"①。

自西汉以来发展壮大的世族门阀，在游牧民族政权的轮番洗劫下终于遭到毁灭性打击，成为均田制能够推行的政治条件。均田制能够实施的客观基础是土地储备足够多，即人少地多，所以从这个角度说均田制并貌似井田制的恢复，但是均田制土地基本可以买卖，这是与井田制根本的差别。均田的前提是授田私有，正如后人评价唐朝田制所说："唐虽有公田之名，而有私田之实"②。这种情况往往出现于大规模战乱之后，人口凋零、大片土地荒芜，采取均田制有利于充分调动农民的积极性。如果认识到均田制的实质是"计口授田"，那么均田制雏形应该是出自商鞅之手，此后西晋、北魏、北周、隋、唐，都在战乱之后实行了"计口授田"的土地制度，对缓和社会矛盾，促进经济发展发挥了极为重要的作用。但是均田制的缺陷也非常明显，随着人口的增多和经济发展，土地私有性质逐渐增强，公田、私田均成为豪强兼并的对象，土地兼并卷土重来，财富又集中到世族豪强之手，侵蚀了国家税基，激化了社会矛盾。北魏均田制颁布不过二三十年，均田户的破产、逃亡问题即十分突出，北周、隋、唐无不如此，都不得不重建田制框架。而每次重建，土地所有权就有所深化，国家干预也相应减弱，至唐中后期土地兼并已经开始疯狂，"开元、天宝以来，法令弛坏，并兼之弊有逾汉成哀之间"③。令人惊讶的是北宋实施"不抑兼并"政策并没有形成前朝的土地兼并之势，虽然北宋赵匡胤收买行贿重臣的做法与西晋司马炎类似，并且鼓励高官经商，但是世族门阀再也没有形成向前代王朝那样把持皇权的气候，土地兼并的顽疾实际上自北宋以后逐渐自愈了，其主要原因源于科举制度和析产分户的继承传统。

隋文帝杨坚开国 2 年（582 年）即行均田制、薄税负，10 年之后隋即大富，户口滋盛，仓库盈积，赢得"开皇之治"的美誉。隋朝快速发展的根本原因有：一是均田制和低税负吸引了大量隐户，"浮客悉自归于编户，隋代之盛实由于斯"；二是精简机构、定岗定编，压缩财政支出；三是减税，免除盐铁、酒的专卖税，取消工商税，极大地刺激了商业发展。

唐于 624 年推行均田制，均田制与租庸调制对稳定唐初政治经济发挥了重要作用。隋文帝强盛时期，经过励精图治，全国户数高达 890 万户，但是经过隋末大动荡后人口骤减至 300 万户，经过 130 多年的稳定发展到"安史之乱"前，盛唐的人口才重回 890 万户。但唐中后期土地兼并更激烈，国家税源遭受

---

① 陈寅恪：《金明馆丛稿二编》。
② 《文献通考·卷二·田赋考》。
③ 《文献通考·卷二·田赋考》。

侵蚀，国家根基就不稳了。均田制的瓦解直接摧毁了租庸调制的实施基础，必须找到新的税收解决方案，这个方案就是两税法，就是所谓的"盖口分世业之田坏而为兼并，租庸调之法坏而为两税"①。土地兼并的另一个严重后果是，由于农民愈加陷于绝境，纷纷逃兵役、力役，农家子弟衣食来源断绝，出身农家、宿卫京师的士兵即府兵必然随之逃亡，均田制的瓦解也导致了府兵制的消亡。公元722年唐开始招募丁壮，兵农之分始于此，府兵制瓦解，募兵制兴起。

"安史之乱"后，均田制遭到破坏，人口锐减，户籍失散。建立在均田制基础上的租庸调制如空中楼阁，藩镇割据并自行征税甚至劫掠中央财赋，国库赋税收入锐减。为保障唐中央政府的财政收入，对后世治税产生重要影响的两税法于780年应运而生。两税法将唐代的租、庸、调、地税、户税和各类杂税一概合并成"两税"，以资产多少计征。两税法的核心是，废除以人丁为计税标准，改为田亩和资产为计税标准，核心税目是地税和户税。地税按亩课征，户税按资产征纳。商税列入国税，税率3%。杨炎两税法的实施，表明中国持续了近千年的人丁课税体系转向了财产课税体系。两税法对后世的影响极大，因为自宋代开始"不抑兼并"，相应的税制只有沿着两税法思路展开。后世宋、明、清的税制都遵循两税法方向加以调整完善，两税法在中国历史上具有划时代意义。

二、财富分布的畸变——唐朝的盛衰之根

（一）唐的强盛源于均田低税、藏富于民

大唐帝国是中国历史上最强盛、最开放时期，这个朝代是中国古代历史的一个分水岭，兼收并蓄创新不断，其辉煌可以说是前无古人后无来者，其盛衰之根皆源于财富分布。

唐初继承并大举推广隋代的均田制，同时在税收制度上实行租庸调制，土地制度与租税制度互为基础，使农民和土地实现了有效结合，均田制度使无产之流民成为有产之农民，较低的租税制度激发了农民创造财富的积极性。根据唐朝均田制，丁男授口分田80亩，永业田20亩；府兵同等受田；永业田，亲王100顷，一品官60顷，逐级减；官员职分田，一品12顷，逐级递减，九品2.5顷。作为社会稳定基础的农民和士兵都享有100亩土地，这意味着凡是大唐的臣民都获得一项土地财富。根据唐朝的租庸调制，有田有租，每丁租税2

---

① 《新唐书·食货志》。

石；有家有调，每户交绢 2 丈绵 3 两；有身有庸，每丁 1 年服役 20 天，可以物代役（每日绢 3 尺）；地税，据地取税，每亩 2 升；户税即资产税，根据资产规模征税，安史之乱以前约为 250 文；安史之乱以后最低 500 文，最高 4 000 文。户税中定户标准不包含土地。

我们计算一下唐前期农民田赋有多重。每户 100 亩地，唐亩产约为 1 石（相当于现在 60 公斤），每户年产粮 100 石，交田租 2 石，税负是 2%。交地税，按照亩产 1 石计算，交 2 升，税负为 2%。每户调、庸约合 2.3 石[1]，税负为 2.3%；户税约 0.78%。农民户均税负大概为 7%，此不包含附加税。如果考虑到附加税约为户税 2 倍，大概为 1.5%，则每户的税负水平在 8.5% 左右，低于古代什一税的水平。

我们可以从唐帝国总财政收入规模推算税负状况。唐前期（754 年）每岁"天下共敛三千余万贯，其二千五十余万贯以供外费，九百五十余万贯供京师；税米麦共千六百余万石，其二百余万石供京师，千四百万石给充外费"[2]。根据李锦绣[3]的估算，唐玄宗（754 年）财政总收入为 3 400 万贯，其中赋税征收总额 2 841 万贯，分布如表 5-4 所示。

表 5-4 唐财政收入分布

收入	金额（贯）	比例（%）
租庸调	1 631.2	57
户税	200	7
地税	396.8	14
资课	200	7
附加税	413	15
合计	2 841	100

资料来源：李锦绣：《唐代财政史稿》，北京大学 1995 年版。

当年唐人口为 891 万户，按照课户计算，平均每户税额 3.2 贯。按照 1 石粮折合 0.32 贯计算，如果户均 100 亩、每亩产粮 1 石计算为 100 石，折钱 32 贯。每户平均税负 10%。[4]

---

① 唐前期度量衡的折算关系，麻 1 斤 = 棉 1 两 = 粟 1 斗 = 布 5 尺 = 绢 4 尺，据此可以折算租调庸。参见李锦绣：《唐代财政史稿（上卷）》，北京大学出版社 1995 年版，第 435 页。

② 杜佑：《通典·卷六·食货六》。

③ 李锦绣：《唐代财政史稿（上）》，北京大学出版社 1995 年版，第 800 页。

④ 李锦绣：《唐代财政史稿（上）》，北京大学出版社 1995 年版，第 797 页。

两种计算方法都比较接近 10%。原因在于，唐代前期租庸调制的税基以户为基础征收，而均田制和税收政策在唐前期均无大的调整。据此，我们可以根据每户的税负计算唐前期国家赋税收入规模。

暗藏在均田制背影下的是土地自由流转，土地兼并在太平盛世的光环下开始慢慢滋生。隋唐初期的均田制对于恢复经济稳定社会发挥了重要作用，虽然均田制的实施仅仅是用官田对无田者和官员进行分配授田，但是仍然承认土地私有。尤其是高官的永业田则是均田制基础上的土地完全私有化。在土地私有合法化背景下，不彻底的均田制实行的结果就是农民土地逐渐被兼并。

如果是租佃田地如何？均田破坏之后佃农制开始广泛实行。封建地租形态自战国以来就是分租制与定租制并存。唐则肯定了分租制为法定形式，定租制更比前代流行。分租制下田租的租金是收成的 50%。[1] 私人地主的高额地租具有很大的诱惑，推动官田也采取租赁为主，以收取地租作为主要收入方式。"以力耕公田者，假之牛犁粟种与食，所收其半与之；不假牛犁者，三分与二。"即如果佃农仅仅出劳力耕种则获得 50% 收入，土地所有者也获得 50%；如果土地所有者仅仅出借土地，则佃农获得 2/3 收入，地主则得 1/3。各级政府的职田也采取出租方式获得收益，地租每亩 2 斗至 6 斗[2]，因土地的肥饶程度而租率不同。虽然租佃制下地主应承担相应的税负，但是最终转嫁到农民身上，农民还要承担杂税。

唐前期（618~755 年）虽然推行均田制为主，但是土地自由流转却逐渐放开。均田制解决了农民温饱问题，市场规律加速了财富创造与集中。社会整体获得了和谐、自由发展的 130 余年的宝贵时光，唐太宗初期（627 年）人口不过 300 万户，到唐鼎盛时期（玄宗 755 年）人口 890 余万户，全国人口达到5 300 万。社会经济空前繁荣，国力强盛，年均人头税 200 余万贯，租税收入2 500 万石，天宝八年（749 年）全国粮食储备总计 1.9 亿石。[3]

（二）唐亡于外重内轻下财富被利益集团瓜分

唐玄宗晚年英武不再，倒是昏招连出。尤其安史之乱爆发后，安禄山相继攻陷了唐军北方钱粮基地，平叛军队粮食军需供给问题迫在眉睫。为抵御叛军进攻同时削弱已经北上平叛的太子权限，在逃亡巴蜀途中的玄宗不甘心已经退

---

① 余也非：《隋唐时代的地租制度》，《重庆师院学报》1990 年第 1 期。
② 《唐会要》卷九二《内外官职田》载开元十九年（731 年）四月敕："天下诸州县并府镇戍官等职田顷亩籍账，仍依允租价对定，无过六斗，地不毛者，亩给二斗。"
③ 曾国祥：《赋税与国运兴衰》，中国财政经济出版社 2013 年版，第 144 页。

位的事实，竟然于 756 年发布了遗祸无穷的《命三王制》，一是通过诸王分守重镇削弱已经登基的太子兵权；二是各节度使"应须兵马甲仗器械粮赐等并于诸路自供"，将财政大权拱手相让给节度使也不给太子。自此后藩镇逐渐形成气候，一个强盛的大唐帝国一旦截留税权、割据纷争与对抗中央政府成为常态，崩塌发生也不过是弹指之间。表面上唐亡于穷兵黩武，因为军费耗资向百姓征收过度，其实还是利益集团断了中央政府的税源。藩镇割据缩小了唐中央政府税权实施范围，而高额的盐税诱导无数亡命之徒（代表如黄巢）走私贩盐，这两大利益集团使中央政府的税基被严重侵蚀。中央政府早已成空中楼阁，失去财源的政府太不接地气了，死是注定的。

安史之乱爆发后，人民大量逃亡成流民，户籍人口锐减。唐肃宗时期 760 年，在籍人口猛跌至 193 万户，约 1 699 万，脱籍人口高达 700 万户。均田制实质上已经消亡，课丁锐减，财政收入大幅度萎缩。唐中后期的经济改革主要以财税改革为主，主要是推行两税法和盐茶专卖，核心就是如何搜刮更多财富。

肃宗时期的 758 年开始推行盐专卖，到代宗大历末年（779 年）盐税已经达到 600 万贯，占全国财政收入总额的 50%。盐税究竟有多重？唐朝储备粮主要分布在河北、河南、河东、关内四道，中央国库主要分设在河北清河郡、河南的东都洛阳和关内的长安三地。估计安禄山对此早就蓄谋已久而且军事上的谋划极具战略眼光，安史之乱爆发于河北，然后席卷洛阳，焚及长安，兵锋所向直指大唐的钱粮基地，唐朝的国库积累 50%[①]以上都用于资敌养寇了。所以当唐朝要调兵平叛的时候（756 年），就出现了"财赋为急"的窘迫，肃宗感慨道："今天下方急，六军之命若倒悬然，无轻货（钱粮）则人散矣！"[②] 解决燃眉之急的方案之一就是在 758 年开征盐税，定额税率是每斗盐 100 钱[③]，按照户均年消费盐 14 斗计算[④]，每户盐税为 1 400 文。最初盐税只有 40 万贯，到代宗（766 ～ 779 年）末年，盐税规模已经高达 600 万贯。[⑤] 杜佑认为："自兵兴，上元以后，天下出盐，各置盐司，节级权利，每岁所入 900 余万贯文。"[⑥]（见图 5 - 5）

---

① 梁方仲：《中国历代户口、田地、田赋统计》，中华书局 2008 年版，第 393 页。

② 《大唐新语》卷十《厘革》。

③ 《新唐书·食货志》："天宝、至德间，盐每斗十钱……尽榷天下盐，斗加时价一百钱而出之，为钱一百一十。"

④ 陈明光：《试论安史之乱对唐前期国家财政体系崩坏的影响》，《求是学刊》1990 年第 1 期。

⑤ 王小甫：《隋唐五代史》，三民出版社 2008 年版，第 198 页。

⑥ 杜佑：《通典》卷十《盐铁》。

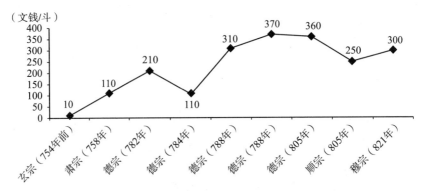

图 5-5　唐代盐专卖价格趋势

资料来源：李锦绣：《唐代财政史稿》，北京大学出版社 1995 年版，第 821 页。

　　唐中后期盐专卖导致盐价格的暴涨不仅充实了政府的腰包，暴利还催生了众多私盐贩子，其中最出名的当属王仙芝和黄巢。在藩镇劫税和私盐贩子争利轮番洗劫搜刮下，盛唐最终只剩下一堆残羹冷炙，很难想象雄霸天下的大唐帝国就这样被众多宵小之辈蚕食了。

　　780 年（唐建中年）开始推行两税法。两税没有统一收税定额，收入规模根据支出预算而定，类似 20 世纪 80 年代的财政包干制。收入规模（两税元额）确定之后，各地道、州、县根据户数和垦田亩数逐级摊派，最后确定每户每亩税额，这一点与每丁税率一致的租佣调制形成明显区别。杨炎设计的两税法，量出制入，从总额上限制过度征收，保证财税大权收归中央，加强中央集权，削弱割据势力。在征收上，将租、佣、调、地税、户税、杂税合并成"两税"，通过并税式改革简化税制，防止滥征新税和乱收费。在征收标准上更公平，废除了以人丁为计税标准，改为田亩和资产为计税标准。同时将征收范围扩大到商人，但税率仅为三十分之一（见表 5-5）。

表 5-5　　　　　　　　　　唐 780 年实施税制改革效果测算

	两税法征收额	租佣调征收额	差额	增幅
地税（万石）	1 600	784.48	815.52	104%
户税（万贯）	3 139.8	2 121.77	1 018.03	48%
征收总额（万贯）	6 339.8	3 690.73	2 649.07	72%

注：度量单位折算，1 匹绢折 3 200 文钱，1 石粟折 2 贯钱。
资料来源：基础数据参见李锦绣：《唐代财政史稿》，北京大学出版社 1995 年版，第 653 页。

　　两税法改革极大提高了唐中后期财政汲取能力，税收增加 72%，这个规模是在安史之乱后经济遭受巨大摧残后取得的，民众税负增加程度可想而知！所以从搜刮钱财的角度看，历史上有两个人成就最为杰出，"随民而税始于商鞅，随田而税始于杨炎……二人之事，君子所羞称，而后立为国者，莫不一尊其法"[1]。

　　问题是税收收入急剧增加后，中央与地方如何参与分赃？中央对财权控制力增加了吗？虽然历经战乱民不聊生，但是唐后期两税规模一直维持在建中初期规模，全国征收规模高达 6 339 万贯，但是中央财政规模还是在缩小，根本原因在于中央对方镇控制力并没有因为两税法的改革而有所好转（见图 5-6）。

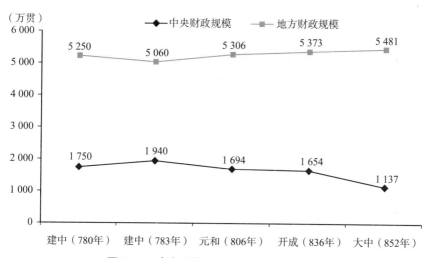

图 5-6　唐中后期中央地方财权分布趋势

注：唐后期两税总额一直维持在 3 500 万贯石，折合 6 340 万贯，剔除中央部分剩余为地方两税。

资料来源：李锦绣：《唐代财政史稿》，北京大学出版社 1995 年版，第 667 页。

　　唐后期财政规模不断扩大的结果是农民的税负激增。两税与盐税合计高达 7 000 万贯，比唐前期高出 1 倍有余，加上因战乱在籍人口锐减，实际纳税户的税负提高幅度大大超越了承受底线。唐前期每户税负平均是 3.2 贯，安史之乱后税负水平开始攀升，最高达到 30 贯。唐初每户收入基本在 32 贯，每户纳税 3.2 贯，负担比较轻。唐后期土地兼并加剧，在籍户土地普遍缩减，按照户均 30 亩[2]、亩产 1 石、每石 2 贯计算，收入在 50 贯左右，每户平均缴税 20 贯计

---

[1]　马端临：《文献通考·自序》。

[2]　均田制推行过程中农民授田不足现象逐渐显现，根据《册府元龟》卷一〇五《惠民》记载，唐太宗"幸灵口，村落逼侧，问其受田，丁三十亩"。

算，税负基本在40%以上，剩余30石，5口之家基本上食不果腹（见图5－7）。这是黄巢起义席卷整个帝国的大背景。

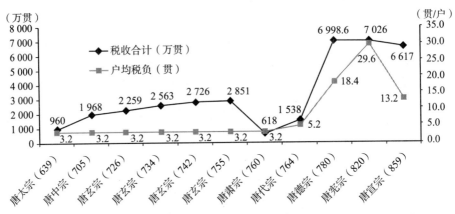

图5－7　唐代税负估算

资料来源：李锦绣：《唐代财政史稿》，北京大学出版社1995年版。

公元885年平定黄巢之后，"是时藩镇各专租税，河南北、江淮无复上供，三司转运无调发之所，度支惟收京畿、同、华、凤翔等数州租税，不能赡，赏赉不时，士卒有怨言"①。维系帝国财政命脉的河南②、江淮③财富已尽失，租税不入，国家财政陷于瘫痪状态。大唐帝国实际上已经分崩离析。

（三）中国经济中心开始南移

安史之乱前期，唐朝国家南北人口比例大致是4:6，北方人口仍然多于南方。安史之乱后，黄河流域经济遭到严重破坏，人口消耗严重，同时北方移民不断流入南方。南方不仅人口获得了增加，经济实力也不断增强，比如襄州人口增加120%、鄂州增加100%、苏州增加30%、泉州增加50%、广州增加75%。到五代十国时期，南方一些割据政权则完全摆脱了对北方的财政负担，经济地位更加巩固。至此，南方人口超越北方人口的态势得以定型，到北宋初（980～989年），南北户口之比大约为6:4。

---

① 司马光：《资治通鉴》卷二五六。

② 当时河南道指黄河以南、淮河以北、东到大海、西到洛阳的广大地区，包括现在的山东全境、河南大部、江苏北部、河北东部和南部。

③ 江淮指江南、淮南地区。唐朝时设江南道、淮南道，统称江淮，江淮是当时中国经济文化最发达地区，"天下赋税仰仗江淮"，"江淮自古为天下富庶之区也"。

从秦国到唐朝大约千年时期，这个时期是中国古代社会围绕均田制的土地制度下朝代不断更迭的时期，是各民族不断融合的时期，是一个不断进取、开放、自信的时期，北方是中国的政治经济中心。唐以后至清的千年时期，则是中国古代社会放任土地交易的时期，是游牧民族不断南进的时期，是一个偏安、封闭、颓废的时期，南方则演化成中国的经济中心。

如果说汉承秦制、隋承汉制、唐承隋制，华夏文明得以一脉相承，那么大唐帝国则堪称华夏文明的巅峰。其由盛衰转换犹如天上地狱般不可思议，尽管原因众多，但是穿越历史长河考察，犹如任何朝代更迭一样，大唐帝国的兴衰根源仍然是财富分布的畸变。

三、不抑土地兼并——宋元明清

研究历史的人对商鞅正面评价不多，其中罪名之一就是土地自由流转导致兼并。其实这个结论是错误的。商鞅推行土地自由流转，但是还规定普通居民持有土地上限，超过上限则非法，只有通过军功获得国家赏赐才能拥有更多土地。所以自商鞅变法到秦国统一华夏的 135 年间的漫长时期，秦国并没有像汉唐时期一样出现土地兼并问题。唐虽然推行均田制，但是仍然无法遏制土地兼并，北宋立国之时干脆就承认市场规律对土地兼并放任自流，此后各朝代基本上都推行土地自由交易，但宋元明清各朝代的财富分布还是表现出鲜明的差异。

四、宋朝悲催的仁治——富有但不均的大国企

北宋是中国历史上一个实行仁政的中央政府。赵匡胤"杯酒释兵权"之后，高薪养官，鼓励高官们多置田宅，通过科举制和文官将兵彻底解决了世族和军阀这两个影响政权不稳定的因素。北宋的特点是"积贫积弱"。所谓积贫是指国家财政长期处在入不敷出的局面，所谓积弱是指国家军事力量过小、对外战争多以失败告终。造成这一局面的根本原因有三：一是体制原因，北宋的"家法"是养兵、养官和将从中御。宋朝对官员的防范制度比较完美，比如通过强化科举制废除世族繁衍，文官领兵制废了军队战力。但是随着国家机构不断膨胀，财政撑不住了，"冗吏耗于上，冗兵耗于下，此所以尽取山泽之利而不能足也"[①]。官吏人数从宋真宗的 9 785 人扩充到宋仁宗时的 17 300 人，增

---

① 《资治通鉴·宋纪十九》。

加了近 1 倍，地方胥吏增加了 3 倍。雇佣兵数量宋太祖时 38 万人，宋太宗时 66.6 万人，宋真宗时 91.2 万人，宋仁宗时 125.9 万人，军队增长了 3.3 倍，禁军增长了 4.2 倍。宋仁宗宝元元年（1038 年），天下收入金帛 1 950 万，支出将达 2 185 万，赤字达 235 万①。二是治国理念所致，北宋以仁治天下，虽然促进了经济发展，把中国带进了高度文明和发达的古代社会，但是自由放任的经济政策结果却是财富向贵族和大地主阶级集中，而农民和中央政府日益困难。三是豪强兼并土地，隐田漏税。

虽然北宋沿袭了唐代的两税法，但是田赋在财政收入中的比重一直在下降，原因就是土地兼并对田赋造成的侵蚀。当土地和商业都垄断于贵族高官手中，虽然社会经济总量不断增长，但是国家和农民一样分享不到财富。所以北宋更注重鼓励工商业发展以取得工商税收，实有无奈之举。故自由放任的国策下，商业大发展催生了兼并大崛起，贵族采取"隐田漏税"的方法偷逃税收，夹在二者中间的北宋左右为难，只有走法家主张的专卖之路，依靠盐、铁、酒等专卖获得财政收入。宋代税收的一个特点是工商税占比急剧上升。宋太宗时候（997 年），赋税收入 3 559 万贯，其中农业两税收入 2 300 余万贯，占 65%，工商税收入只占 35%。但是到宋神宗（1078 年），赋税收入为 7 070 万贯，农业税 2 100 万贯，占 30%，而工商税收提高到 70%。② 历史上绝无仅有。

（一）你所不知道的赵匡胤

宋人李攸在《宋朝事实》卷九说："唐自开元、天宝以后，藩镇屯重兵，皆自瞻。租赋所入，名曰送使、留州，其上供者鲜矣……太祖历试艰难，周知其弊……藩镇有阙，稍命文臣权知；所在场务，或以京朝官监临。凡一路之财，置转运使掌之；一州之财，置通判掌之；为节度、防御、团练、留后、观察、刺史者，皆不予签署金谷之事，于是外权削而利归公上矣。"

南宋学者叶适说："太祖之制诸镇，以执其财用之权为最急。既而僭伪次第平一，诸节度伸缩惟命、遂强主威以去其尾大不掉之患者，财在上也。"一是取消藩镇对驻地以外州郡的统辖权，说白了就是地方大员人事任命权收归中央。二是通过控制钱粮削去藩镇实权，没有钱粮就没有能力造反。这是对地方政府的控制核心，加上第三条改府兵制为幕兵制军队由中央掌控，赵匡胤就彻底解决了割据的毒瘤。财权上收中央后直接给宰相统管？没有，赵匡胤还是玩

---

① 赵云旗：《北宋财政走出"积贫积弱"的轨迹》，《经济参考报》2009 年 2 月 6 日。
② 项怀诚主编：《中国财政通史·五代两宋卷》，中国财政经济出版社 2006 年版，第 19 页。

分权，在中央层面又设置盐铁、度支、户部分权共管，将国家的财政大权分散从而有效防止财权集中的篡权风险。

所以说赵匡胤可不单单是武夫，简直是洞穿了乱臣贼子的五脏六腑，可以说看透了中国历史，将财权这个最核心的东西牢牢地抓在了手中。

赵匡胤其实是非常具有战略眼光的，对于统一中国他从钱粮角度有过非常精辟的论述："中国自五代以来，兵连祸结，帑廪虚竭，必先取西川，次及荆广、江南，则国用富饶矣。今之劲敌正在契丹，自开运以后，益轻中国。河东正扼两蕃，若遽取河东，便与两蕃接境。莫若且存继之，为我屏翰，俟我完实取之未晚。"① 宋太祖的战略意图基本上得到贯彻，占领了四川和江浙富庶地区对于改善北宋初期的财政状况发挥了重要作用。可惜宋太祖英年离奇早逝，未能实现统一中国远大抱负。

军人出身的赵匡胤太了解藩镇割据的厉害。为杜绝唐后期军人拥兵割据乱国的顽疾，赵匡胤采取鼓励开国重臣释权享乐的政治智慧，力劝打天下的老哥们"多积金，市田宅，以遗子孙；歌儿舞女，以终天年"。结果政权稳定了，但是从此也落下了病根：官员经商、腐败享乐、军人斗志全无。只求在大宋这个空壳下自我既得利益的最大化，遇到战争就媾和，遇到内乱就绞杀。控制这个壳资源的人都发财了，而国家却被掏空了。

北宋在中国历史上其实挺窝囊，虽然有钱但是主要用于高薪养官、养兵，只要他们别造反就行。北宋虽然富裕但是财政赤字连连，官吏队伍庞大低效，军队规模不断增长却无战力。整个朝代没有血气，皇帝带头娱国，官员腐败成风，国家懦弱不堪，和平需要赎买。北宋在繁荣中死去，虽然没有人夺权，自己却一天天烂透了。这个传统一直遗传到南宋，故虽然岳家军击败了金国的主力部队，完全有能力继续北进收复失地，甚至改写中国历史。但是这与宋立国主张相悖，有能力的将军在赵宋眼中如虎狼，必须除掉，剩下的只有舞文弄墨、奇技淫巧了，宋朝的灭亡实属咎由自取。所以宋朝的文学艺术发达有其深厚的统治基础，寄托灵魂于山水石榴裙间。你想啊，连皇帝都逛夜总会找小姐，这个国家不完蛋才怪！有周邦彦《少年游》为证：

并刀如水，吴盐胜雪，纤指破新橙。锦幄初温，兽香不断，相对坐吹笙。

低声问：向谁行宿？城上已三更，马滑霜浓，不如休去，直是少人行。

也许赵匡胤那一套搁在现代比较灵，太超前了，比西方的分税制和三权分立整整早了 1000 年。他比较厉害，但是他的继承人基本都不行，将他设计的

---

① 汪圣铎：《两宋财政史》，中华书局 1995 年版，第 12 页。

制度缺点都放大到了昏庸的地步。赵匡胤堪称令华夏走向衰弱的第一帝。

（二）阉割军队的恶果

公元986年宋发动雍熙北伐，试图收复燕云16州。志大才疏的宋太宗指挥20万北伐军竟然大败，名将杨业战死。其实979年宋太宗就御驾亲征幽州，发动了高梁河之战，惨败而归。雍熙北伐的失利使宋对游牧民族的战略关系由进攻转为防御。太宗即位后，面对哥哥留下的丰厚家底不解地说："此金帛如山，用何能尽？先帝每焦心劳虑，以经费为念，何其过也！"就是这位不知兵事、讥笑兄长的继承人，两场败仗下来基本就将积蓄打光了。好在他能接受教训再也不敢开仗，转而发展生产，轻赋薄敛，国家才缓过劲来，国用殷实。从此北宋一直处于辽的威压之下，不仅品尝不到战争红利的甜美，反倒背负了赎买和平的巨额负担，赵宋一朝从此惧怕战争不停地扩军。宋朝的军队规模庞大但是战力极差，导致兵费耗资巨大，这是拖垮赵宋的一个重要原因。

还是那个宋太宗，玩阴的倒是很有两下子，比如"烛光斧声"夺权、"临幸小周后"羞辱李煜。令太宗郁闷的是，李煜心理承受力极强就是不自杀，只是低吟"问君能有几多愁？恰似一江春向东流！"最后被无奈的太宗毒死了。历史的惊人相似在于：李煜的悲惨一幕竟然一分不差地报应在了宋太宗的子孙徽宗赵佶身上，一样的文人才子、一样的阶下囚，宋徽宗简直就是李煜的翻版！宋太宗的战略眼光实在太差，不仅打仗总吃败仗，国家管理上也够糟糕的了，宋朝的官吏膨胀就源于他。赵匡胤时期还曾下诏裁员，但是宋太宗就开始玩机构设置全配，冗官祸根就此埋下，到徽宗亡国之时达到高峰。南宋初期此弊尚无，估计是战乱官员们都逃散了，但是隆兴议和（1164年）后冗官问题又故态复萌。

1004年宋辽交战，在宋占优势的条件下，双方签订了"澶渊之盟"，宋每年送给辽岁币银10万两、绢20万匹。此前，畏辽如虎、财大气粗的宋真宗赵恒谈判前竟然说："如事不得已，百万亦可！"更不可思议的是当30万被误传为300万时，这位皇帝初始听到后大叫："太多了！"愁得捶胸顿足，过了好半天又忽然想开了，说道："三百万就三百万吧！咱们大宋朝不差钱！"不过，与辽媾和从战略上看无疑还是正确的，此后宋辽再无战事，避免了与辽、西夏双线作战的不利局面。

真正将大宋朝拖垮的是宋夏长期的战争。

1038年西夏脱宋立国，宋夏经过三年战争双方于1044签订"庆历和议"。实际上北宋对西夏立国恨之入骨，一直欲除之而后快，1038～1099年，先后发生了三川口之战（1040 年）、好水川之战（1041 年）、定川寨之战（1042 年）、大顺城之战（1064 年）、熙河之战（1071 年）、五路伐夏（1081 年）、永乐城之战（1082 年）、洪德城之战（1092 年）、平夏城之战（1096 年、1098 年）、横山之战（1119 年）。双方大战近 80 年，北宋终于降服了西夏。但是长期的战争中北宋多数都遭受严重挫折，将富庶的北宋拖得筋疲力尽，加之内部腐败，军队缺乏战力，难以抵挡随后的金兵进攻（见表 5 - 6）。1125 年金灭辽后，立即进攻北宋，于 1127 年金兵就迅速攻克东京，北宋灭亡。

表 5 - 6　　　　　　　　宋夏战争爆发前后财政状况比较　　　　　　单位：万贯，%

年份	收入支出	河北	河东	京畿	陕西	合计	增幅
1038	收入	2 014	1 038	1 950	1 978	6 980	
1042	收入	2 745	1 176	2 929	3 390	10 240	47
1038	支出	1 823	859	2 185	1 551	6 418	
1042	支出	2 552	1 303	2 617	3 363	9 835	53

资料来源：汪圣铎：《两宋财政史》，中华书局 1995 年版，第 19 页。

战端开启后，北宋的财政状况迅速恶化，1043 年出现了国库空虚、财政匮乏的情况，无奈皇帝从自己的腰包了掏出了 1 100 万贯，北宋开国 50 余年的积蓄瞬间就打光了。北宋是历史上第一个全面实行募兵制而养兵基本上依靠财政解决的朝代，尤其是宋朝冗兵而战未胜，不仅兵费激增又不能获得战争红利，持续战争给财政造成的压力可想而知。到了 1055 年竟然出现了"田甚旷，民甚稀，赋役甚重，国用甚不足"[1] 的窘境。1064 年出现了财政赤字，司马光认为根源在于"入者日寡出者日滋"[2]，就是说支出增加远大于收入增加。所以仁宗时期（1022 ~ 1063 年）表面上"至平极盛之世也，而财用始大乏，天下之论扰扰，皆以财为虑矣……极天下之大而无终岁之储"[3]。

宋仁宗的财政大臣蔡襄（1049 ~ 1054 年）在《论兵十事》中记载，军队总数 118 万人，按照禁军每人每年支出 50 贯、厢军 30 贯计算，军费总额 4 800 万贯，约为全国收入总额的六分之五。按照这个标准修正后的军费更令人吃惊，6 800 万贯，其中 2 000 万贯的差额应该是欠饷。你说宋朝的士兵打

[1]　《长编》卷一七九。
[2]　司马光：《论财利疏》。
[3]　叶适：《水心别集》卷十一《财总论》。

仗会卖命吗？而当年财政收入总额只有 6 400 万贯左右，财政赤字近 400 万贯
（见表 5 - 7）。

表 5 - 7　　　　　　　　　　北宋军队规模与经费估算　　　　　单位：万人，万贯

年份	972	996	1019	1044	1065
厢军	37.8	66.6	91.2	125.9	116.2
禁军	19.3	3.8	43.2	82.6	66.3
军费总额	2 099.0	2 188.0	4 896.0	7 907.0	6 801.0

资料来源：汪圣铎：《两宋财政史》，中华书局 1995 年版，第 25 页。

（三）仁治不仁

历史公认宋朝富有，但是冗兵、冗员、冗费害了大宋。大宋的 300 余年
间，财政收支其实真的很糟糕，收入规模很大，但是没有多少家底，表面富丽
堂皇，实际上赤字如噩梦一直伴随着大宋，原因在于冗兵冗费（见图 5 - 8）。

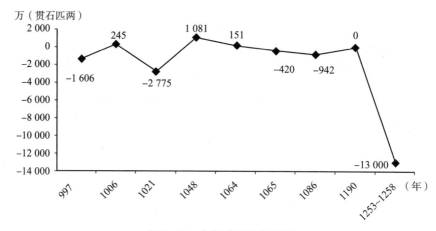

图 5 - 8　宋代财政盈余状况

注：1086 年、1190 年和南宋财政统计单位是"贯"。
资料来源：汪圣铎：《两宋财政史》，中华书局 1995 年版，第 680 页。

最初解决财政危机的渠道就是加税。宋朝加税的基础是生产力的大幅度提
高。宋朝时期随着水利、精耕细作、集约生产方式推广，农业生产率得到提
高。以江浙地区为例，宋仁宗时期亩产 2 ~ 3 石，北宋末年到南宋初已是 3 ~ 4
石，南宋中后期则是 5 ~ 6 石，远超隋唐，更远超秦汉。按照宋代最高亩产量
5 石计算，折今 460 斤，宋代 1 亩地即可养活 1 个人，而在战国则要 4 亩，唐

则需要 2 亩。宋代农业生产率已经有显著提高。[1] 但是南北方产量差异比较大，其大致比例为 2（南）:1.5（淮北）:1（雁北）。[2]

宋代承袭了唐中后期的土地私有制度，土地可以自由买卖，地主阶级通过土地兼并得到壮大，租佃经营成为农业主要生产方式。宋代地租有两种方式，一种是分成地租，一种是定额地租。分成地租是最普遍的方式，苏洵在《田制》中记载："耕者之田资于富民……田之所出，已得其半，耕者得其半"，一般地租分成率为 50%，土地收入佃户与地主对半分，和唐中后期水平差不多（见表 5－8）。

表 5－8　　　　　　　　北宋时期地主与佃户分布　　　　　　　单位：万户，%

	地主	佃户	总户数	佃户比例
北宋初（980～990 年）	356	255	611	42
元丰年间（1078～1085 年）	1 088	569	1 657	34

资料来源：梁方仲：《中国历代户口、田地、田赋统计》，中华书局 2008 年版，第 188、199 页。

根据漆侠的研究，随着土地兼并的加剧，宋代实际无产户高达 50% 以上，佃户占人口总数 1/3 以上，地主阶级、大商人和高利贷占据了 7% 左右。宋代垦田最高时期大概 7.2 亿亩[3]，对应人口约 8 000 万，人均耕地接近 90 亩。即使如此，人多地少的矛盾也逐渐显现（见表 5－9）。

表 5－9　　　　　　　　宋朝人口与土地关系趋势

年代	户数（万户）	垦田（万亩）	户均亩数
976	309	29 533	95.5
996	413	31 553	76.3
1 021	868	52 476	60.5
1 066	1 293	44 000	34.0
1 083	1 721	46 166	26.8

资料来源：漆侠：《宋代经济史》，上海人民出版社 1987 年版，第 72 页。

人均耕地面积不断减少，对无地农民的生存构成严重威胁。宋朝每个农民

---

[1] 漆侠：《宋代经济史》，上海人民出版社 1987 年版，第 138 页。
[2] 漆侠：《宋代经济史》，上海人民出版社 1987 年版，第 134 页。
[3] 漆侠：《宋代经济史》，上海人民出版社 1987 年版，第 59 页。

可耕田在 30 亩左右，一般家庭 5 口之家。我们假设有 3 口成年，2 口未成年，养牛 1 头。其生活与生产的基本成本估算如表 5 – 10 所示。

表 5 – 10　　　　　　　　　宋朝农民生活成本测算

生活成本	1. 口粮：成人每天 2 升，未成年每天 1 升。成年每年需要粮食 21.6 石，未成年每年需要粮食 7.2 石。合计 28.8 石。
	2. 食盐：全家每年食盐最少三斗，养蚕 1 斗，合计 4 斗。按照"1 斗盐 3 斗粮"计算，折合粮 1.2 石。
	3. 衣服：全家一年需要麻布 3～4 匹，麻布 300 文/匹左右。折合粮 3 石。
	4. 饲料：养牛饲料，折合粮 3 石。
生产成本	5. 农具：农具价值折旧，折合粮 1 石。
	6. 种子：种子大概 1 石。
农业税	7. 两税合计大概 4 石。
总成本	42 石。
总产出	良田亩产 2 石，次田亩产 1 石。30 亩地好坏参半，总产量 45 石。

资料来源：漆侠：《宋代经济史》，上海人民出版社 1987 年版，第 377、519 页。

实际上到 1066 年北宋中期户均耕地面积就下降到 30 亩左右，从整体上看似乎可以勉强维持农民的温饱。但是考虑到人口中有 34% 是佃农，因其收入最多只有产出 50% 即 22.5 石，剔除农业税 4 石，大概还有 15 石（折合 8 贯）左右的缺口。佃农如果想活下去，必须租种 60 亩地，这已经超出了精耕细作模式下的农民体力极限。单靠种地农民生活真的很苦。好在宋代高度发达的家庭纺织可以弥补，"夜治女功，以佐财用"，一名妇女一年可以织 20～30 匹，棉布价值大约为 10～13 贯，如果是绢则至少有 20 贯之多，比种地收入要高跟多，扣除种地缺口 8 贯后还有 12 贯。所以宋代农民如果找到一个心灵手巧的老婆，还是有可能过上男耕女织的小日子。[①]

这个计算是有问题的。一是在租佃过程中农民是弱势群体，虽然规定农业两税由地主缴纳，但是多数都转嫁到农民身上。1064 年两税收入 2 676 万贯。二是宋朝实行盐专卖制度，而且规定每丁每月购买 1 斗盐（折合 5 斤盐）。1064 年盐价大概在 60 文/斗，当时人口 1 291 万户，据此可以估算出整个社会食盐消费 4 647 万贯。由于成本极低、政府与盐商对分利润，双方各得 2 323

[①]　作为参考，宋代平民百姓一日收入大概 100 文，城镇小商贩大概一日收入 200 文。生活成本方面，普通人一日口粮 1 升，农民 2 升。宋代人均最低生活标准是 20 文，普通家庭生活费用每天大概是 100 文。参见程连生《宋代物价研究》第 13 章"宋代生活水平考察"。

万贯。这个估算水平与宋朝中期每年获得的盐利2 500万贯很接近。人口中约有1/3是佃农。根据上述估算，无地农民一家实际承担的税负高达9.8贯。这可相当于人民币1万元，2013年中国人均税负才达到1万元。仅两税和盐专卖就基本上将农民榨干了，更不用提还有各种乱收费，哪里有什么浪漫田园生活！

宋代的皇帝也有自己的田庄，美名曰"御庄"，所以皇帝是最大的地主，其次是高官、大商人和高利贷者甚至寺院，构成了大地主阶层，虽然人数很少，但是占据了社会50%以上的财富。这些人攫取了财富后，纷纷大造豪宅园林、吃喝穿戴极尽奢华、加上豪赌比阔一掷千金。财富与权力结合的执政结果就是，对内反对变革图强、对外退让妥协以求平安无事。而中等以下地主则比较惨，主要是税负太重，虽然有100~200亩地，可以收100~200石地租，但是"至有用田租一半以上输纳者"①，地租收入要缴纳50%的税！宋朝的小地主活的也挺累，难怪水浒传108好汉中有不少小地主。

宋朝玩的一个大骗局是，大宋初立之时表面上农业税很低，"亩税一斗，天下通法"，只有5%~8%，各地区因产量有差异。但是盐专卖的隐形负担太重。宋代人口增长的主力是农民，他们也是农业税和盐税的主要贡献者，本质上农业税和盐税就是人头税，所以随着人口增长宋朝财政规模扩大并不奇怪。宋朝的户均人口大概4.5口，有的地区甚至2口，远低于汉唐时期的5.2~5.8口②，根源在于税负太重，宋朝农民避税的一个办法就是节育甚至杀婴。即使是小地主也节育，防止通过分户析产降低地主阶级地位。税负对人口的抑制作用的一个反面例证就是清代，清代实行"摊丁入亩，永不加赋"、取消人头税改为按照资产征税后，人口迅速突破1亿。

两税作为农业税实际上远远满足不了大宋王朝的需要，两税只满足了37%的财政需要。这个时候智囊们又想到了模仿商鞅，行专卖之法和乱收费，宋是中国名目繁多的乱收费的鼻祖。两税所占比重已经很低，相反专卖收入和各种杂税成为宋朝财政收入主要来源，所以说宋朝能够使用的各种敛财手段几乎都穷尽了，老百姓被逼家破人亡很平常，甚至出家、官爵都可以收取一笔不菲的钱财，每年仅出家收费就高达100余万贯，数以万计的人出家谁来创造财富？1064年最高财政长官蔡襄在《国论要目十二篇》中的《强兵篇》奏曰："臣约一岁总计，天下之入不过缗钱六千余万，而养兵之费约及五千万。是天下六分之物，五分养兵，一分给郊庙之奉、国家之费，国何得不穷？民何得不

---

① 叶适：《水心先生文集》卷一。
② 漆侠：《宋代经济史》，上海人民出版社1987年版，第54页。

困?"（见表 5 - 11）

表 5-11　　　　　　　　　1064 年北宋财政收入规模

	钱（万贯）	帛绢（万匹）	粮（万石）	合计	折钱（万贯）
总收入	3 682	875	2 694	7 251	6 405
两税收入	493	376	1 807	2 676	
两税占比（%）	13	43	67	37	
总支出	3 317	723	3 047	7 087	6 130
结余	365	152	-353	164	

　　资料来源：1. 汪圣铎：《两宋财政史》，中华书局 1995 年版，第 36 页；2. 粮食和帛绢的价格根据程民生：《宋朝物价研究》，人民出版社 2008 年版。

　　土地已经榨不出更多的油水，所以宋朝征税的重点是专卖。专卖收入成为增加税源的战略选择后，盐、酒、茶的专卖立即成为宋朝主要财政收入来源，这实际是变相的人头税。北宋时期解池（运城盐湖）、淮盐、蜀盐成为盐利主要来源，盐利年收益高达 2 500 余万贯（见表 5 - 12）。1077 年解池盐利为 230 万贯，1080 年为 242 万贯，解盐产量当时 153 万石，占全国 34%[①]。1127 年北宋灭亡之后，解池失守，弥补这块丰厚财源的任务就落在了四川。北宋初期四川蜀盐只有 80 万贯，1132 年南宋改革盐法，蜀盐利激增到 400 万贯。宋朝即行酒专卖，1084 年天下酒利高达 698 万贯。北宋灭亡缩土后，弥补失去的税源的办法是提高酒税（曲引），其中四川成为重点，南宋初期四川酒税只有140 万贯，1129 年新法改革后四川的酒税激增到 690 万贯。盐酒两项专卖所得就超过 1 000 万贯，足以压垮天府之国。盐茶酒专卖制度为维持宋朝的苟延残喘发挥了重要作用。南宋后期境土缩、私盐行、军人贩，导致盐专卖收入开始下降。

　　为服务于专卖制度，宋太宗 985 年通过发行钞引制度（相当于现在的票据，真够先进的！），盐茶等专卖收入由商人直接到京师结算现钱，凭央行票据（钞引）到国有盐场、茶厂提货，宋朝中央政府直接掌控了专卖收入，不需要地方转输，商人拿到钞引甚至可以贴现。宋朝的金融体系已经具备了现代金融的苗头，发达程度远远超越了明清时期的钱庄。

---

　　① 汪圣铎：《两宋财政史》，中华书局 1995 年版，附表。

表 5-12 宋朝盐价格统计

年代	盐产区	收购价（文、斤）	批发价（斤）	市价（斤）	官方利润率（%）	盐商利润率（%）
974 年	通州泰州	2.5		60		
	广南东路	1.8		40		
976~993 年	温、台、明	4	25	40	525	60
	杭、秀州	6		50		
	广南	5		50		
1023 年	海、通、泰、楚	3		40		
1034 年	广、惠、端	6		10		
1048 年以后	河东永利监	6~8		36		
1068 年以前		4~5		60		
1102 年	河北京东盐	3.3	27	43	718	59
1111 年	两浙	6~8	27	65	238	141
1130 年	漳州	7	40		471	
1130 年	福州	6	32		433	
1133 年	明州	14		180		
	广东路	12		80		
1138 年	福州	17		100		
1164 年	雷、化、高、廉	18		50		
1174 年	浙西区	16		150		
1175 年	浙东	16		150		
1183 年	淮东	14	60	130	329	117

资料来源：漆侠：《宋代经济史》，上海人民出版社 1987 年版。

盐价因为垄断被人为提高，老百姓不愿意消费更多的盐。咋办？大宋想出的一个缺德的办法是盐消费的摊派制度：按户配盐，每丁每月 1 斗盐，按照官价必须消费，不吃不行。为啥？盐的成本每斗 5 文不到，官价高达 50 文。你吃下去了，就意味着给大宋和盐商送钱了，他们相互勾结对半分赃（见表 5-13）。

表 5-13　宋代盐利占货币收入比重　　　　　　　单位：万贯，%

年代	货币收入	盐利	盐利占比
宋仁宗时期	3 900	715	18.30
宋高宗（1162 年）	3 540	1 930	54.20
宋孝宗（1189 年）	4 530	2 196	48.40

资料来源：漆侠：《宋代经济史》，上海人民出版社 1987 年版，第 855 页。

到 1064 年财政收入总体在 7 000 万贯左右，接近甚至超越了唐中期以前水平，但是还是出现了财政赤字。想一展汉唐雄风的有为青年宋神宗即位后，立即启用王安石变法强国。

宋神宗与王安石变法，核心内容是国家管理方面恢复隋唐三省六部制，财政体制则效仿汉武帝强化专卖与抑制兼并，其主要目的是通过敛财强军以求彻底消除外患，但是其过失之处在于没有正视百姓已经负担沉重，继续加税。从敛财角度看改革是成功的，力挽大宋财政危局，到 1077 年财政收入达到 9 990 万贯，比改革前的 1064 年高出 2 000 多万贯（见图 5 - 9）。

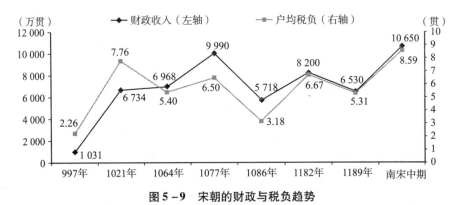

图 5 - 9　宋朝的财政与税负趋势

资料来源：1. 货币收入、粮食、绢、绵、盐等数据取自汪圣铎：《两宋财政史》，中华书局 1995 年版，附表。2. 实物的折算价格参考程民生：《宋代物价研究》，人民出版社 2008 年版。3. 宋代人口统计中户平均人口为男丁数，人口按照每户 4.5 口估算。参见吴松弟：《宋代户口的汇总发布系统》，《历史研究》1999 年第 4 期。

问题的可悲之处在于，大宋朝过度征税敛财后，绝大部分都用在军费和官员高薪上了，而且默许军官和官员们经商发财，只要不造反就行。皇帝扛着敛财的恶名，将从百姓手中抢夺的财富又转手分给高官显贵了，大家都忙着升官发财做富翁，谁还想国家利益？谁还想打仗？1072 年对西夏用兵，半年军费高达 700 余万贯、绢 500 余万匹，1082 年宋夏之战军费半年亦高达 700 余万贯。花了无数的银子可是总是打不赢，北宋最后亡国与宋夏的持久战关系极大。宋朝名将岳飞军队初期还不是朝廷正规军，但是战无不胜，其言"文官不爱财，武将不惜死。不患天下不太平！"实是针对当时大宋弊政。所以军队失去战力根本原因还是在思想上。改变弱宋，应该走精兵简政的路子，但是这要触动利益集团的根本利益，宋神宗没有走通，最终整个国家也完蛋了。急于求成反倒遭受挫折，断送了宋朝复兴的希望，正如王夫之评价："（宋神宗）箕敛天下而招怨，以致败亡，则财之累也。"①

由于边防费用的开支急剧增加，国库积蓄基本耗尽，到 1100 年朝廷不得不动用内库资金用于陕西军储。同时不断扩编的公务员队伍也要仰赖于财政的供养，这对于本已拮据的财政来说无疑是雪上加霜。在此背景下，1102 年王安石的高徒蔡京登场了，其首要任务就是解决财政危机。蔡京很有经济才干，到 1104 年就扭转了财政困局。

几度沉浮后，蔡京深知，宋徽宗是大宋最高领导人，拥有至高无上的权力，只要"摆平"宋徽宗，就能够搞定一切。蔡京以其卓越的政治手腕、经济才能和行政能力，在取悦或迷惑皇帝方面功课做得尤其出色，自然就被评级为"巨奸"。蔡京曾是王安石的得力干将，不但通理财之道，亦通厚黑之学，唯最高指示是瞻，根本不顾百姓死活。所以麻烦就大了，1109 年茶专卖收入只有 180 万贯，蔡京改革后收入立马跳到 400 万贯。北宋中期盐专卖收入大概有 2 000 万贯，蔡京复出后的盐法改革彻底将增税的目光盯在了百姓身上，到 1116 年盐专卖竟然蹿升到 4 000 万贯。② 故一个反复小人被说成奸臣也不为过，助纣为虐。难怪蔡京被贬后携带巨额珠宝竟然买不到食物，老百姓恨死他了，不卖食物给他，据说活活饿死在路上。

北宋时期王安石变法后财政收入规模最高接近 1 亿贯（1077 年），南宋中期期超过了 1 亿贯。户均税负 6 贯以上，要比唐代高出近 1 倍的水平。宋朝统治的版图连唐朝一半都不到，但是财政规模竟然反超，横征暴敛可见一斑。即使如此还是不够用，根本原因有两个，一是冗兵太多而且还总打败仗，二是冗官太多行政费用规模太大。

即便如此，宋朝的财政状况也是很糟糕，赤字还是不断。咋整？

当所有的征税方法都穷尽了，大宋想到了另外一个更缺德的方法：发货币。我们不否认纸币诞生的经济发展客观需要，但是它演化为盘剥手段也是不争的历史事实。

宋朝发货币与"钱荒"现象密不可分。终宋一代，钱荒（铜钱不足）问题一直困扰着政府与市场。尽管北宋中期增加铸币量，"熙宁元丰间，置 19 监，岁铸 600 余万贯"，但是还是不够用，其中一个主要原因是官府垄断币材、实行铜禁，供不应求下民间市场铜价远高于官府币材价格。大约在 1070 年财政大臣张方平说："销熔 10 钱，得精铜 1 两，造作器物，获利 5 倍"③，到

---

① 王夫之：《宋论》卷一《太祖》。
② 《宋史》卷一八二《食货志·盐》。
③ 《乐全集》卷二六《论钱禁铜法事》。

1196 年"毁一钱则有十余钱之获，小人嗜利十倍，何所顾藉"①，就是说历经 120 余年，这个暴利机会一直存在。可以想象，大宋铸造再多的铜钱也会被融化掉，私销铸器、私销铸币现象严重②。

宋朝的铜币作为当时国际贸易硬通货，按照宋人的说法，是"一朝所铸、四朝共用"，它同时还是西夏、辽国和金国的货币。而且宋代铜钱还流向了海外。日本曾派商船到宋朝从事贸易，货物全部售完后，却不再进货，只收铜钱，一次就运走了铜钱十万贯，因为宋朝铜币增值幅度极大，"每是一贯之数可以易番货百贯之物"③，获利高达 100 倍。虽然屡禁不止，竟然成为东南亚各国的镇国之宝，宋朝货币竟然成为炙手可热的走私品。这和布雷顿森林体系解体的道理简直如出一辙，在美元与黄金挂钩大背景下，美国人持续发货币导致黄金升值后，其他国家也开始抛售美元增持黄金，最后美国的黄金储备锐减，游戏就结束了。

当铸币私销与外流一起发力的时候，再多的铸币也不够用。这必然导致币材短缺、铸造成本提升，"岁费铸本及起纲靡费，约用二十六万缗，司属之费又约二万缗，比岁所收实不过十五六万缗耳"④，投入产出比 2∶1，铸钱已经是巨亏，大规模铸造铜币大宋是玩不动了。结果是，"百年之积，谓存空薄"，国库的铜钱被掏空了。

在这种情况下，"民间钱益少，私以交子为市"⑤，宋朝增加货币发行的方式开始向纸币（主要有会子、交子、钱引等，此外还有盐引、茶引、盐钞等信用票据）倾斜。初期会子发行有少量准备金，随着纳税可以用会子支付，会子的信用则转变为国家税收来保证。正如辛弃疾所说："往时应民间输纳，则令见钱多而会子少，官司支散，则见钱少而会子多，以故民间会子一贯换六百一二十文足，军民嗷嗷，道路嗟怨……近年以来，民间输纳用会子、见钱中半，比之向来，则会子自贵，盖换钱七百有奇矣。"⑥虽然铜钱与纸币会子并行，但是会子因为有国家税收做信用价格竟然比较坚挺。元代应对硬通货大量外泄的方法是禁止铜钱、金银甚至一度禁止丝绸出口，同时大发纸币，而军事和贸易的主导地位决定了元朝的纸币成为当时世界流通的硬通货。

---

① 《宋会要辑稿·刑法》二之一二七。
② 袁一堂：《北宋钱荒：从财政到物价的考察》，《求索》1993 年第 1 期。
③ 《敝帚稿略》卷一《禁铜钱申省状》。
④ 李心传：《建炎以来朝野杂记》甲集卷一《铸钱诸监》。
⑤ 《长编》卷五十九，景德二年二月庚辰条。
⑥ 《历代名臣奏议》卷二七二辛弃疾《论行用会子疏》。

　　但是骗局终究经受不住时间的打磨，无论是靠理财神技的宋朝还是靠赫赫武功的元朝，通货膨胀还是不可避免地现身了，你可以欺骗一时但是骗不了一世，结局都很惨。

　　在财政破产和"钱荒"双重打击下，没有国家信用支撑的纸币作为深远影响人类历史发展的一种创新，最终还是沦落为政府攫取民间财富，弥补巨额财政赤字的工具。南宋在危险的货币游戏中苟延残喘，走上了滥发纸币的不归路。金宋交战时，为了筹措军费，政府发行会子量猛增至 11 500 多万贯，会子一贯跌到三四百文。纸币贬值高达 60% ~ 70%，恶性通货膨胀愈演愈烈。宋理宗末年，蒙古大军压境，纸币更是滥发，200 贯纸币竟然还买不到一双草鞋。直至宋室灭亡前，一贯面值的纸币已经不值一文钱。

　　纸币竟然变成南宋亡国的冥币！

　　无疑纸币的发行使中国成为最早使用纸币的国家。楮币的确曾给社会发展带来巨大便利，特别在促进商业发展方面所起的积极作用不容低估，纸币解决了金属货币量不足制约经济发展的问题，没有纸币的发明不会有世界经济的持续发展。但是楮币的发行数量完全是由封建国家控制的，怎么会自我约束呢？宋、金、元、明四代都发行楮币，也都不能有效控制其发行数量，也都造成巨大的社会灾难，其灭亡都同楮币发行有着重要的联系。

　　会子的价值并不完全是由它所能兑到的铜钱来决定的，而是由它的纳税能力决定的。在南宋后期，楮币可以离开铜钱而独立存在的趋势已逐渐明显，这时利用发货币敛财的时机就成熟了。到了元代，楮币就完全离开铜钱而独立运行了。而市场套利行为则将铜币锁入深宫了，最终形成了会子驱逐铜钱的现象。南宋叶适曾对会子驱逐铜钱作过如下论断："造楮之弊，驱天下之钱，内积于府库，外藏于富室"[1]，铜币的储藏和保值功能在幽幽地发挥作用。现代人们往往对叶适的论断不以为然：只有劣币驱逐良币，哪里会有纸币驱逐其本位币的事！南宋的史实证明了叶适的论断是很有预见性。

（四）你还想梦回千年吗

　　如果用现在的眼光看宋朝，简直就是一个大型垄断国有集团，其收入主要是税收、垄断专卖、贸易收入、发货币，其支出是军费、养官员和腐败消费。军费支出的增加刺激了冶炼、煤炭、火器、手工业、造船业的发展，高消费刺激了服务、娱乐、工艺品、纺织业和文化艺术的发展，整个集团的良性运作离

---

　　[1] 《水心别集》卷二《财计中》。

不开金融业（铸币、发纸币、高利贷）和物流业（漕运、仓储、贸易）。问题的关键在于税收和铸币税的源泉主要来源于农民，他们收入水平存在极限也就意味着承担税收存在极限。当这个极限来临了，大宋集团也就倒闭了，因为没有现金流入了。

叶适对宋亡的评价很中肯，认为宋朝治国有四累：财以多为累，兵以众为累，法以密为累，纪纲以专为累。

宋朝初期税负基本上人均 1 贯，较前朝要重很多。人口越多，大宋敛财就越多，这是庞大官僚体系和地主阶级得以存活的根基。宋朝商品经济之所以发达，是服务于政府攫取垄断之利益的需要。同期辽国、金国的物价水平远低于宋既是证明。无论是王安石变法还是他的高徒蔡京改盐法，本质上都是抢钱。所以说敛财充实国家财政是王安石变法（1069～1076 年）的最大动因，王安石也确实帮皇帝弄到钱了，但是采取了过度征税、垄断官营的手段。这也是后世对王安石改革评价不高的原因所在，何况还动了富人奶酪。过度敛财的结果是国富民穷，而持续对西夏作战耗尽国家好不容易积累的财富，但是却没有抢到战争红利。

如果说唐亡于割据和私盐贩子对国家财源的抢夺和偷盗，那么宋则亡于官员的普遍腐败与对垄断利益的爪分。这两个朝代可以说都因财富流失而坍塌，只不过财富流失发生在不同的环节，唐朝发生在财富产生环节，所以唐朝的崩塌简直天崩地裂，而宋朝发生在财富分配环节，所以宋朝的死本质上是抽心一烂比较安静，元朝只是南宋灭亡的推手而已。

宋朝，没有信仰没有杀戮，只有剥削、金钱和享乐。你能从宋代诗词中感受到男欢女爱和岳飞陆游仅有的悲愤，却很少感受到唐朝世界老大的大气磅礴。都说南宋偏安，北宋不也在与辽、西夏冲突中媾和偏安？一个没有信仰和血性的朝代！从方腊、李小波、杨幺起义看，即使没有金国的金戈铁马，宋朝被农民起义推倒也是早晚的事。

国虽大好战必亡，天下虽安忘战必危！这句话非常符合两宋的状况。

你还想梦回千年吗？

五、明清向资产征税

自汉迄唐，八九百年间，政府最看重的是户籍的编制。户籍是当时的基本册籍。关于土地的情况，只是作为附带项目而登记于户籍册中。当时的户籍实具有地籍和税册的作用。唐、宋以后，私有土地日益发达，土地分配日益不均，因而土地这个因素对于编排户等高下的作用愈显重要，地籍已逐渐取得了和户籍平行的地位。[①]

即使国家管理风格比较粗放的元代，也非常重视户籍与地籍管理。蒙古灭金第二年即 1235 年就开始"扩户"即户籍统计和土地登记，按照资产等级分户定税。1270 年忽必烈在北方扩户，1289 年在江南进行人口统计和土地登记，其根源就在于人口和土地是税源的基础。但是田土不实不仅造成税粮负担不合理，而且各种杂费都摊派到农民身上，加剧了社会矛盾。虽然元代中央政府的田政荒芜，但是元朝一些地方政府却自行"核田均役"，目的是"令民自实田，以均赋役"[②]，时人评价说"核田均税，最善政也"，深得人心。甚至朱元璋由淮西进入浙东后，仍然沿袭"核田均税"做法，"令民自实田……通验其粮而均赋之，有一斗者役一日，贱与贵皆无苟免者"[③]。

元代的统一版图远超秦汉、隋唐，彻底结束了唐中后期以来的大分裂局面，奠定了元明清 600 余年的统一局面。1276 年元灭掉南宋，统一了全国。自秦统一后，"有天下者，汉、隋、唐、宋为盛，然幅员之广，咸不逮元。汉梗于北狄，隋不能服东夷，唐患在西戎，宋常患在西北。若元，则起朔漠，并西域，平西夏，灭女真，臣高丽，定南诏。遂下江南，而天下为一。故其地北逾阴山，西极流沙，东尽辽左，南越海表。"[④] 但善于在马背上打天下的元代统治者，却不善于下马治天下。一个超级帝国横扫欧亚，但是却很快就分崩离析了，其根源有二：一是分封制；二是财力枯竭。官府机构过于庞大，官俸支出、军费支出、各类赏赐、宗教支出巨大，行政经费浩繁。以至于元代经常出现财政赤字，最后没有办法靠发货币来补充财政赤字，引发了更严重的经济危机。

明代经过前几代皇帝的励精图治，国势逐渐强盛，明初沿袭唐宋两税法。朱元璋的税粮定额制度可以说是体恤农民疾苦，农业税平均税率仅为 0.038 石/亩。[⑤] 但是对于一个庞大的帝国而言，过低的税负产生的问题也很大，不仅导致帝国财用不足，同时极低的农业税诱发了土地兼并，利益格局固化之后，国家任何增税都会导致激烈的抵抗，这是张居正改革失败最根本原因。以 1578 年为例，当年农业税 2 664 万两，盐专卖收入 130 万两，各类杂色收入 380 万两，总计 3 174 万两白银，其中农业税占 84%。这个收入规模仅相当于宋朝的

---

① 梁方仲：《中国历代户口、田地、田赋统计》，中华书局 2008 年版，第 14～15 页。

② 《元史·泰不华传》。

③ 宋濂：《王公墓志铭》，《宋文宪公全集》卷五。

④ 《元史·地理志》。

⑤ 黄仁宇：《十六世纪明代中国财政与税收》，三联书店 2012 年版，第 233 页。

1/3 左右，或者唐朝的 1/2。缺钱是明朝在历史上一个鲜明的特征（见表 5 – 14）。

表 5 – 14　　　　　　　　　　　明代田赋统计

年份	人口（万人）	米麦谷（万石）	丝棉（万斤）	布帛（万匹）	绵花绒（万斤）	绢（万匹）
1391	5 677	3 228				65.0
1402	5 630	3 046	27.0	5.7	1.5	
1411	5 145	3 072	25.0	133.0	24.0	
1424	5 247	3 260	22.0	14.0	7.0	
1430	5 136	3 061	41.0	13.0	24.0	9.4
1434	5 062	2 852	41.0	13.0	24.0	10.0
1449	5 317	2 421	25.0	39.0	19.0	19.0
1456	5 371	2 685	25.0	13.0	24.5	19.0
1463	5 637	2 663	29.0	13.0	34.5	19.0
1470	6 182	2 630	19.0	86.0	28.3	28.4
1486	6 544	2 678	20.0	64.0	27.3	28.9
1499	5 082	2 858	269.0	115.0	13.0	18.0
1505	5 991	2 678	20.0	167.0	11.2	12.6
1522	6 086	2 284	7.3	13.3	24.7	32.0
1552	6 334	2 284	7.3	13.3	24.7	32.0
1570	6 253	2 406	31.0	56.0	22.2	28.8
1602	5 630	2 836	31.4	36.2	37.5	14.8
1620	5 166	2 579	21.6	13.0	12.0	8.1

资料来源：梁方仲：《中国历代户口、田地、田赋统计》，中华书局 2008 年版，第 255～271 页。

但是从明中叶开始，经济社会危机日益严重。问题的根源主要是土地兼并和社会分配不公。土地兼并导致国家耕地面积锐减。明朝财富分布的格局也非常奇特，国家拿的少，百姓拿的少，财富都跑到利益集团手里。全国垦田数额从明初的 850 余万顷，到弘治十五年（1502 年）下降为 422 万顷，减少了 50%[①]，其中绝大部分是官僚地主隐瞒匿藏的土地。宦官、权贵、大小官僚和

---

① 赵云旗：《从秦到清财政史探秘之十》，《经济参考报》2009 年 2 月 20 日。

豪强地主的田庄凭借特权不纳税，有的通过各种途径偷税漏税，国家收入减少了一半，赋税全都压在无地少地的农民头上，出现了"税存而产去"、"有田而无税"的现象，农业税更是从明初的3 200万石左右，1570年降到2 400万石，致使"财用大匮"。

为彻底解决税负不均问题，张居正自1573年出任内阁首辅后即开始整饬吏治、推行考成法、严格奖罚、唯贤是用、坚决裁减冗员、改革漕运、清丈土地、打击豪强，浑浑噩噩的大明终于出现了回光返照的气象。1580年推行了著名的"一条鞭法"，合并赋役，将田赋和各种名目的徭役合并在一起，摊进田亩（地税）中征收，土地多者交税多，土地少者交税少，"计亩征银"，自此货币税占据了主要地位。征税方向直指土地兼并，"以成兼并之私，私家日富，公室日贫，国匮民穷，病实在此"①。张居正的铁腕改革扭转了财政收入下滑的趋势，其死后20年（1602年）农业税仍达到2 836万石。1582年张居正去世后，"一条鞭法"迅速被利益集团废除，明朝复兴的最后一丝生气最终被利益集团扼杀了。

但是"一条鞭法"的精神在清朝时演化为"摊丁入亩"，成就了康乾盛世。清朝成立之初多沿用明朝旧制，包括税制。同样的制度在明朝失去生命力，却帮助清朝稳定了经济社会，以至于1712年康熙宣布"盛世滋丁永不加赋"，原因何在？按照康熙的看法，根本原因在于满清入关过程中，明末各种复杂的利益集团都被消灭掉了，法令可以有效执行下去，所以清朝不待财政上改组即已府库充实。

但康熙末年清政府出现了财政衰败迹象，康熙全盛时期，国家库存白银高达3 000万两，到了康熙去世时，库存银只有800万两，当年亏空250万两。1723年雍正进行了"摊丁入亩"简化税制改革，即将历代相沿的丁银并入田赋征收。将丁银摊入田赋征收，废除了以前的"人头税"，无地的农民和其他劳动者摆脱了千百年来的丁役负担，而地主则承担更多赋税，税负分布更趋于公平②，也在一定程度上限制或缓和了土地兼并。废除人头税，养孩子的成本降低了，加之玉米、红薯等高产粮食作物引进中国，此后中国人口迅速增长。这是中国封建社会后期赋役制度的一次重要改革，这次税制改革对保持盛世的持续发展发挥了重要作用。到雍正末年，中央税收共计6 000万两，比康熙末年多出5 200万两（见表5-15、表5-16）。③

---

① 张居正：《张文忠公全集·答应天巡抚宋阳山论均粮足民》。
② 陈光炎：《中国财政通史·清代卷》，中国财政经济出版社2006年版，第27页。
③ 赵云旗：《从秦到清财政史探秘之十一》，《经济参考报》2009年2月27日。

表 5-15 摊丁前后平均每丁负担丁银（两/丁）

	100 亩以上	60~100 亩	30~60 亩	10~30 亩	10 亩以下	0 亩
摊丁前	0.2244	0.3100	0.2163	0.1337	0.1014	0.1025
摊丁后	1.8574	0.4123	0.2242	0.1008	0.0280	0.0003
负担变化（%）	727.7	33.0	3.7	-24.6	-72.4	-99.7

资料来源：陈光炎：《中国财政通史·清代卷》，中国财政经济出版社 2006 年版。

表 5-16 摊丁前后各丁别人丁、土地和丁银比例 单位：%

	摊丁前			摊丁后		
	人丁比例	土地比例	丁银比例	人丁比例	土地比例	丁银比例
100 亩以上	4.2	46.9	7.0	3.5	46.2	48.9
60~100 亩	2.1	6.6	5.0	2.1	7.2	6.6
30~60 亩	9.5	15.4	15.4	8.5	15.2	14.4
10~30 亩	33.0	24.7	33.3	29.6	24.0	22.7
10 亩以下	32.3	6.3	24.7	34.9	7.3	7.4
0 亩	28.9	0.0	14.0	21.6	0.0	0.05

资料来源：陈光炎：《中国财政通史·清代卷》，中国财政经济出版社 2006 年版。

从中国历史上土地制度与税制演变过程看，中国历史可以分为三大阶段。第一个阶段为夏商周，实施井田制，国家体制为松散邦联制，分封制是国家存在基础也是灭亡根源。春秋战国时期土地私有已经取代了井田制，租税制度逐渐转向以人口和土地为税基。第二阶段为秦到唐朝中期，土地制度基本上以均田制为主，平民根据家庭人口授田，官员以级别授田，土地基本上可以自由流转。只有秦对官员根据功勋授田并且对私人占有土地规模实行限田制度，这是第二阶段中唯独秦没有发生土地兼并的根本源因。第二阶段税制基础是人头税、财产税（土地税即田租）和盐铁专卖，均田制是人头税和财产税的基础。这一阶段总体上在朝代初建时期行均田制、低税负政策，几乎中国历史上国力强大的王朝都集中在这一阶段。但是土地自由流转导致的兼并侵蚀了国家税基，财富流向权贵，国家实力衰退。第三阶段大体上自宋以后，土地自由买卖为主。税制也发生根本转变，以土地税（田租）和专卖为主，到清代实行"摊丁入亩"时人头税就彻底被财产税取代了。虽然土地集中更为明显，但取消人头税刺激了人口增加，这限制了土地兼并规模，而中国历史上独有的分户析产继承制又从内部瓦解了土地集中趋势。虽然鼓励商品自由买卖，但是大宗商品盐、铁、酒等暴利行业均控制在国家之手。所以宋以后虽有资产阶级荫芽，但终无汉时期的大商人群体出现。

　　中国历代改革的永恒核心是田制与租税，其本质是财富在全社会分配的公平与效率问题，即财富分布是否合理问题。每一新朝伊始，原有财富格局被打破，利益垄断集团被消灭，均田有了广泛社会基础，但均田总是被兼并破坏。土地兼并的最主要后果有两个：一是对农民剥削；二是土地兼并侵蚀了国家财税，导致财政收支恶化。土地兼并是导致政权崩塌的一个重要原因。各朝代为解决这一问题，都费尽心机进行了改革探索，但是成功与否取决于中央政府的执行力度，其根本原因在于利益集团的利益难以撼动。历史上恐怕只有秦国和清代解决土地兼并较好。清入关后，财税制度几乎完全继承了明朝制度，为什么很快就国库充裕？清人自己总结在于吏治，在于打破了明朝几百年固化下来的世族利益分割框架。另一个客观因素就是对财产规模征税的"摊丁入亩"抑制了兼并势头，而分户析产的传统则将集中的土地又细分了。

第四节　商税与专卖收入

　　商品买卖课税古已有之，总体税负也不高，以宋代为例，基准税率为交易额5%。但是就征收规模而言，由于存在商品流通中的重复征税问题，实际税负可能高达1/3[①]，这是非常恐怖的掠夺。宋朝的商税应该是创造了历史纪录，平均每年征收规模达到800万贯左右，1049年更是创纪录地达到2 200万贯（见图5-10）。据此测算，宋朝一年的商品交易额最高时期达6 600万贯，相当于660亿人民币（按照1贯折合1 000元人民计算）。如果考虑到宋朝的地下经济和走私非常发达，大宋朝的经济实力可能远远超过了我们现代人的想象。

　　宋朝作为当时的国际贸易中心，内陆与辽、金、西夏等通商，海上与50多个南海国通商，当时广州、杭州、明州等成为国际贸易重要港口。宋朝的贸易由于受到辽、金、西夏等国限制，重走汉唐时期的丝绸之路已经不可能。但是巨大的贸易利润又勾引着大宋朝，最终选择了借地理优势和造船航海技术优势开辟海上丝绸之路。宋朝初期的对外贸易主要由官商垄断，独占高额利润，同时严厉打击私自对外贸易和走私活动。982年之后进行了贸易制度改革，宋朝获利的方式改为征收进口税为主、和买为辅，基准税率10%。南宋时期抽税的基准税率提高到20%。宋太宗时期每年的对外贸易所得在30万~50万贯

---

① 郭正忠：《两宋城乡商品货币经济考略》，经济管理出版社1997年版，第241页。

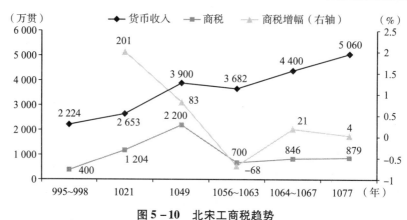

图 5 - 10　北宋工商税趋势

资料来源：漆侠：《宋代经济史》，上海人民出版社 1987 年版，第 1009 页。

之间，宋 1065 年大概 63 万贯，约占财政收入总额的 1%。南宋时期每年大概 200 万贯，约占南宋财政收入总额 3%。

　　海外贸易中财政所得只占财政收入的 1%～2%，这与海外贸易规模不断增长趋势根本不相符。须知大宋出口的货物可都是茶叶、绢丝、瓷器等全世界人民都梦寐以求的商品，尤其是在全世界人们的观念中，只有拥有大宋朝的瓷器才配得上是贵族，比当今瑞士的手表、美国的苹果手机有面子多了！这个异常现象的根源还在于大宋朝的腐败官员身上，据当时传言，"广州刺史但经城门一过，便得三千万也"，泉州则是"遍一州吏争与市"。官员们都忙着走私发财与外商勾结拿好处，谁还去依照法律去征税？

　　宋朝对外贸易虽然是顺差，但是铜钱外流非常严重。宋朝的铜钱成为国际贸易中的硬通货，"藩夷得中国钱，分库储藏，以为镇国之宝。故入藩者，非铜钱不往，而藩货亦非铜钱不售。"越南、日本等国出现了大批走私大宋铜钱的巨商。伴随着国际贸易规模不断扩大，大宋铜钱外流现象日益严重。这也是大宋逐渐减少铸钱、增加纸币的原因，以大宋一国之铜矿如何承担起国际贸易的全部铜钱需要量？

　　专卖在中国历史上一直对财政贡献发挥了重要作用，但是历代文人却又羞羞答答不愿意承认。专卖的产生本身就源于征税形式的变异。按照齐国宰相管仲的说法，"民予则喜，夺则怒，民情皆然"[①]，问题是如何才能做到"夺而民不怒"，管仲认为最好的办法就是"官山海"，即盐铁专卖。后世秦汉都通过

[①]　《管子·国蓄》。

盐铁专卖制度快速筹集国家财政收入，"民不益赋而天下用饶，利不用竭而民不知"。自管仲、商鞅、桑弘羊以来，政府财政收入主要由税赋和专营收入两项构成，专卖是通过控制战略性的、民生必需之物资，以垄断专卖的方式来完成的，"盐铁之利，所以佐百姓之急，足军旅之费，务储积以备乏绝，所给甚众，有益于国，无害于人"[1]。盐铁专卖直接原因就是财用不足而非与民争利，汉武帝用兵抗击匈奴，"大司农陈：藏钱经用，赋税既竭，不足以奉战士"[2]，汉朝盐铁专卖自此开始，桑弘羊利用盐铁专卖制度帮助汉武帝成功地扭转了财政危局，为彻底击溃匈奴提供了强有力的物质基础。但是在这种体制内，政府其实变成了一个有赢利任务的"国有企业"，虽然遏制了兼并垄断势力，但是也限制了商业经济发展。这种不同的经济理念，其实正是中国与西方诸国最大的差异所在。

这种专卖制度受到儒家猛烈抨击。按照桑弘羊的说法，是因为商鞅"功如丘山，名传后世。世人不能为，是以相与嫉其能而疵其功也"[3]，功劳能力无人能及，以至于遭到后人嫉恨。晚清学者刘师培写过一篇《论中国古代财政国有之弊》，认为专卖制度的基本逻辑就是"垄断天下之利源，以便其专制"，其手段则是"以国家之手操纵商业"，其最终达成的结果是"利归权家"——由权势阶层独享经济利益。但是从宋朝的教训看，如果官员也参与其中，专卖制度就成为滋生权贵资本主义的天然土壤。

但是财税是国家存在的基础，没有稳定的财富来源焉能支撑庞大国家的运营？国君就如同一个庞大国企的董事长，想做大事业必须有融资渠道。专卖制度是中国历经两千余年震荡没有分散成众多小国的一个重要基础。正如苏轼所言，"自汉以来，学者耻言商鞅、桑弘羊，而世主独甘心焉，皆阳讳其名而阴用其实。"虽然文人墨客都对专卖制度口诛笔伐，但是一旦成为统治阶级一员几乎没有不推行专卖制度的，汉朝对专卖制度讨伐最为激烈，讨论结果形成了天下奇书《盐铁论》。盐铁之争的实质是各利益集团对专卖利益之争，后世唐、宋、明、清无论表面如何倡导爱民，却都将专卖制度作为重要的敛财手段，宋朝更是将盐、茶、酒、绢布甚至竹子都实行专卖。范仲淹给出的理由最客观直白："茶盐商税之入，但分减商贾之利尔，于商贾未甚有害也。今国用未省，岁入不可阙。既不取之于山泽及商贾，必取之于农。与其害农，孰若取之商贾？"

---

① 《盐铁论·非鞅》。

② 《汉书·食货志》。

③ 《盐铁论·非鞅》。

北宋冗官、冗兵的存在基础就是商税和专卖收入的持续扩大。按照现代税收解释，对商品课税属于流转税，相对于人头税是一种间接税，纳税人不会直接感受到痛苦。而专卖商品则都是盐、铁、酒、茶等必需品，这就将税收间接分派到每一个人身上，是一种更隐蔽的"人头税"（见表 5 – 17、表 5 – 18）。增值税虽是对商品课税，但是税负最终由所有消费者承担，也具有隐蔽的"人头税"特性。虽然普遍征收但只体现了横向公平，没有体现纵向公平。

表 5 – 17　　　　　　　　　**1077 年北宋酒专卖收入**　　　　　　单位：万贯

酒专卖利润	酒税	合计
1 135	180	1 315

资料来源：漆侠：《宋代经济史》，上海人民出版社 1987 年版，第 763 页。

表 5 – 18　　　　　　　　**南宋孝宗时期茶专卖盈利统计**　　　　单位：文/斤，%

厂名	收购价	批发价	利润率
寿州霍山场	34. 1	88. 2	158. 7
寿州霍山场	22	63	186. 4
太湖场	38. 5	88. 2	129. 1
洗马场	38. 5	84	118. 2
建昌军	12	35	191. 7
杭州	13	30	130. 8
建州	190	361	90. 0
建州	135	500	270. 4

资料来源：漆侠：《宋代经济史》，上海人民出版社 1987 年版，第 763 页。

茶专卖始于唐 793 年，税率 10%，每年税收规模 40 万贯左右。宋朝茶专卖始于 964 年，根据《食货志》记载，1003 年茶专卖收入 569 万贯，1004 年410 万贯。茶专卖收入成为宋朝的一项重要财政来源。

各朝代初期的时候，商税和专卖收入在财政收入中的比例并不高。但是随着土地兼并趋势加剧，田赋税基被侵蚀，田赋不仅不增长反倒下降。这种情况下，历代政府就会因"差钱"而疯狂地找钱，贪婪的目光基本上都盯上了商税和专卖收入。唐、宋、明初期的财政收入中商税和专卖的收入比例都不高，但是最后都依靠专卖实现了对财富的掠夺和压榨（见表 5 – 19、图 5 – 11）。在宋朝甚至出家做和尚还要交一笔不菲的费用，远离红尘也需要成本，更不用说官爵当然可以卖钱了。

表 5 – 19 唐、宋、明不同时期商税与专卖收入在财政收入中的比重

朝代	租税	商税与专卖	其他	商税与专卖占税收总额之比
唐（853 年）	550 万贯	375 万贯		40%
宋（1085 年）	2 021 万贯	4 248 万贯		68%
明（1549 年）	46 万两	100 万两	249 万两	25%

资料来源：包伟民：《宋代地方财政史研究》，中国人民大学出版社 2011 年版，第 223、200、203 页。

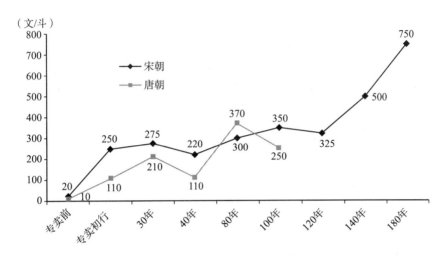

图 5 – 11 唐宋盐专卖与盐价趋势

注：（1）盐价根据；（2）1 斗盐折合 5 斤盐。
资料来源：项怀诚主编：《中国财政通史》，中国财政经济出版社 2006 年版。

　　清代前期的财政收入中，盐税和关税的比例也是不断提升，1652 年（顺治九年）300 余万两，到 1841 年（道光二十一年）则高达 1 180 余万两，增幅高达 300%，而同期田赋只增加 47%。[1] 和宋朝比，清代虽然幅员辽阔是一个真正的统一国家，但是财政收入规模却只有宋朝一半。两个朝代田赋规模差不多，巨大差异主要源于商税与专卖，宋朝商税与专卖规模是清代的 3 倍。相比之下可知，宋朝的仁政应该是文人墨客粉饰的结果。无论是《马可波罗游记》还是《东京梦华录》所描述的基本上都是达官显贵的都市生活，怎么能据此判断宋朝百姓的幸福指数？至多由于沿海从事贸易的城镇比较富裕但是不能代表大宋整体的经济水平。宋朝百姓的整体生活水平很可能低于清康乾盛世

---

① 项怀诚：《中国财政通史·清代卷》，中国财政经济出版社 2006 年版，第 88 页。

时期，因为承担的税负接近清朝的3倍（见表5-20）。

表5-20　　　　　　　　　清代前期历朝诸项财政收入比较　　　　　　税银单位：万两，%

年代	地丁银		盐课		关税		杂项收入	总额
	岁入	比例	岁入	比例	岁入	比例		
顺治九年	2 126	87	212	9	100	4		2 438
康熙二十四年	2 727	87	276	9	120	4		3 123
雍正三年	3 007	84	443	12	135	4		3 585
乾隆十八年	2 938	72	701	17	430	11		4 069
乾隆三十一年	2 991	62	574	12	540	11	749	4 854
嘉庆十七年	2 958	74	579	14	481	12		4 018
道光二十一年	2 943	71	749	18	435	11		4 127

资料来源：项怀诚主编：《中国财政通史·清代卷》，中国财政经济出版社2006年版，第88页。

　　国家存在的基础是赋税，但土地经济决定了赋税不能承担政府支出的不断膨胀。中国古代政治家找到了解决政府支出的密钥——专营。这保证了政府更有能力维护统一政权的持久。中国历代所有改革家都强调专营，因为这是维持大一统帝国的物质基础之一。在财政方面，古代中国国家财政超强的汲取能力与西方古代国家形成明显的差异，自唐以后的中国各朝代非常重视专营方式获得财政收入。不断的冲突与战争最终使欧洲自公元476年罗马帝国灭亡后再无统一，城邦为主的商业贸易催生了民主与自由主义的产生，西方社会的立宪制逼迫政府走向负债解决支出，政府权力被捆住，贪婪被关在笼子里了。这是东西方社会走向不同演化道路的一个重要原因。

第五节　通货膨胀税

　　中国的各朝代几乎都将铸币权掌握在自己手中，财用不足即打货币的主意几乎是例行之法，如汉武帝指定鹿皮作为货币强令富豪高价购入，很有巧取豪夺的意味，货币与财政在中国历史上具有不解之缘。北宋则是中国历史上第一个发行纸币的朝代，纸币发行在南宋财政史上更具有举足轻重的地位（见图5-12）。

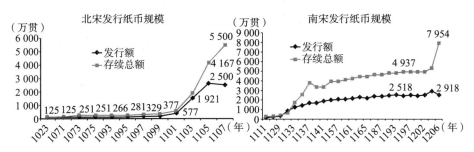

图 5 - 12　两宋纸币发行规模趋势

资料来源：汪圣铎：《两宋财政史》，中华书局 1995 年版，第 759 页。

北宋末年宋徽宗时期，随着战争加剧，军费支出骤增，发行纸币的规模也不断扩大，1107 年纸币的发行存续额高达 5 500 万贯，已经接近同期的财政收入总额；而南宋在偏安一隅的历史中与金、蒙古战事不断，祈求赎买和平，军费支出浩大，发行纸币就成为常态，1206 年纸币存续总额高达 7 954 万贯[①]，与同期财政收入持平。南宋时期物价上涨和坑冶业衰落，导致铜钱铸造量减少，故纸币发行量激增有其必然性，但主要原因还是通过发行纸币弥补财政亏空，这相当于在百姓头上又强加了一道变相的税赋——铸币税。南宋时期纸币发行量累计高达 10 亿贯之巨，故南宋末年宰相吴潜曾感慨道："今日国用殚屈，和籴以楮（纸币），饷师以楮，一切用度皆以楮，万一有水旱盗贼、师族征行之费又未免以楮。则楮者，诚国家之命脉也！"南宋对纸币的过度依赖犹如鸦片，最终毒性发作，导致通胀和社会动荡，财政崩溃，即使没有蒙古入侵也要一命呜呼。

元代货币发行规模与其财政赤字密切相关，纸币不仅仅是流通工具，而是演化为更重要的解决财政赤字的手段。通过增加货币发行量解决财政赤字。从世祖至元十三年（1276 年）后由于频繁战争军费巨大，开始采用大量发行货币来缓解赤字财政的困境。此前，1260～1276 年 17 年间，每年发行的货币量仅在 2 万～23 万锭间，而至 1276 年发行货币量达到 1 419 665 锭，至 1285 年激增至 2 043 080 锭，1286 年高达 20 181 600 锭。1320 年发行的货币数量达到顶峰，高达 1 050 万锭。按元朝当时正常 400 万锭的财政收入看，该年发行的纸币量是收入总量的 2.5 倍。元顺帝时期依然如故，1353 年发行中统钞 190 万锭，1356 年发行 600 万锭[②]，"值海内大乱，军储供给，赏赐犒劳，每日印造，

①　汪圣铎：《两宋财政史》，中华书局 1995 年版，第 759 页。
②　白龙飞：《元朝赤字财政下的货币政策问题研究》，《思想战线》2011 年 12 月 27 日。

不可数计"。在恶性的赤字财政下增加货币供给成为常态（见表5－21）。考察从中统元年（1260年）至天历二年（1329年）70年间的货币发行量可发现，元朝的财政赤字与纸币发行量间存在正向关系：当财政赤字趋于严重，货币发行量随之增加，货币发行量在百万锭以上的25年中，赤字也最为严重。

表5－21 元代发行钞票规模 单位：锭

时期	发行额	年平均	赤字规模
中统时期（1260～1263）	266 491	66 622	
世祖时期（1264～1294）	19 087 921	615 739	年平均100万
成宗时期（1295～1307）	9 909 985	762 306	
武宗时期（1308～1311）	5 750 368	1 150 073	2 400万
仁宗时期（1312～1320）	12 462 336	692 352	
英宗时期（1321～1323）	2 650 000	441 666	
泰定帝时期（1324～1327）	3 600 000	450 000	
文宗时期（1328～1329）	1 573 420	393 355	
合计	55 300 521		

资料来源：《中国财政通史·辽金元代卷》，中国财政经济出版社2006年版，第124～125页。

实际上元朝发钞之初，制定了比较完备的信用货币条例"十四条画"和"通行条画"；设立"钞券提举司"垄断货币发行；拨足以丝和银为本位的钞本来维持纸币信用；允许民间以银向政府储备库换钞或以钞向政府兑银，同时严禁私自买卖金银；确立交钞的法偿地位，所有钞券均可完税纳粮；明令白银和铜钱退出流通。应该说元朝设立了非常标准的银本位制度，在人类历史上尚属首次。元朝纸钞不仅通行于统治区，其中的中统钞，大概由于信誉昭著之故，其流通领域扩展到东南亚许多地方，直到明代仍有流通。元纸币实际上在当时国际商业交往中已成为通用货币。

但是元中后期巨量货币发行的结果，加快了元代从初期的白银本位滑到纸币本位，货币贬值加剧。滥发纸币，引起币制混乱，变相的铸币税激化了社会矛盾。这是元末统治者在农民起义烽火中撤兵幽燕、放弃中原、日暮途穷、北遁大漠的重要原因之一。

纸币本位制度如同一把双刃剑，适量发行有利于经济发展。但是自从其诞生之日起，宋、元、明的统治者都将纸币发行当作掠夺财富的有效工具，这是这三朝喜欢滥发纸币的根本原因。朱元璋虽然深知元朝倾覆的基本原因之一在于币制崩坏，但出于缓解财政需要也像宋、元一样开动了印钞机，明廷于洪武八年（1375 年）立钞法开始发行纸币。与元朝制定严格的纸币制度不同，明代纸币只发不收，既不分界，也不回收旧钞，致使市场上流通的纸币越来越多，宝钞泛滥成灾，贬值极快（见表 5－22）。这位农民出身的皇帝舍不得用真金白银赏赐幕僚，而是用滥发的纸币代替，美其名曰"宝钞"。宝钞不能兑现，不能缴纳田赋，但是洪武皇帝却用来购粮食、赈灾、赏赐诸皇子和高官！谁敢拒收？谁敢不谢恩？跟着这样精明的皇帝混注定要倒霉。仅仅 1390 年，朱元璋赏赐的宝钞就高达 9 500 万贯[1]，而当年的财政收入只有 2 038 万贯，物价腾飞。仅从宝钞运用这一件事可以管窥出，民心尽失是早晚的事情。水能载舟亦能覆舟，农民帮他得了天下，农民也最终将他的江山打得天翻地覆。

表 5－22　　　　　　　　明朝纸币与白银之间汇率

年份	官方	市场
1376	1	1
1397	0.07	
1413	0.05	
1426	0.0025	
1436		0.0009

资料来源：安格斯·麦迪森：《世界经济千年史》，北京大学出版社 2003 年版，第 58 页。

当下看货币问题应该是宋元明清的主要问题之一，尤其白银问题是明清最主要问题，实际是货币控制权问题。明朝实际上是白银本位币，但是白银产量不足，需要依靠海外贸易来平衡缺口，通货紧缩加上海禁实际上导致需求不足，极大地限制了明朝的商业发展，清承袭了明制也就将这个隐患放大了。现在看犹如人民币和美元，人民币国际化一定会面临一场看不见的硝烟。白银控制权的背后是对财富的争夺，谁控制了货币谁就控制了整个世界，看欧洲历史和美国历史这个结论非常清晰。宋朝中期后缺铜发纸币，元朝发纸币，都成为世界货币，因为开放贸易，产品具有竞争优势，纸币都有坚挺时期。明朝也发纸币，但是只在国内流通，所以贬值很快。女真人搞不清楚货币的利害关系，糊里糊涂用采用了银本位，银储备又不足，也就陷入了通货紧缩的陷阱，自己将自己勒死了，加上西方民主革命和工业革命所迸发出的竞争力，共同形成了一个加速大清走向死亡的迭代效应。

---

[1]　黄仁宇：《十六世纪明代中国之财政与税收》，三联书店 2012 年版，第 89 页。

第六节 海外贸易

中国古代海外贸易发展自西汉为起点，但是发展缓慢，主要是航海造船技术所限。魏晋南北朝时期虽然是分裂状态，但是南方各朝因生存需要促进了海外贸易持续发展。隋唐时期强大的国力铺就了丝绸之路，中国的产品在世界很炫。而宋元两代则成就了中国成为当时的国际贸易中心，丝绸、瓷器、茶叶、铜器、盐甚至铜钱等无不成为世界级的奢侈品。元代践行务实而开放的"重商主义"则将中国的对外贸易推升到鼎盛，一方面以官方派出庞大商队赴海外从事商业活动，借贸易红利补贴国家财用；另一方面大幅度降低进口税，取消了博买（和买）制度。①

但是明朝实行的海禁和朝贡贸易导致了贸易地位大逆转，中国经济贸易老大地位逐渐丧失。清朝随明继续实行海禁、限口通商。明清之后对海外贸易的态度实在是傲慢短视，乾隆回英国国王信件中说"天朝物产丰盈，无所不有，原不借外夷货物以通有无，特因天朝所产茶叶、瓷器、丝斤为西洋各国及尔国必需之物，是以加恩体恤……"

中国对海外贸易的限制很可能是导致战争的一个诱因。按照宋《诸藩志》记载，东南亚一些岛屿上的劫匪，拦路抢劫为生，若"投以瓷碗则俯拾欣然跳呼而去"，宋朝的瓷器在人们心中地位和市场价值可见一斑。而在 11 ~ 13 世纪欧洲人借十字军东征进入地中海后，中国瓷器细腻滑润的外表、清脆悦耳的声音、绚丽多彩的图案，令欧洲人心中充满了神秘和痴迷直至倾倒。明朝禁止海外贸易，中国那些顶级的奢侈品虽然有暴利，但是生意做不成了。这种情况下，明朝的走私就非常发达了。

嘉靖前期为什么要实行严厉的禁海令？因为正德年间少数葡萄牙走私犯兼海盗对沿海城镇、岛屿肆无忌惮地烧杀抢掠，加上中国海商和日本倭寇在浙江沿海进行的走私贸易，让明政府感觉贸易会带来"南方之祸"，才变本加厉地实施禁海，最严厉的时刻连捕鱼都不允许。禁海令是标准的因噎废食，虽然并不是禁海招来了日本倭寇，但可以肯定的是，是禁海令刺激出了更多的中国式倭寇，明朝所谓倭寇其实多数都是当时中国本土的走私之徒。

---

① 博买，即在征收进口税的同时，官府按照一定比例以较低的价格强行收买，这实际上构成了进口税的又一组成部分。该制度起于宋，实质是官府对舶商利益的掠夺。与宋不同，元代凭借多种形式的庞大商队控制了海外贸易主动权，博买失去了存在意义。

而当时的日本正处于诸侯混战时代，实在太难混了，所以落魄的日本武士就想到了海贼和走私，还有葡萄牙、西班牙的走私贩子，他们贪婪的目光都盯上了富裕的中国。中国货意味着财富。元末明初的倭寇以日本人为主，1308年日商焚掠庆元（宁波）事件成为倭患在东南沿海开始蔓延的标志。但到了嘉靖年间，倭寇的主力就是中国人了。对假倭的身份问题，明人郑晓是这样总结的："小民迫于贪酷，困于饥寒，相率入海从之。凶徒、逸囚、罢吏、黠僧，及衣冠失职、书生不得志、群不逞者，为之奸细，为之乡道。弱者图饱暖旦夕，强者忿臂欲泄其怒"，三教九流，无所不包。当时最有名的倭寇首领王直和徐惟学原先是私盐贩子，王直的义子王澂是走私犯，徐海原是杭州虎跑寺的和尚，许栋是逃跑的犯人，萧显、陈东则是不得志的书生。书生也做贼？没错，而且诗写得有气势，"海雾晓开合，海风森复寒。衰颜欢薄酒，老眼傲惊湍。丛市人家近，平沙客路宽。明朝晴更好，飞翠泼征鞍。"大有唐边塞诗豪迈风格。

沿海小民因"片板不许下海"的海禁政策而饥寒贫困，他们才真正是倭寇的主体。尤其福建人，"海者，闽人之田"，海禁将人家的饭碗给砸了，也没有补贴和再就业，不造反才怪。而勾结外族走私可是重罪，按照"谋反大逆"之罪要凌迟处死，同族皆斩。为了避免被诛九族，将自己乔装成倭寇，千方百计掩饰自己的出身，这就是剿不尽的中国式倭寇，变脸而已。

有供给有需求，双方都可以获暴利，真假倭寇当然一拍即合了。

而地方官员则将拖累政绩的老百姓造反上报成倭寇，炒作倭患之烈在先，而后又上邀剿倭之功。全民皆寇，难怪防不胜防。《明史》说，大概70%倭寇实际是中国人，"海滨人人皆贼，诛之不可胜诛"[①]！东南沿海假倭寇有着极大支持率，难怪大明平倭之战成了持久战。

1556年，所谓的倭寇大首领王直派人传话给大明，表示愿意听从命令，协助剿除松江各处流民，并希望以此换得明政府开放沿海贸易的许诺。在一片故意制造出的议和气氛中，这个大风大浪里闯过来的王直也竟然相信了明朝政府的诚意，被诱捕，1559年被处死。后来直到张居正慧眼启用戚继光，经过8年艰苦奋战，1565年才基本荡平了东南沿海的倭患。倭寇就是大明身体中不断消耗元气的癌，一直伴随着明王朝走向衰落。而这个癌，本可以通过开放贸易不治自愈的。

大明末期，北有枭雄努尔哈赤、中有闯王李自成、南有海盗郑芝龙（郑成功之父），可谓"三座大山"，还有盘踞在国门之外虎视眈眈的荷兰人。1628

---

① 王浩：《海禁之祸：明朝倭寇大多数是中国人假扮》，人民网2011年2月21日。

年，数面迎敌的崇祯无奈地选择了招安郑芝龙，官府与海盗竟然实现了通力合作。1633 年明军主力 150 余艘战舰在金门炮战中大败荷兰海盗舰队，取得海上控制权。崇祯皇帝获得了一个安宁、富庶的东南海疆，每年获得收入千万计，不仅不需要再牵扯国家的财力和人力，而且为中央政府提供了比较稳定的财政支持，得以全力对抗努尔哈赤和李自成。在国家力量与民间力量的有效整合下，已经与大海隔绝太久的中国，终于迎来了一丝蓝色的希望。可惜时间太短。而大清则继承了明朝海禁这个癌。一直到 1840 年的鸦片战争，封闭的帝国才透进了一丝空气，代价也极其昂贵。

古代的海外贸易规模有多大？

宋代中国的海船多数属于中型的一两千料（一千料容量即一千斛）的海船，2 000 料的海船载重量可达 18 万斤。根据元代资料，船载货的利用率一般只有 50% 左右。100 人操作的海船大约相当于 2 000 料的海船，考虑到人员寄养等实际载货重量大约在 9 万斤。[①] 如果以海船运载铜钱的话，1 万贯铜钱重量约 6 万斤，充其量只能载 15 000 贯。故普通海船无论装载何种商品，其总价值与重量大体在不超过此范围。

宋代的贸易总额已经很难进行精确统计。按照黄纯艳的估计，不含走私，南宋的进出口总额不低于 2 000 万贯。[②] 宋朝进口货物税率大概是 10%，最高进口税总额是 200 万贯，据此推算进口总额接近 2 000 万贯，则进出口总额不低于 4 000 万贯。

海外贸易的原始利润可达 5 倍左右，但是宋朝政府的税收和运费却占全船货物的 50%，这样海商的利润率还有 200% 左右，剔除高达 100% 的债务利息，则最终的利润率在 100% 左右。[③] 多数海外贸易利润实际都通过税收被政府掠夺走了，故走私就自然昌盛了，逃税很疯狂，直至演化成武装抗税如海盗。甚至连官员、商界大佬等特权阶级都被海外贸易的暴利吸引，纷纷参与走私，"沿海郡县不论大小，凡有势力者，则皆为之"[④]，为了财富各色人等都很任性！这是宋朝海外贸易规模很大但是收入很少的根本原因。如果按照年进口额 2 000 万贯计算，政府应该获得收入大概 2 000 万贯，实际只有 200 万贯，就是说大概只有 10% 的贸易进行正常报关纳税，90% 竟然成为走私货物了（见表 5 - 23）。

---

① 廖大珂：《宋代的海外贸易商》，1985 年厦门大学硕士研究生毕业论文，第 37 ~ 38 页。

② 黄纯艳：《宋代海外贸易》，社会科学文献出版社 2003 年版，第 59 页。

③ 廖大珂：《宋代的海外贸易商》，1985 年厦门大学硕士研究生毕业论文，第 37 ~ 38 页。

④ 《宋会要·刑法二》。

表 5－23　　　　　　　　　宋朝海外贸易收入占财政收入比例　　　　　　单位：万贯，%

时期	1131	1136	1159	1162
贸易获利	42~61	100	200	147
财政收入	3 260	6 238	10 182	10 617
贸易占比	1.2~1.8	1.60	2	1.40

资料来源：郭正忠，《两宋城乡商品货币经济考略》，经济管理出版社1997年版，第389~405页。

　　元代贸易规模缺乏准确统计数据。可资判断的一条历史记录是：1289年市舶司"岁输珠四百斤，金三千四百两"①。据此按照当时价格估算，这批黄金按照宋朝货币计算折合170万贯，珠宝相当于24万贯②，两项合计接近200万贯。这一贸易红利水平和南宋时期差不多。但是元代海外贸易中，大量"富豪富户"参与瓜分，税收流失非常严重，故真实规模应该远大于此估计数。

　　明代的海外贸易一直官府控制，禁止私人海外贸易活动，正常的通商被包装成"朝贡贸易"，收购价格优厚，洋人获利竟然有五六倍之多。大明王朝对朝贡使团带来的货物还给予免税待遇，其娱乐也由官方免费接待，大明感觉很有面子。但是洋人来的越来越多，最后大明也吃不消了，1517年进口征税20%。大明1507~1620的百余年间，海外贸易达到高潮，每年有20~40艘商船进入中国，如果每船纳税白银3万两，则征税规模在60万~120万两之间。1563年为筹措军饷，设立引商之法，即对被核准从事海外贸易的国内商船发许可证，并征"引税"，大概发行了127张许可证，厦门增收2万两，漳州增收2万余两。③明代海外贸易所得每年大概在100万两白银以内，比宋元时期要小得多。

　　清代延续了明朝的朝贡贸易体制。清初为防范以郑成功为首的东南沿海抗清斗争，采取了严厉的海禁政策，海外贸易收到严重打击。收复台湾后于1684年开放了海禁，通商口岸有广州、漳州、宁波和连云港，1757年则只允许广州一口通商。就关税而言，清初一年只有46万两左右，远逊于宋元时期。最高峰时期是鸦片战争前期，大概是157万两上下，同期财政收入总额4 100万两，关税只占3.8%（见表5－24）。如果考虑到宋元明时期存在大量的走私贸易，清代的海外贸易规模就萎缩更厉害了。即便如此，每年仍有贸易顺差

---

　　①　《元史》卷十五《本纪第十五·世祖十二》。

　　②　宋仁宗时期珍珠价格每斤约600贯，宋后期价格应该更高。参见程民生：《宋代物价研究》，人民出版社2008年版，第415页。

　　③　项怀诚主编：《中国财政通史·明代卷》，中国财政经济出版社2006年版，第90页。

50 余万两，白银还是大量流入，中国的瓷器、茶叶、丝绸还是很有竞争力，这是鸦片战争爆发前的贸易背景。

表 5 - 24　　　　　　　　　　　清代贸易与关税规模　　　　　　　　　单位：万两白银

时期	关税	贸易总额	年平均关税	年平均贸易额
1758 ~ 1767	456	22 805	46	2 281
1768 ~ 1777	466	23 279	47	2 328
1778 ~ 1787	712	35 590	71	3 559
1788 ~ 1797	1 026	51 290	103	5 129
1798 ~ 1807	1 451	71 551	145	7 155
1808 ~ 1817	1 332	66 611	133	6 661
1818 ~ 1827	1 442	72 105	144	7 211
1828 ~ 1837	1 570	78 485	157	7 849

资料来源：项怀诚主编：《中国财政通史·清代卷》，中国财政经济出版社 2006 年版，第 8 页。

可以说在 16 世纪的国际贸易分工体系中，中国以其强大经济实力无疑居于支配地位。但是 1545 年和 1548 年在美洲相继发现大型银矿，1560 年日本成为重要的白银和铜的生产国。白银救了欧洲人和日本人，因为无论欧洲和日本都要从中国进口商品，他们自己还生产不出来拿得出手的商品和中国交换，而中国人只收白银，唯一平衡贸易的办法就是向中国输送白银。在 1800 年以前两个半世纪里，中国通过贸易大概获得了 60 000 吨白银，大概占世界白银产量的一半（自 1545 年起为 137 000 吨，自 1600 年起为 120 000 吨）[1]，相当于 19.2 亿两白银，平均年输入白银 768 万两，中国成了世界白银的"秘窖"。白银作为世界货币令产出国获得了铸币权，随着明朝用白银缴税和白银事实上已经成为本位币后，17 世纪 30 年代由于白银产量太多导致白银贬值，美洲利用铸币权开始缩减白银生产和输出，日本也紧随其后缩减白银出口。一场货币战争开始了。这时大明帝国突然之间发现自己太差钱了，白银短缺，什么都玩不转了，逼得崇祯很想撞墙甚至在 1643 年试图重新发行纸币。[2] 控制白银的欧洲和日本活过来了，而大明朝在风雨飘摇之中又撞上了通货紧缩的危机。

为什么白银远隔千山万水也要跑到中国来？利益使然。

一方面中国货作为奢侈品代表，贸易利润极高；另一方面白银在世界贸易

---

[1]　弗兰克：《白银资本》，中央编译出版社 2013 年版，第 139 页。
[2]　弗兰克：《白银资本》，中央编译出版社 2013 年版，第 224 ~ 230 页。

体系中存在套利空间。据弗林和吉拉尔德斯研究，16 世纪 40 年代至 17 世纪 40 年代，由于 15 世纪中期中国明朝纸币体系的完全崩溃，导致了银币替代和白银税收体系的建立，"白银化"掀起了巨大的全球白银浪潮。正是中国的需求压力引起了中国的白银价格远高于世界其他地区，悬殊的差价吸引了世界各地的白银涌入。在 16 世纪初，中国的金与银比价是 1∶6，而欧洲为 1∶12。到 16 世纪末，广东的金与银比价为 1∶5.5 或 1∶7，而西班牙为 1∶12.5 或 1∶14。中国白银的价格是西班牙的两倍，同期在日本二者之比为 1∶10。直到 17 世纪 40 年代中国的白银价格才最后降低到与其他地方的价格大致均衡的程度。正是在全球范围内的这种货币之间的套利兑换性和商品之间的交换性，推动了世界市场疯狂地运转起来，不断变大。

明朝在当时是拥有世界最强大舰队的帝国，曾以巨大的热情拥抱海洋，但在郑和第七次下西洋之后被叫停了，明朝的海外航行逐渐终止（见表 5-25）。哥伦布之后有无数的哥伦布出现，郑和之后却再无郑和，明朝何以错失海洋时代？

一种观点认为，之所以终止航行是因为郑和太成功了，"他的海军满载荣誉胜利归来，并确认帝国没有来自海上的威胁"，因此"郑和与他的随从也可以说失去了继续远航的意义"[1]。由于不再担心来自海上的威胁，明朝帝国的安全战略便转向北方。另一种观点是中国航海史研究会提出的，认为明朝帝国出于财政上的考虑，停止了海上远航。远航是一项投入很大的事业，据统计，永乐年间，新建和改建约 2 000 艘海船。宝船长 44 丈，宽 18 丈，按当时的度量折算是长 138 米，宽 56 米，相当于一个万吨轮。每只宝船造价五六千两白银，按照 50 只宝船计算，造价高达 25 万两白银。船上装载的各种赏赐物品花费很大，每只宝船船最高载货价值约 6 万两银子[2]，所载赏赐价值高达 300 万两银子。海军约 2.8 万人，总费用约 60 万两白银[3]。初步概算下来，郑和舰队远航一次最少的花费约 500 万两白银，七次下南洋的总费用约 3 500 万两白银，而大明一年的财政收入最高也不过 3 500 万两银子[4]！

"三保下西洋，费钱粮数十万，军民死且万计，纵得奇宝而回，于国家何益！此特一敝政，大臣所当切谏者也。"就是说由于没有商业目的，投入巨大却无商业利益回报，这个模式根本持续不下去。大明真的死要面子不顾里子。

---

① 《王赓武自选集》，参见《永乐年间中国的海上世界》，上海教育出版社 2002 年版。

② 元代中型船 100 人操作，载重 18 万斤，载货约 9 万斤，价值 1.5 万两白银。郑和舰队每船平均人员 300～500 人，按照元代标准类推，郑和舰队每只宝船载货价值约 6 万两白银。

③ 成人一年口粮在 20 石左右，1 石粮价格约等于 1 两银子。

④ 黄仁宇：《十六世纪明代中国之财政与税收》，三联书店 2001 年版，第 55 页。

随着蒙古对北方边境威胁的增大，在有限资源的约束下，放弃耗资巨大的远航，是必然的战略选择。随着海洋外交的终止，宝船不再需要，强大的海军就这样被精简了。永乐时期，大明海军有 3 800 艘各类战舰，到 1474 年大型战舰数量从 400 艘锐减到 140 艘[1]，大部分造船厂也关闭了，海洋防御体系就这样被明朝自己毁掉了。

表 5 - 25　　　　　　　　　郑和下西洋基本情况

时期	航船数量	海军及辅助	到访"西洋"地	到访"东洋"地
1405～1407	62	27 000	卡利卡特[1]	占婆[2]、爪哇、苏门答腊
1407～1409	na	na	卡利卡特、科钦[3]	暹罗[4]、苏门答腊、爪哇
1409～1411	48	30 000	马六甲、奎隆[5]	苏门答腊
1413～1415	63	29 000	霍尔木兹、红海、马尔代夫、孟加拉	占婆、爪哇、苏门答腊
1417～1419	na	na	霍尔木兹、亚丁[6]、摩加迪沙、马琳迪[7]	爪哇、琉球群岛、文莱
1421～1422	41	na	亚丁、东非、美洲	苏门答腊
1431～1433	100	27 500	锡兰、卡利卡特、霍尔木兹、亚丁、吉达[8]、马琳迪	

注：①卡利卡特，古印度南部城市。②占婆，今越南南部。③科钦，今印度西南。④暹罗，今泰国。⑤奎隆，印度西南。⑥亚丁，在阿拉伯半岛也门。⑦马琳迪，肯尼亚港口。⑧吉达，今属沙特麦加省。

资料来源：1. 安格斯·麦迪森：《世界经济千年史》，北京大学出版社 2003 年版，第 58 页；2. 郑和最先到达美洲，据孟席斯 2002 年的研究专著《1421 年：中国发现了世界》。

事实上，在停止国家组织的郑和下西洋活动的同时，海洋也被封闭起来了。严厉的禁海措施，一再下令"禁频海民不得私自出海"、"海道可以通外邦，故尝禁其往来"。下西洋只是皇家的特权，它对于海洋拥有绝对的权力，百姓断不可染指。宋朝财政收入平均在 6 000 万贯，明朝大概在 3 000 万贯，清朝大概是 4 000 万贯，照理说明清的百姓税负轻一些应该稳定。但是为什么明清后期只要加税就会诱发动乱？根本原因在于明清的闭关锁国，所有的税负基本上都是农业生产者承担，而随着人口的增加人地矛盾不断激化，人均产出下降，农民的人均税负反倒增加。而宋朝发达的商业和海外贸易无意当中将这种增税的压力释放给海外贸易了。这应该是明清帝国领导者所不曾想到的，在

---

[1]　安格斯·麦迪森：《世界经济千年史》，北京大学出版社 2003 年版，第 59 页。

他们的脑袋里最大的愿望是将华夏大地编制成一个大笼子，所有臣民都在其中活动，这样就可以万寿无疆了。

所以说，中国失去海洋的原因，主要并不是战略重点转移和财政限制，而是大明帝国对于海上活动的国家垄断。明朝的海禁，最终造成了在世界史的关键时期海洋在中国近代史上的缺位。1433年郑和的无敌舰队停止了远航，80余年后哥伦布才踏着郑和足迹发现了美洲大陆[1]，开启了人类大航海时代（见图5-13）。与郑和远航停止的同一世纪，西班牙、葡萄牙企图绕过被意大利和奥斯曼帝国控制的地中海航线与旧有的丝绸之路，由海路接通南亚和东亚，希望从中获得比丝路贸易更大的利润。1488年葡萄牙舰队绕过好望角来到印度洋，取代穆斯林控制了西亚南亚贸易网，随后来到亚洲海域，大明的海禁使南海形成了一片权力真空，葡萄牙人凭借海权优势立即成为海上贸易的垄断者，开启了近代西方扩张之路。一个以西方为主导的世界经济政治秩序开始萌芽，东西方的强弱格局因贸易地位互易而开始逆转。

图5-13　大航海时代的新航路

资料来源：百度图片。

海洋对我们这个陆地国家来说，不仅仅是疆土和边防，更重要的是切断了融入世界的网络通道和开放的思想，使得我们失去了一次从大河文明走向海洋

---

[1]　英国学者孟席斯在2002年宣布，郑和于1421年最先到达美洲大陆，见其专著《1421年：中国发现了世界》。

文明的机会，滞缓了融入人类社会发展的网络化、分工与贸易步伐。封闭就没有发展、创新，其后果是失去稳定。纵观欧洲史、美国史，依靠海洋成为全球霸主的希腊、罗马、西班牙、葡萄牙、荷兰、英国、美国，不仅仅限于航海本身，航海本身所隐含的开放、冒险、创新、贸易、网络化以及由此所带来的外部性远超过航海本身。

大航海时代宣告全球化时代的正式开启，人类社会发展进入加速期，正是全球化网络的发展，推动了欧洲的科技进步和工业革命的螺旋迭代上升、进入持续性的正反馈时代。而闭关锁国的明清，则使得中国失去了在科学进步和工业革命的爆发期跟上时代步伐的机会，导致国家实力不断衰落，步入了因落后而挨打、挨打后更混乱的负反馈时代。

大航海，既是全球化的开启，也是东西方文明分叉的加速器。

第七节　中央与地方政府的财富分布

安史之乱后，唐中央集权被藩镇削弱，税收分布表现为中央政府控制的财力比重小于地方藩镇，整个国家处于干弱枝强的局面。宋朝时期在财政上表面看似中央政府强有力控制，实则不然，财力集中到中央政府后绝大部分都用于冗兵冗员的开销，钱花了不少，但是没有起到应有的作用。根源在于宋朝对唐后期藩镇割据心有余悸，从而过度束缚了军人权力，军队虽然庞大却无斗志。宋朝虽然富有，但是百姓穷、皇帝穷、地方穷、官员富有。这样的财富分布结果就是，官僚们都富得流油没有心思夺权只想着风花雪月，穷人则怨声载道，宋江方腊杨幺纷纷揭竿而起，皇帝则用大量钱财赎买和平苟且偷安。所以宋朝这个朝代其实即使没有游牧民族的入侵也会自己死掉，如枯树一样随风自然而倒摔成无数碎片，人心散了。从财政分布角度看，元朝灭亡是迟早的事情，根源就在于中央政府控制的财力实在太低，只有18.75%。明朝的财富在中央地方之间分配貌似合理，中央具有绝对的控制力，实则不然。因为明朝的问题在于正税即田赋水平实在太低，朱元璋这个农民出身的皇帝可能对农民的生存不易深有体验，将田赋基本固定在2 700万~3 000万石，所以明初税制变成了定额税制，属于在较低的基数上维持国家正常运转。低税负下为了保持国家正常运转，只有压低公务员工资了。但是还是不够花，这个农民皇帝也很有才，竟然偷偷地发纸币然后赏赐高官，仅在1390年发行量高达9 500万贯，而同年财政收入只有 2 038 万贯①，让物价飞！发货币不行，朱老板儿孙们也开始搞专卖。但是随着北方军事压力不断加大，田赋和专卖还是不够，于是终于揭开了假面具，毫不客气地乱收费直至强行摊派，三饷摊派的额度远远高于田赋。苛政真的猛于虎！（见表 5 - 26）

表 5 - 26　　　　　　　　唐宋元明时期中央与地方财富分布比较

唐 780 年				
	税钱（万贯）	比例（%）	税粮（万石）	比例（%）
中央政府	950	32	200	12.50
地方政府	2 050	68	1 400	87.50
总计	3 000		1 600	
南宋 1190 年				
税钱（贯）				
中央政府		84.40		
朝廷	9 651 100	14.20		
户部	18 723 100	27.50		
四总领所	29 006 000	42.70		
地方政府存留	10 620 000	15.60		
总计	68 000 200			
元朝 1299 年				
粮数（石）				
中央政府	2 271 449	18.75		
地方政府	9 843 258	81.25		
总计	12 114 708			
明 1578 年				
			税粮（石）	
中央政府			15 286 738	57.39
地方政府			11 351 722	42.61
总计			26 638 460	

资料来源：1. 梁方仲：《中国历代户口、田地、田赋统计》，中华书局 2008 年版，第 393、417、523 页；2. 汪圣铎：《两宋财政史》，中华书局 1995 年版，第 694 页。

清代在处理中央与地方关系上，借鉴了前朝经验教训，在中央与地方财政分布关系上中央政府牢牢把握住主动权。在内乱频发、外患逼近嘉庆末年、内

---

① 黄仁宇：《十六世纪明代中国之财政与税收》，三联书店 2007 年版，第 89 页。

忧外患总爆发的光绪年间，中央财政汲取能力反倒获得更大的提升。即使是惨烈的太平天国、敲骨吸髓的八国联军都不能令大清帝国解体。清朝的财政体系着实厉害，张居正的"一条鞭法"与"摊丁入亩"的思想对于稳定帝国财源发挥了重要作用，精髓是简化税制公平税负，值得后人借鉴（见表5–27）。

表5–27　　　　　　　　　清代中央与地方财富分布　　　　　　单位：两

年代	收入总额	归属中央	归属地方	中央地方比例
康熙二十三年	28 190 260	21 938 628	6 251 632	78∶22
雍正二年	30 280 130	23 252 007	7 028 123	77∶23
乾隆十八年	30 133 068	23 734 447	6 398 621	79∶21
嘉庆年间	31 470 106	25 667 041	5 803 065	82∶18
光绪年间	29 968 804	25 667 041	4 301 763	86∶14

资料来源：梁方仲：《中国历代户口、田地、田赋统计》，中华书局2008年版，第586～587页。

但是过度集权就一定能够避免政权垮台吗？清朝的另类覆灭间接回答了这个问题。

公元1867年7月21日晚，曾国藩与心腹幕僚赵烈文晚间饮酒畅谈，预言天朝何时崩盘。两个聪明人都说出了掏心窝子的话，很精彩：

曾："京城中来人说，都城里气象甚恶，明火执仗之案经常发生，而市肆里乞丐成群，甚至于妇女也裸身无裤可穿，民穷财尽，恐怕会有异变。为之奈何？"

赵："天下治安一统久矣，势必分剖离析。然而主德隆重，风气未开，若无抽心一烂，则土崩瓦解之局不成。我估计，异日之祸，必先颠仆，而后方州无主，人自为政，殆不出五十年矣！"

曾："吾日夜望死，忧见宗庙之陨落。你不是戏论吧？"

曾国藩与赵烈文都感觉到了财富分配失衡下大清王朝将要解体，只是曾国藩还抱有一丝幻想。

历史应验了赵烈文惊人准确的预言，清统一天下虽然很久，但是内部腐败，颓势渐显，势必会渐渐分裂。由于中央政府牢牢地控制军权财权，不会出现立即分崩离析的局面，而是中央政府先烂掉。清王朝终于在1911年土崩瓦解，距1867年赵烈文预言它不出50年就彻底垮台正好44年。而且，接踵而来的也是赵所预言的长期"方州无主，人自为政"，即军阀割据的混乱局面，大清朝的国家能力才彻底丧失。斯言信哉！

王绍光对当今世界几十个国家的财政汲取能力（财政收入与国民收入比

重）进行统计研究所得出的结论是，一国中央政府的财政收入或支出不应低于财政总收入或支出的 50%，或国内生产总值的 10%。当一个国家在四个方面全部低于指针的话，就可以说超出分权底线了。在所有样本国家中，1989 年南斯拉夫联邦政府只能支配国内生产总值的 4%，财政总收支的 20%。财力上如此虚弱的政府是不可能履行许多非它履行不可的职能的。[1] 无怪乎，一年以后，这个国家就分崩离析了。前南斯拉夫这个例子最有力地说明了超过分权底线可能产生的严重后果。正如 16 世纪布丁所言：财力资源是国家的神经。政府得以存在的物质基础是财富占有程度。

按照王邵光的理解，所谓国家能力是指国家实现自己意志的能力，包括财政汲取能力、调控能力、合法化能力和强制能力。如果国家不能掌握足够的财力，它就难以运用宏观调控的经济手段；而宏观失控，经济表现欠佳就可能导致合法性危机。如出现合法性危机，国家的汲取能力就会大打折扣。更重要的是，失去了合法性根基，国家维持法律与秩序的成本就会急剧上升。超负荷的社会控制问题就可能削弱国家的强制力。一旦国家的强制能力受损，心怀不满的人们就会发现加入政治反对派的风险大大下降，而政府当局就不得不面临日益膨胀的反对势力，弄得不好还可能丢掉手中的政权。国家能力不但是国家强盛的必要条件，也是关系到一个政权存亡的先决条件，而财政汲取能力一个国家能力的强弱的最重要因素。

但是中央政府过度集中也不利于整个国家实力的提升，主要原因在于地方政府的积极性不能有效调动起来。这个问题实质是中央政府与地方政府的财富分布问题，古代与现代没有差别。现代社会中，分权体制下地方政府为争夺财政收入，会通过税收竞争和公共品竞争以促进本地区经济发展并扩大税基，所以适度财政分权会形成极强的激励作用。比如 20 世纪 80 年代初开始的财政分权改革，通过中央向地方权力下放、地方收入留成比例的提高，强化了地方政府的利益动机，促进了地方经济的发展。可以说，在宏观上正是中国财税分权改革促进了中国市场化改革的成功（钱颖一等，1995），财政分权对经济增长起到了显著作用。[2]

但是其副作用也比较明显，最终可能造成地方政府公共服务收益与成本负担的脱节（Tiebout，1956；Oates，1972），尤其地方政府间过度竞争会导致资源错配，这就需要中央政府居间协调。

---

[1]　王绍光：《分权的底限》，中国计划出版社 1999 年版。

[2]　林毅夫、刘志强：《中国的财政分权与经济增长》，《北京大学学报》2000 年第 4 期。

从耗散结构理论来理解国家，国家作为一个系统，其内部演化趋势是熵增即混乱与腐朽。解决这个趋势有三个途径。一是法制，比如科举制度废掉世族、集权废掉藩镇，但是内部利益分布的不均衡仍然会导致各种矛盾激化。这就是大清和大宋虽然都实现了集权但最终都是抽心一烂之原因。二是民主，通过建立在法制基础上的民主保障民众的基本权益。政权持续性的基础是民心，得民心者得天下，为人民服务才接地气。三是一个国家要想真正富强，必须通过开放获得不断发展的物质文明和精神文明，吐故纳新、兼收并蓄，像大唐帝国一样盛世源于开放进取，在竞争中崛起。

第八节　钱都花到哪里了

虽然中国各个朝代在财政支出方面都具有明显的差异，但是养兵和养官的费用一直是占据财政支出之首，军队的规模和公务员队伍的规模直接决定了财政状况的好坏。

隋朝可能是最高效低廉的政府，这主要是隋文帝倡导低税，主张节俭，官员规模小，府库颇有结余。税率虽然下降了，但是大量隐户都浮出了水面愿意承担低税负，所以隋朝府库结余很多，史称"隋富"。但是后继者隋炀帝则大兴土木穷兵黩武，很快就将一个富裕的隋朝搞得落花流水了。

唐初持续性的开疆扩土，使唐朝成为一个国境极为辽阔的国家。为了加强中央政府对边疆的控制和统理异族，唐玄宗时期于边地设十个兵镇，由九个节度使和一个经略使管理。节度使拥有军事、行政、财政、人民户口、土地等大权，"既有其土地，又有其人民，又有其甲兵，又有其财赋"[1]，这就使得原来为一方之长的州刺史变为其部属。到天宝元年（742年），边军不断增加，达到49万人，占全国总兵数85%以上，其中又主要集中在东北和西北边境。节度使因而雄踞一方，犹如封建诸侯，尾大不掉，外重内轻，终成为唐室隐患。历史上看，唐玄宗设置节度使貌似国家管理体制的重大改革，将养兵的财政包袱甩给了地方节度使，中央政府负担轻了，可以花天酒地了。甚至唐朝被现代人称为最节省的政府。但是如果加上地方政府的赋税这个结论就不对了，因为中央政府将军费、吏费多数都转嫁到地方了。军权与财权自古为国家重器，岂能授人？此为盛唐财政危机之祸根。犹如诸侯制，不乱才怪。

---

① 《新唐书·志第四十·兵》

　　唐朝前期实行均田制对促进经济发展发挥了重要作用，但是对高官赐田和土地兼并抬头导致社会财富分布失衡。唐玄宗开元年间国家有 900 多万户，但是到唐肃宗（760 年）在编户数只剩下 193 万户，减少 3/4，大量农民已经失去了土地，成为流民和隐户。另外到唐肃宗时期，高官豪强纷纷获得减免税，所有的税负都压在了在编的百姓身上，税负之重可想而知。国家总户数 1 933 174 户，其中课税 758 582 户，免税 1 174 592 户，纳税户 39.2%，60.8% 为免税户或者找不到。1 700 万人口中，纳税人只有 237 万，只占 14%，而免税或者逃匿的竟然高达 1 460 万，占 86%。[①] 爆发于 755 年的安史之乱之所以持续长达 8 年之久，根本原因在于唐统治者民心尽失，并由此酿成了严重的财政危机，盛唐存在的基础被摧垮了。

　　两宋在中国历史上属于比较富裕的朝代，自 1021 年财政收入达到最高点后表现为逐渐下降，即国家财政的汲取能力其实在下降。另外，财政收入与支出规模接近，1064 年以后表现为明显的入不敷出，在宝祐年间（1253～1258 年）更是出现大规模亏空 50% 局面，南宋的灭亡应该自财政枯竭开始（见表 5－28）。

表 5－28　　　　　　　　　　　　两宋财政收支趋势

年代	岁入	岁出	单位
997	7 089 3000	86 950 000	贯石匹两
景德	65 603 000	63 153 800	贯石匹两
1021	140 298 100	168 044 200	贯石匹两
1048	122 592 900	111 784 600	贯石匹两
1064	101 905 764	100 399 449	贯石匹两
1065	116 138 405	120 343 174	贯石匹两
1086	82 491 300	91 908 600	贯
1190	68 001 200	68 001 200	贯
1253～1258	120 000 000	250 000 000	不详

　　资料来源：汪圣铎：《两宋财政史》，中华书局 1995 年版，第 680 页。

　　都说宋朝富裕，其实只是数据的表面而已。因为宋朝的冗官和冗兵实在太多，宋朝人辛辛苦苦创造的财富都被冗官冗兵消耗掉了。北宋中期京官工资总额 53 万贯，地方官员工资总额 224 万贯，加上官员其他补贴，仅在编官吏开

---

　　① 赵云旗：《唐代盛世背后的财政危机》，《经济研究参考》2009 年第 40 期。

支就 500 余万贯，加上编外人员开支 1 000 万贯，政府养人的费用高达 1 500 万贯①，京官的平均年薪高达 75 贯，宰相级别的年薪高达 3 600 贯，即使是县官也有 144 贯之多。按照 1 贯折合人民币 1 000 元计算，宰相级年薪是 360 万元，县官是 14.4 万元②，这还不包括各种米、绢、盐、薪、布匹等实物工资，宋朝的公务员是世界上待遇最高的。相比之下，汉代的公务员待遇则比较低，基本上是普通百姓的收入水平。汉代俸给支出，依据《太平预览》引用《新论》提出的概数，"汉定以来，百姓赋敛，一岁为四十余万万，吏俸用其半，余二十万万藏于都内为禁钱。"西汉末年官吏人数总计 120 285 人，官员的费用大概是 200 万贯。以此计算，每人平均年薪约为 16 600 ~ 17 000 钱略多一点，月薪在 1 350 ~ 1 400 钱之间③，养 3 口之家没有问题。宋朝官员待遇是汉朝的 44 倍之多！

官员开支巨大的原因不仅仅是宋朝的公务员待遇丰厚，还在于公务员队伍膨胀得太快（见表 5 - 29）。自科举制度诞生以来，不仅仅是从制度上阉割了世族豪强对国家行政系统的垄断，同时社会精英也使出浑身解数试图挤进这个笼子里，搞得自己也被阉割了，难怪唐太宗李世民感叹："天下才士尽入我彀矣！"科举制度打击贵族世袭制，目的是确保皇帝家族的世袭制。宋朝更是尽全力将科举这个笼子做大，文官队伍在这个指导思想下更是不断膨胀。宋朝行政特点也表现为钱多、人多、扯皮、低效。太祖年间（960 年），北宋入品官员 8 650 人，到 1086 年则达到 17 300 人（见表 5 - 30）。④ 官员高俸禄必然使朝廷负担日益沉重，至英宗时已经出现了财政赤字，仅平治二年（1065）年财政赤字就多达 1 570 万贯。财政困局所迫，宋真宗于 1001 年一刀就裁汰 19 万官员。

---

① 汪圣铎：《两宋财政史》，中华书局 1995 年版，第 457 页。

② 一般的朝代，一两白银兑一贯铜钱。宋史《食货志》及《续资治通鉴》均提到自真宗朝开始因白银存量偏少不足以赶上经济的发展，银价不断上涨，基本上是 2 000 个以上的铜钱当银一两。根据《宋史·食货志》提到"熙、丰以前，米石不过六七百"和《宋史·职官志》"每斗（米）折钱三十文"的记载，姑且以 2 000 个铜钱折银一两计算，太平时期米价是 1 石 300 ~ 600 钱。1 两基本上可以买到 4 ~ 8 石大米，以宋石 66 公斤计算，1 两银子约相当于人民币 924 ~ 1 848 元。米的价格按照现在的每斤约 1.75 元人民币计算。按购买力算，清朝中晚期一两银子价值人民币 150 ~ 220 元；明朝中期价值人民币 600 ~ 800 元；北宋朝中期 600 ~ 1 300 元（或 1 000 ~ 1 800 元）；盛唐时期 2 000 ~ 4 000 元。随着朝代的更迭，银子的购买力在下降。

③ 马大英：《汉代财政史》，中国财政经济出版社 1983 年版，第 184 页。

④ 汪圣铎：《两宋财政史》，中华书局 1995 年版，第 455 页。

表5－29　　　　　　　　　　　北宋几种官吏增加情况

官吏种类	大夫	员外郎	博士	三丞	诸司使	诸司副使	供奉官	侍禁	三省之吏	合计
景德中（988～1003年）	39	165	127	148	27	63	193	316	60	1 138
元祐（1086年）	230	695	369	431	268	1 111	1 322	2 117	172	6 715
增加比例	1：5.9	1：4.2	1：2.9	1：2.9	1：9.9	1：17	1：6.8	1：6.7	1：2.9	1：5.9

资料来源：汪圣铎：《两宋财政史》，中华书局1995年版，第455页。

表5－30　　　　　　　　　　　宋朝不同时期官民比

	官员数量（个）	同期人口（千万）	官民比
景德（1006年）	9 785	1 628	1：1 663
皇祐（1050年）	17 300	2 206	1：1 275
治平（1066年）	24 000	2 909	1：1 212
嘉宝（1213年）	38 864	2 832	1：728

资料来源：1. 同期人口数据：梁方仲：《中国历代户口、田地、田赋统计》，中华书局2008年版，第172、174、187页；2. 官员数量数据：汪圣铎：《两宋财政史》，中华书局1995年版，第29页。

宋朝另一个严重的财政负担是军费开支庞大。为彻底消除晚唐藩镇割据的毒瘤，赵匡胤废弃了府兵制，而是采取募兵制，所有军费开支由政府提供。宋代的官兵基本都是终身兵和职业兵，军饷待遇不错，所以大家还挺愿意当兵，滥竽充数的就多了，从最初时期的37.8万人扩充到最高时125.9万人，老弱残兵根本不能打仗。这种享乐、发财型的军队尽管规模不断扩大，但是没有斗志，加上皇帝遥控军队指挥权，所以宋朝的军队总是打败仗（见表5－31）。

大宋朝的军队规模不断扩张，军费支出必然浩大。以1183年南宋为例，当年财政收入8 200万贯，军费支出就高达6 000万贯，再加上1 500万贯养官的费用，国库所剩无几。1183年的军费支出竟然占财政收入的73%（见表5－32）。相比之下，汉武帝极盛时期军队大概80万，按照士兵费用5.5贯、军官费用16.6贯计算，总军费支出700万贯左右[①]，只有大宋朝的12%。

---

① 汉朝军官3万人，人均年薪16.6贯，总计50万贯。普通士兵月消耗粮食2.66石、盐0.03石，1石粮80钱，1石盐400钱。衣服一年费用2.3贯。运费大概108万贯。汉朝武帝时期军队极限在80万左右。汉朝军费估算，可以参见中华网《汉朝强盛的代价，边军年消耗23亿钱800石粮食》一文。

表 5 - 31   北宋军队规模   单位：万人

时间	总人数	禁军人数	厢军人数
开宝年间	37.8	19.3	18.5
至道年间	66.6	35.8	20.8
天禧年间	91.2	43.2	48.0
庆历年间	125.9	82.6	43.3
皇祐年间	140.0		
治平年间	116.2	66.3	50.1
熙宁年间	79.62	56.86	22.76
元祐七年	85	55	30

资料来源：汪圣铎：《两宋财政史》，中华书局 1995 年版，第 775 页。

表 5 - 32   南宋 1183 年财政收支状况   单位：万贯

财政收入		财政支出	
茶盐榷货	2 400	户部经费	1 500
经总制钱	1 500	四屯驻兵	6 000
上供和买折帛	1 000		
四川钱引	3 300		
合计	8 200		7 500

资料来源：梁方仲：《中国历代户口、田地、田赋统计》，中华书局 2008 年版，第 411 页。

　　宋朝富有，但是财富都被冗兵、冗官消耗掉了，"今经费兵居十八，官居十二"。整个国家弥撒在享乐、腐化、苟且偷安、醉生梦死的氛围之中。难怪岳飞曾经说："文官不爱钱，武官不惜死，不患天下不太平。"有所指也！

　　明朝田赋基本特点是总额固定，朱元璋将田赋基本固定在 2 700 万石左右，后代变化不大，财政收入规模小，大概只有北宋的 1/4。随着官员、军队规模的扩大，财政收入明显不足。1502 年京官发放禄米 338 万石，每年漕运的粮食只有 400 余万石，几乎刚刚满足供应冗官之用。按照明朝文武官吏每人每月禄米 1 石的标准计算，推算官员规模将近 30 余万。无奈之下，嘉靖皇帝于 1522 年大裁员，裁汰冗员高达 148 000 名，每年节约粮食就达 150 余万石。①

　　明朝的官员待遇和宋朝差距甚大，朱元璋希望官员廉洁自律并制定了严酷的惩戒贪官制度。这位朱皇帝发明了对付贪官的"剥皮实草"，但是贪官越治

---

① 黄仁宇：《十六世纪明代中国之财政与税收》，三联书店 2012 年版，第 75～76 页。

越多，以至于他晚年只能发出"如何贪官此锁，不足以为杀，早杀晚生"的哀叹，为何贪官如此之多，早晨杀了，晚上又生一拨？官员的工资虽低，但是权力可以寻租。明白这个道理就明白冗官为何越来越多了。

关于如何解决吏治与腐败的问题，宇文泰与苏绰的经典对话，道出了古代吏治的秘籍。苏绰的观点实际上相当于法家的术治，而不是商鞅倡导的法制。

宇文泰做北魏的丞相而"挟天子令诸侯"之时，向他的政治导师苏绰讨教治国之道。

宇文泰问：国何以立？

苏绰答：具官（配备官吏）。

宇文泰问：如何具官？

苏绰答：用贪官，反贪官。

宇文泰不解：为什么要用贪官？

苏绰答：为君者，以臣忠为之大。臣忠则君安，君安则社稷安矣。然无利则臣不忠，官多财寡，奈何？予其权，以权谋财，官必喜。

宇文泰问：贪官用我给的权得到了好处，又会给我带来什么好处？

苏绰答：官之利，乃君权所授，权之所在，利之所在也，是以官必忠。天下汹汹，觊觎御位者不知凡几，臣工佐命而治，江山万世可期。

宇文泰恍然大悟，接着不解地问道：既然用了贪官，为什么还要反呢？

苏绰答：贪官必用，又必弃之，此乃权术之髓也。天下无不贪之官，贪墨何所惧？所惧者不忠也。凡不忠者，异己者，以肃贪之名弃之，则内可安枕，外得民心，何乐而不为？此一也。其二，官有贪渎，君必知之，君既知，则官必恐，恐则愈忠，是以弃罢贪墨，乃驭官之术也。不用贪官，何以弃贪官？是以必用又必弃之也。倘或国中之官皆清廉，民必喜，然则君危矣。清官或以清廉为恃，犯上非忠，直言强项，君以何名弃罢之？弃罢清官，则民不喜，不喜则生怨，生怨则国危，是以清官多不可用也。

苏绰反问：如果你用贪官而招惹民怨怎么办？

宇文泰恭敬问：先生有何妙计教我？

苏绰答：斥其贪墨，恨其无状，使朝野皆知君之恨，使草民皆知君之明，坏法度者贪官也，国之不国，非君之过，乃官吏之过也，如此则民怨可消。果有大贪，且民怨愤极者杀之可也。检其家，没其财，如是则民怨息，颂声起，收贿财，又何乐而不为？遂言之：用贪官以结其忠，弃贪官以肃异己，杀大贪以平民愤，没其财以充宫用，此乃千古帝王之术也。[①]

西汉时期的梁冀可能是历史上最大的贪官，皇帝都称他"跋扈将军"，这家伙连续弄死了三个小皇帝，恒帝被即位后，为答谢梁冀拥戴上位之功，朝廷大小权力都决于这位大将军。这位外戚将军除了滥权和腐败别的都不会，整个大汉天下几乎姓梁了。搞得皇帝无处行机密之事，跑到厕所里策划诛杀梁冀。公元159年梁冀被成功诛杀后，没有梁冀党羽的朝廷竟然为之一空，没收的家产高达30多亿钱，几乎相当于国家一年收入的1/4，要知道当时政府一年的税收大概只有130亿钱！打到一只大老虎一下子有了这么多钱，皇帝高兴地宣布当年税收减半。

祭起反贪大旗，加大宣传力度，社会出现这么多问题，都是那些贪官惹的祸。你拨乱反正，证明你心系黎民，将天下人都玩于股掌之中。

由于官兵待遇比较低，军队中出现了大量逃兵现象。1500年随着来自蒙古军事压力不断增大，明朝开始大量招募士兵，边镇急增军饷400余万两白银，此后军费只升不降（见表5－33）。

表5－33　　　　　　　　　明末九大边镇军费支出规模　　　　　　　单位：白银两

时间	数额
万历十五年（1587年）	增至315余万
万历十八年（1590年）	至300余万
万历十九年（1591年）	3 435 000
万历二十三年（1595年）	乃至300余万
万历二十九年（1601年）	逾400万
万历三十二年（1604年）	372万
万历三十五年（1607年）	加至410余万
万历三十六年（1608年）	490余万
万历三十八年（1610年）	400余万
万历四十三年（1615年）	389余万
万历四十六年（1618年）	增至3 819 000
万历四十七年（1619年）	溢至400万

资料来源：项怀诚主编：《中国财政通史·明代卷》，中国财政经济出版社2006年版，第137页。

---

① 《北史卷六三·苏绰》。

脆弱的财政在军费急剧增长的压力下终于爆发了持续性的危机，财政赤字急剧扩大。1572年铁腕宰相张居正进行系列改革，推行"一条鞭法"简化税制、抑制土地兼并，明政府的岁入有了显著增加，财政状况也有不少改善。国库储备的粮食多达1 300多万石，可供五六年食用，比起嘉靖年间国库存粮不够一年用的情况，是一个很大的进步（见表5-34）。但是1582年张居正死后，所有改革措施很快就被利益集团废除，张居正的后人也惨遭不幸，明朝也就彻底没救了。至于崇祯杀袁崇焕只不过是明朝惯用伎俩的翻版而已，死期提前了。

表5-34   **明中后期太仓银两收支情况**   单位：万两

年代	收入	支出	赤字
1491	150	625	475
1528	130	241	111
1549	200	347	147
1550	395	412	17
1551	200	600	400
1552	500	800	300
1553	200	500	300
1554	200	400	200
1565	247	363	116
1567	201	596	395
1568	200	440	240
1569	220	370	150
1570	230	380	150

资料来源：项怀诚主编：《中国财政通史·明代卷》，中国财政经济出版社2006年版，第16页。

在明末北方军事压力、农民起义和干旱的多重因素叠加影响下，明朝的财政体系已经接近崩溃。即便如此，明统治者仍然不断加大压榨力度，推出了"三饷"加派（见表5-35），农民难以承受无尽的盘剥，火药桶终于被引爆了。

宋、元、明三代灭亡都与战事频繁相关。关于战争与国家财富的关系，孙子阐述得最为清楚："兵者，国之大事，死生之地，存亡之道，不可不察也。""凡用兵之法，驰车千驷，革车千乘，带甲十万，千里馈粮，则内外之费，宾客之用，胶漆之材，车甲之奉，日费千金，然后十万之师举矣。""久则钝兵挫锐，攻城则力屈，久暴师则国用不足。夫钝兵挫锐，屈力殚货，则诸侯乘其弊而起，虽有智者，不能善其后矣。故兵闻拙速，未睹巧之久也。夫兵久而国利者，未之有也。故不尽知用兵之害者，则不能尽知用兵之利也。善用兵者，役不再籍，粮不三载，取用于国，因粮于敌，故军食可足也。"

表 5－35 　　　　　　　　　**明三饷加派规模** 　　　　　　　单位：两

	天启元年	天启二年	天启三年	天启四年	天启五年
杂项银	1 160 006	660 413	2 292 000	2 292 000	2 292 000
盐课银	59 425	363 716	322 720	547 993	547 993
关税银	65 240	65 240	65 240	65 240	200 240
其他银		28 970	28 970	28 970	28 970
田赋银	4 958 411	4 508 794	4 528 648	4 644 918	4 644 918
合计	6 243 082	5 627 133	7 237 578	7 579 121	7 714 121

资料来源：项怀诚主编：《中国财政通史·明代卷》，中国财政经济出版社 2006 年版，第 34 页。

　　旷日持久的冷战、备战，再富有的国家也完蛋，要么被拖垮了如苏联对美国，要么被勒索如宋朝对辽、金，要么被打光如明朝对清。秦国铁骑扫六合并天下、汉军骠骑勇战匈奴、唐军纵横天下无敌手、岳家军以少胜多以及袁崇焕的关宁铁骑、满洲八旗，虽然军队规模都远远小于大宋，但是都能战绩辉煌，更不用说为信仰而战打败蒋、日、美的解放军了。所以兵不在多而在精，冗兵会将国家拖垮。

　　中国共产党领导的革命初期一穷二白，可谓是"口袋比脸还干净"，只有梭镖长矛和几杆汉阳造，所以毛泽东提出农村包围城市就非常正确，通过土地革命就可以彻底解决军队供给问题。以武装斗争、土地革命和根据地建设为中心的红色武装割据理论终于实现了"星星之火可以燎原"。延安时期毛泽东大力推行大生产运动、精兵简政的政策，一个主要原因是抗日战争时期中国共产党为克服抗日根据地的物质困难，实现粮食自给、经费自给、精简机关、充实基层。而那些失国之主成为阶下囚独饮浊酒的时候才明白，存国需要强军，强军需要钱粮，而信仰才是军队的灵魂。

第九节　小结——财富分布、历史轮回与启示

　　马克思说，统治权即财富分配的控制权。恩格斯云，人类社会的进步源于人类自身的贪婪。这两位旷世伟人都认识到财富分布对人类社会发展变化所起

到的根本作用。从国家体制演化看，大体有集权制、君主立宪制和联邦制。跨越两千年历史长河的对比中，很难说哪一种体制更优。但是有一点是明确无误的，低税最优，才是真正的让利于民。中国的秦初、汉朝、隋初、唐初都是用低税获得了民心家国，强盛朝代的特点就是王权和农民的结合。有人说，明清走向灭亡是因为征税太低，农业税只有5%，国家没有财力发展壮大军队。这个观点是不对的。古代农业社会效率很低，加上人口持续增加，人地矛盾就越来越突出。农民能自给自足已经是奢望了，哪里还有钱交税？实际上自汉到清几个主要朝代，中国的农业税基本都在5%左右，比孔子倡导的10%低很多。隋唐人口少人均土地相对多，农民交一点税没问题，因为均田制将土地分配给农民了，这可是实实在在的财富，所以隋唐均田低税时农民欢呼雀跃，所有的隐藏起来的游民都走出来申请户口身份证，形成了全民创富的局面，国家实力大增。如果钱不够花，国家想多征税基本上都打专卖和商税的主意。宋朝最典型，农业税很低，但是各种专卖变相征税掠夺了大量财富，关键在于财富分布出了问题，人民群众承担了全部的税负，皇帝和达官显贵拿走了大部分财富。整个宋朝当官的只想着发财，纸醉金迷，农民很苦。财富分配的失衡导致整个国家没有血性和斗志，这是长期征税过度的恶果。人地矛盾到清朝中期更严重，政府真不敢提高税，别说30%，估计15%都不敢。明清完蛋的根本原因在于制度层面，闭关。农业文明没有走向工业文明实现华丽转身，一个根本原因就是集权制下的垄断，凡是赚钱的买卖都被政府控制了，看看大宋就清楚了。用集权制对付工业文明的邦联制和立宪制，其实质是政权代表谁的利益问题。毛泽东用均田制打败了老蒋和美帝，荷兰用全民股份制打败了西班牙。现代化应该是全民现代化而不是利益集团的独享，这样才能让一国强盛不衰。无论什么样的制度，老百姓得到实惠一定是好的制度，固国不依山河之险而是民心。这是财富分布与社会稳定必然逻辑，也是2000年的真实历史。

财富在政府层级之间的分布问题是国家治理的一个致命问题，这个问题在历史和现在都存在。美国是通过分税制解决联邦政府和各州的分配关系。但是现在经济体系中，集团公司跨地区甚至跨国运营就给税收在政府层级之间的合理分配带来了困难，一个是母分公司之间税收归属问题，一个是母子公司之间税收归属问题，涉及的税种主要是企业所得税和流转税。政府之间也是不停地争吵，为了税收各州之间也出现过地方保护主义，很类似中国式的条块分割。美国是通过谈判解决这个问题的。

首先，看企业所得税收入在政府间如何分账。美国设立了一个跨州税收委员会（MTC），根据《地区间应税所得额分配法案（Uniform Division of Income for Tax Purposes Act)》（1957）和《跨州税收协议（The Multistate Tax Compact）》（1967）等法律，依据跨州经营的资产规模、工资总额和销售收入三个因素确定归属各州的应税所得。就是说即使是大企业利用关联交易转移利润，没有利润的州也会获得相应的税收。联邦政府的作用在于制定一种相对公平的游戏规则，这样才有利各州的公平发展。较好地解决了公司所得税在州政府间的分配问题，消除了地方政府对税收分配的干预，为企业发展壮大和统一市场的形成提供了重要的制度保障。另外，美国流转税的主力是消费税，是在消费终端征收，流转环节不征收。征税权力直接给了消费地政府，所以不存在流转税在州政府之间的归属问题。

不独美国，联邦制国家都存在税收在政府层级之间的分配问题。税收在州政府之间转移的根本原因在于财税分权体制下地区之间的税收竞争。（1）从企业层面看，哈特曼（Hartmam，1984）、牛伦（Newlon，1987）和默西（Murthy，1989）等研究表明，公司税负与 FDI 弹性负相关。迪赛（Desai）等（2004）对美国跨国公司全球布局与税负关系的实证研究表明，地区间税收竞争导致企业税负降低 20.8%。戈登（Gordon，1995）、休伊曾加（Huizinga，2008）等研究表明，企业在跨地区运营时通过地区间税负差异降低税负，必然导致地区间税收转移。企业没有一个愿意多缴税的，除了决策者有脑洞。（2）从地方政府层面看，分权体制下地方政府为争夺税源，会通过税收竞争和公共品竞争以促进本地区经济发展并扩大税基，结果加剧了税收转移问题，最终造成地方政府公共服务收益与成本负担的脱节（Tiebout，1956；Oates，1972）。柯克加斯纳（Kirchgässner）等（1996）、明茨（Mintz）等（2004）分别对瑞士和加拿大进行了实证研究，结果表明省际税收转移非常明显，迫切需要税收协调。

中国自 1994 年实行分税制以来，政府层级之间税收归属问题也逐渐暴露出来，而且问题日益严重。当地方财政收入不够，就拼命推动拉升房价，通过土地出让金弥补财政缺口，形成了独具中国特色的"土地财政"。由于税制设计本身缺陷，中国的政府层级间税收归属很可能成为加剧中国地区间经济不平衡的一个主要原因。

首先看中国的跨地区企业所得税归属问题。针对总分机构的纳税难题，财政部、国家税务总局中国人民银行相继发布了系列文件，其中《跨地区经营汇总纳税企业所得税征收管理暂行办法》的通知（国税发〔2008〕28 号）规定了比较详尽的政策措施。主要思路是，原则上分公司的税收合并到总公司缴纳，但是由于涉及不同层级政府间税收收入归属，在执行中对分公司利润采取就地按一定比例预缴的办法。但是一些所得税未列入中央地方分享范围的能源金融类大型央企，不适用此政策。这个办法解决了总分公司的税收在政府层级间的分配，但是该政策对金字塔形控股集团公司运用内部定价转移税收问题并不适用，对于企业并购后形成的跨地区母子公司管理模式下的税收转移问题几乎没有涉及。从企业追求价值最大化的目标看，选择在低税地区实现其税收是必然的选择。中国发达地区间对集团公司总部的激烈争夺，一个重要原因就是税收收入，各地政府为吸引公司总部落户给予了大量的财政补贴或者税收返还。在这种条件下，一个跨地区经营的集团公司很可能通过盈余管理手段将利润更多地体现在总部所在地，从而享受地方政府更多的政策支持。我们从终极控制人视角出发，将企业并购细分为政府主导型和市场主导型两类，分层级研究政府（中央、地方）主导型及市场主导型两类并购引致的区域税收转移，那么企业并购与法人课税体制下，企业与各层级政府间的财政利益转移关系就非常清晰了。企业并购引致的区域税收转移由于隐藏在企业复杂的关联交易中，又涉及不同层级的地方政府，很难取证确认。随着时间的推移，总部经济圈就形成了，其中税收因素极大（见图5-14）。

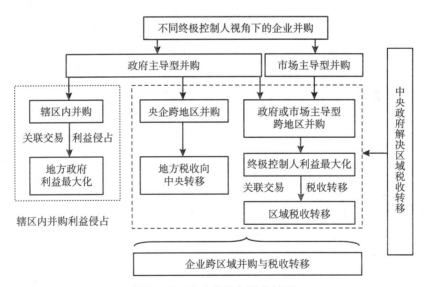

图5-14　企业并购与税收转移

再看中国的流转税所导致的更严重的财富分布失衡问题。导致集团公司跨地区税收转移的另一个主要因素是增值税制度。增值税的消费地征收与生产地控制利润出现了分离，更隐蔽地导致了地区间税收归属的不平衡。虽然增值税抵扣链条中每一个环节都具有征税权，但是商品增值主要环节在生产者所在地，所以增值税在各地区间分布中生产地获得绝大部分税收，即"生产地原则"。但是增值税税负实际是由最终消费者负担的，这就造成了税收收入归属与税负归属的分离，扭曲了政府与市场参与者的行为。[①] 具有资源禀赋优势、产业集群分布竞争优势的地区，借助增值税按照生产地分配原则就可以获得更多的税收转入，或者称为"税收顺差"，而消费地则相应地转出增值税或者称之为"税收逆差"，非常类似与国际贸易顺差与逆差现象。这种分配方式诱导了地方政府持续扩大投资行为，集团公司会相应获得更多地方财政补贴。这一模式产生的持续性正反馈的结果就是加剧了地区经济发展的不平衡，越富的地方越富、越穷的地方更穷。

一种设想是新的财税制度改革中，财权继续上收中央政府，同时将消费税下放给地方政府用来对冲"营改增"和土地财政因地产触顶急剧萎缩所形成的地方财政缺口。问题的问题在于中国的消费税虽然与美国消费税同名，但是不同姓。美国的消费税在终端征收，消费地政府能拿到税，所以美国地方政府不搞基建也不搞房地产，只搞服务和招徕客源，这才能有税钱。中国消费税改革后，地方政府会拿到消费税，但是中国的消费税征税对象以奢侈品为主而且在生产环节征收，有些地方政府根本拿不到消费税或者很少，与美国的消费税根本不同。

其实增值税才是与美国的消费税一样都是由最终消费者承担，不同之处在于征管模式。美国在消费终端征收，我们在流通环节征收。这个差别非常致命，中国地方政府拼命投资建厂的病根就在这里，因为通过增值税链条机制，不发达地区的税款会源源不断地转移到发达地区，加剧地区发展失衡。如诺基亚通过并购重组将总部迁往北京后，仅2005年苏州园区转移到北京的税收就达4亿元（贾康等，2007）。一方面，企业从利润最大化目标出发，通过并购重组，借助内部交易选择在低税负地区（或补贴）实现利润，引致税收跨地区转移；另一方面，分税制没有合理解决政府间尤其是同级政府间的税收分配问题，地方政府对税源的争夺与制度供给的缺失导致税收分配的扭曲，妨碍了统一市场的形成。据2007年国家税务总局调查，2001～2005年从不发达地区向发达地区转移税收高达6 026亿元，其中转入北京、上海、广东三地税收达4 906亿元。[②] 所以北上广的人均税负高的一个重要原因是像黑洞一样将本属于其他地区的税收吸收到自己的体内了。增值税的发明来源于欧洲，但是欧洲

---

① 黄夏岚、刘怡：《增值税收入地区间转移的衡量——生产地与消费地原则的比较》，《财贸经济》2012年第1期。

② 税收与税源问题研究课题组：《区域税收转移调查》，中国税务出版社2007年版。

各国太小，所以这个跨地区税收转移的问题不明显，而中国地域太大又不平衡，利害关系就很大了，未来增值税改革一定要借鉴美国的消费税经验。税收差异的存在直接导致了税收在国家和地区之间的转移，对经济发展的影响日益巨大。资本的逐利特性必然要求在税收负担方面就低不就高。如果这种差异的吸引力足够大，长期看会对资本流动和资源配置产生重要影响。中国在改革开放初期，沿海地区的先发优势与国家实施的税收优惠政策组合，导致了资本源源不断流入发达地区，而不发达地区的资本则不断流出。这是导致东西部经济发展水平的差距不断拉大的一个主要原因。

根本上说，中国革命的胜利是劳苦大众普遍获得新生的胜利，回首自1840年以来的民族屈辱，绝对是全民族的伟大胜利。改革开放绝对是中国百姓坚决拥护的英明决策，因为民众普遍参与造就了大繁荣，腰包也鼓起来了。现在我们面对的问题尽管复杂，但是有一点却是非常清晰，经过30年的改革开放中国富裕了强大了，经济总量已经非常庞大，我们具备了让利于民的基础，如果通过适当降低税负尤其是增值税税负，使得财富分布更为合理，并从顶层制度设计上考虑消除加剧地区发展不平衡的做法，只要中国的民众积极性充分调动起来，废除各种利益集团的黑手，改革开放的成果一定能够阳光普照。

若此，中国梦就一定能够实现。

第三编　西方的兴起

　　考察推动欧洲历史演化的因素也需要从环境、制度和人地矛盾等基本线索进行分析。此外还需要考虑一些特殊因素，比如中国因素、神权和地理大发现等对欧洲的历史变迁发挥了重要影响。由于中国汉唐时期对游牧民族入侵的强势打击，迫使游牧民族西迁进入欧洲，引致蛮族入侵直接改变了欧洲地区的国家历史。从国家管理角度看，如何在意识形态方面改变蛮族就成为罗马帝国的首要任务，而基督教在促使蛮族归一重塑欧洲的过程中发挥了重要作用。欧洲经济的振兴离不开地理大发现，大航海的直接诱因确是富庶的东方对欧洲的强烈吸引力，获取东方财富成为欧洲摆脱贫困的直接动力。从长期跨度看，这三个因素都具有极其重要的联系。尽管文明初期，人类受制于地理环境的阻隔散落分布在不同的地区，形成了不同的文明，如果我们从世界是一张人类编制的大网络的角度看，整个地球上东西方的文明虽然远隔千山万水，但是在某一时刻将不可避免地发生碰撞与融合。所以对欧洲历史变迁的考察，我们更倾向采用网络互联的大视角来审视其变化发展的内在逻辑，这个内在逻辑的根本还是财富分布问题。由于财富取得方式与分布的不同，直接导致了社会管理方式的不同，这一点东西方的差异非常明显，也由此决定了不同的国家管理模式——集权还是分权（见图1）。

　　任何一种社会管理方式从本身看没有优劣好坏的区别，完全是统治者的理念问题和现实矛盾平衡的结果，任何一个国家的崛起称雄，根基还是在于平民是否能够有效调动起来，或者王权与平民结合，或者神权与平民结合，或者民主化，不一而足。但总的来看，绝对的集中与绝对的民主其实都是不存在的。绝对的集中必然导致财富的集中，这会产生严重的动荡问题。绝对的民主也不行，这会过度分散国家的实力，导致国将不国的窘境，到头来所有民众的财富都面临着被外族洗劫的恶果。

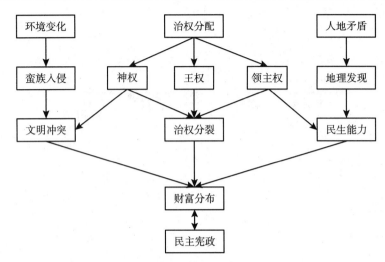

图1　欧洲财富分布历史分析框架

　　欧洲的历史演化进程较中国更慢一些，主要原因在于蛮族入侵后形成的千年混战征伐。最后形成的若干国家竟然形成了一种相互制衡的平衡态，非常类似封闭系统的熵增结果。与中国完全不一样的是，欧洲历史上没有形成统一的国家，其中一个主要原因是没有找到国家实行大一统管理的模式，所以东西方文明的分岔应该追溯到公元5世纪左右，而不是1500年的分水岭。正是由于大航海将东西方有效地互联起来，才带动了欧洲走出黑暗时期，这是西方兴起的最重要条件，或者说西方兴起的正能量之一来源于东方。

第六章 环 境

第一节 地 理 环 境

与中国几乎被高山拥抱不同，欧洲则几近浸泡在海水中，从西向东坎塔布连山脉、比利牛斯山、孚日山脉、阿尔匹斯山、喀尔巴阡山依次绵延展开，将欧洲南北分切开来，还伸出一条腿亚平宁半岛插入地中海。南面濒临爱琴海、地中海，穿过直布罗陀海峡与大西洋贯通。北面则相继毗邻大不列颠岛和斯堪的纳维亚半岛，北海和波罗的海被裹挟其中。

按照欧洲所处的纬度，整个欧洲大陆气候应该比较寒冷如莫斯科，但是欧洲的确又是世界上气候条件最好的地区之一，比同纬度其他地区冬季气温高出许多，多数地区降水充足，温度适宜。导致欧洲气温逆转的最关键因素就是规模庞大的墨西哥暖流即湾流。

湾流，宽 100 多千米，深 700 米，总流量每秒 7 400 万到 9 300 万立方米，流动速度最快时每小时 9 500 米，200 米深处流动速度约每小时 4 000 米。湾流初始沿北美大陆东岸向东北流击，至北纬 40°附近进入西风带开始折向东流，并呈扇形展开，称北大西洋暖流。湾流水温很高，水温高达 27～28℃，特别是冬季，比周围海水高出 8℃。海湾所携带的巨大热量温暖了流域上空的空气，并在西风的吹送下，暖湿了美洲东部，也暖湿了西欧和北欧沿海地区。这也就直接诞生了一批欧洲不冻港，即使在严寒的冬天，欧洲的国家也可以和往常一样运输货物。这种得天独厚的气候条件成为欧洲大航海时代对外贸易迅速发展的重要因素（见图 6-1）。

广阔的面积、复杂的地势、巨大的湾流，这些因素的共同作用使欧洲的气候呈现多样性的特征。西欧为温带海洋性气候，南欧为地中海气候，东欧中欧及其他大部为温带大陆性气候。欧洲温带海洋性气候居多，常年温和湿润，冬

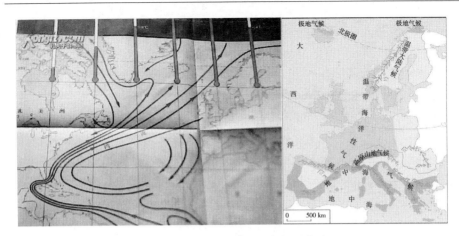

图 6 - 1　湾流与欧洲气候分布

资料来源：百度图片。

暖夏凉，非常适宜人类居住，可以说是上天对于欧洲的恩赐。地中海气候主要位于地中海附近，夏季炎热干燥，冬季温和多雨。温带大陆性气候，冬冷夏热，年温差大，降水集中，四季分明，年雨量较少。

　　欧洲的地理结构对其社会演化产生了重要影响。要想从南部翻越高山进入欧洲腹地对古人而言不可想象，因此更喜欢沿着海岸线寻路，古希腊文明恰恰是从爱琴海向地中海、大西洋沿岸传播，最终通过大航海将文明的种子播撒到整个世界。而西欧平原、中欧平原和俄罗斯平原次第延伸，呈扇形向外扩展，一直延伸到东北部的乌拉尔山脉和东南部的高加索山脉，两个山脉中间镶嵌着里海，古代的"丝绸之路"沿着里海南北两侧铺就了进出欧洲的门户。高加索就成为遏制亚欧通道的战略要地，历史上的亚述帝国、波斯帝国、马其顿王国、罗马帝国、阿拉伯帝国、蒙古帝国、奥斯曼帝国都曾染指高加索，并将它纳入帝国版图。周边民族为争夺高加索长年鏖兵不断，就战争的密度和烈度而言，高加索地区一定是世界之最。16 世纪中叶，沙俄开始向外扩张，在吞并伏尔加河中游后就入侵高加索，先后与奥斯曼和波斯帝国进行了殊死争斗，历经 300 多年的兼并，于 19 世纪 30 年代完全控制了整个高加索地区。

　　一方面，相对优越的自然条件自然形成了初步的社会分工，比如东部农业、畜牧业，南部地中海沿岸温暖少地多山，畜牧业和种植业并重，盛产葡萄、橄榄，西部、北部平原适宜农牧业、渔业。另一方面，南部是狭窄的海滨，西北部虽然是平原但是向东延伸则气候偏冷，农业产量增速缓慢，限制了该地区人口的大规模发展。所以总体上古代的欧洲人不需要复杂的政府管理这些分散的小团体，他们以自己与自然融合的方式自由生活。

走出欧洲只有两条路，一条进入"丝绸之路"，一条走向大海。公元166年罗马派使臣与东汉进行了第一次亲密接触，丝绸之路从东向西依次穿越大汉帝国、贵霜帝国、安息帝国和罗马帝国，两端是两个当时世界上最强大的帝国（见图6-2）。当奥斯曼帝国横亘在丝绸之路打劫（征收巨额税收）的时候，欧洲人又不愿意放弃与东方贸易的巨大利益，则被迫走向了大海寻求到达东方的海上之路。

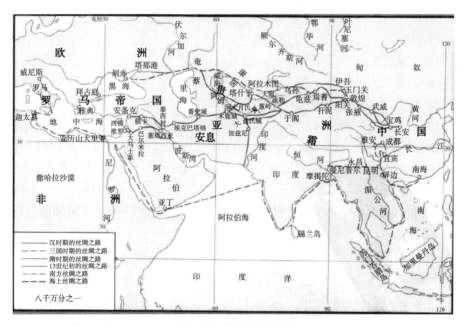

图6-2　古代丝绸之路

资料来源：百度图片。

中国地形图和欧洲地形图的根本不同，对人类早期社会组织形式的演化产生了重要作用。中国四周的高山和海洋形成一个巨大的封闭系统，而这个封闭系统内有两条大河提供了农业生产最优良的条件，游牧民族从生存的角度不断渗入融合就是一个必然的趋势，结果就是人口越来越集聚，经济上的集中性必然影响到政治上的集中性，从而容易形成复杂的政府管理系统，最终走向大一统的国家管理模式。而欧洲的平原分布于南北高山两翼，莱茵河、多瑙河多依山势形成东西走向，欧洲的河流分布很均匀，河网稠密、河流短小而水量充沛。河流大多发源于欧洲中部，分别流入大西洋、北冰洋、里海、黑海和地中海。这样的地理构造形成了生存条件沿海岸线和河流分布的特点，不同民族分散在不同的环境中生存。分散的生存环境决定了人群的分散布局，也就不需要建立一个大一统的政府，也很难建起来。经济上的分散性必然会影响到政治上的分散性和多样性。[①]

第二节 气 候

历史上的民族大迁移都离不开气候的影响，全球气候周期性变化的准周期大概是 600 年。[②] 冷暖交替之间，古代人类的生存条件发生了巨大变化。冷气候来临意味着低温严寒干旱，农业畜牧业都遭受巨大打击，饥饿就成为人类面临的最大敌人。饥饿促使人类寻觅可以生存的资源和空间，大规模迁移就不可避免，迁移的方向都无一例外地指向了暖湿地带。无论是中国古代还是欧洲早期，社会演化的周期几乎都与长期气候变化相联系。比如"小冰期"大约从 1200 年延续至 1400 年，这一时期欧洲气候变化表现为冰川的扩展、森林南线的南移以及因降雨增加而使沼泽、湖泊的扩大，欧洲因此次生态剧变付出了沉痛代价：庄稼歉收、饥荒、土地废置、多种瘟疫横行——中世纪后期欧洲的典型特征[③]，相应地这一时期也是民族大迁徙与战争最频繁的时期（见表6－1）。

从环境变化与战争的关系，可以将战争分为主动战争与被动战争。由于气候变化导致民族大迁移进而导致战争，我们称之为主动战争。其特点是发起战争的一方多为北部民族因气候导致生存环境恶劣而不断南下，比如犬戎洗劫西周、蛮族入侵亚述帝国。被动战争多源于处于温湿地带的农业地区为抵抗北方蛮族入侵而主动出击发动的战争，比如中国汉武帝大战匈奴、古罗马对安息帝国的战争，主要目的是消除边患、打通贸易渠道。这就要求战争发起一方具有强大的军事和经济实力，巧合的是被动战争多发生于气候的温暖期，因为此时农业产量和人口都获得增长，粮食储备增加，发动大规模战争的军事和经济力量都可获得保障。

---

① 有兴趣的读者，可参阅百度图片中的中国与欧洲地形图比较。
② 许靖华：《太阳、气候、饥荒与民族大迁移》，《中国科学》1998 年第 28 卷第 4 期。
③ 布雷特·辛斯基：《气候变迁和中国历史》，《中国历史地理论丛》2003 年第 18 卷第 2 辑。

表 6-1　　　　　　　历史上全球气候变化周期与战争、人口迁移

时期	欧洲	中国	冷气候峰值年	暖气候峰值年
小冰期 J（雪中人时期）：前 3400 ~ 前 2900 年	撒哈拉的湖畔开始干涸。		前 3200 年	
小气候最适期 I（新石器晚期）：前 2900 ~ 前 2200 年	前 2900 年苏美尔"诸国争霸"；前 2400 年萨尔贡大帝由北向南灭亡苏美尔城邦。			前 2600 年
小冰期 H（文明衰落）：前 2200 ~ 前 1800 年	前 2191 年来自东北山区的游牧族入侵两河流域，灭亡阿卡德王国；前 2004 年外族入侵，苏美尔人从历史上消失。	夏（公元前 2070 ~ 前 1600 年）。	前 2000 年	
小气候最适期 G（商朝）：前 1800 ~ 前 1250 年	前 1595 年古巴伦王国灭亡。	商（公元前 1600 ~ 前 1046 年），周东进灭商。		前 1400 年
小冰期 F（荷马时代）：前 1275 ~ 前 700 年	前 746 年亚述帝国崛起，因游牧部落入侵和内战分裂灭亡。	西周、东周。公元前 771 年犬戎洗劫镐京。	前 800 年	
小气候最适期 E（希腊罗马时代）：前 700 ~ 前 60 年	前 550 年波斯帝国在伊朗高原成立；前 539 年波斯灭新巴比伦王国；前 330 年马其顿亚历山大大帝征服波斯；希腊走出黑暗年代；前 247 年波斯安息帝国建立，与罗马战争频繁；前 27 年罗马帝国建立。	秦、西汉。公元前 221 年秦统一华夏；汉武帝大战匈奴 30 年。		前 200 年
小冰期 D（公元初期）：前 60 ~ 公元 600 年	167 年马克曼战争，民族大迁徙前奏；226 年萨珊王朝取代安息帝国；364 年与罗马签订停战条约；374 年欧洲北部和中部日耳曼人迫于严寒饥饿和匈奴压力离开家园进入罗马；395 年外族入侵和治权分裂，罗马分裂；476 年西罗马被外族所灭；628 年波斯与东罗马大战 130 余年后签订和平协议；651 年穆斯林阿拉伯帝国征服波斯；斯拉夫人 2 世纪从波罗的海以南进入欧洲，开启近 500 年大迁徙。	东汉，公元 17 年寒冷与干旱农民起义；311 年进入"五胡乱华"；439 年北魏统一北方；589 年隋统一中国。	400 年	

续表

时期	欧洲	中国	冷气候峰值年	暖气候峰值年
小气候最适期 C（中古）：600～1280 年	1219 年蒙古占领波斯地区；1235 年蒙古西征欧洲，历时 8 年；自 8 世纪开始北欧海盗大举入侵，持续 300 年。	618 年唐朝成立，亡于 907 年；938 年石敬瑭割燕云十六州给辽；960 年北宋成立；980 年杨业雁门关大败十万辽兵；1038～1119 年宋夏战争长达 80 年；1127 年金灭北宋；1125～1234 年宋金战争长达 100 年；1279 年蒙古灭南宋。		1000 年
小冰期 B：1280～1820 年	1337 年英法爆发"百年战争"；1618 年"三十年战争"爆发，荷兰瑞典崛起；1648 年经过 80 年战争，荷兰独立。	1279 年元朝统一中国；1368 年明灭元；1644 年清兵入关。	1600 年	
气候最适期 A：1820 年后				

资料来源：根据相关资料整理。

第三节　民族大迁徙与人地矛盾

　　亚欧大陆历史上的民族大迁徙规模之大、持续时间之长可谓世界之最，不同民族不断向中亚和欧洲迁移，各民族的文化、性格、信仰差异巨大。人多了，人均的有限资源减少，战争就不可避免。

　　公元前 1 世纪，在亚欧大陆的东西两端，几乎同时出现了两位雄心勃勃的帝王。一个是中国的汉武帝，另一位就是罗马帝国的恺撒，他们都是开疆拓土的一代雄主。汉武帝派大军远征匈奴。同样，恺撒把他的军事远征和发现都记载在《高卢战记》里。他们的对手分别是匈奴和日耳曼人。[①] 按照司马迁在《史记》

---

　　① 日耳曼人，是指从公元前 2000 年到约 4 世纪生活在欧洲北部和中部的一些民族总称，他们语言、文化和习俗相近。前 51 年恺撒在《高卢战记》中将所有莱茵河以东的民族统称为日耳曼人。民族大迁徙后从日耳曼人中演化出斯堪的纳维亚人、英格兰人、德意志人、荷兰人、瑞士德意志人、高卢人等。

中的记载，匈奴善骑射，汉初匈奴控弦之士有30余万，尽为甲骑，以战攻为事。日耳曼人所处之地因为纬度较高，光热不足，土地比较贫瘠，生产力比南方的罗马低得多，经常发生饥荒，促使日耳曼人入侵的动力之一是饥饿。

当冷气候到来时候，匈奴和日耳曼人面临同样的困境：生存问题。打劫的目标分别选择了大汉帝国和罗马帝国，都以强盛、富裕、文明而著称。两个帝国的反击也轰轰烈烈，汉帝国打通了西域的丝绸之路，罗马的疆土也一度扩张到欧洲的西北部。汉帝国和罗马帝国在与这些蛮族的斗争中都取得了重大进展。

经过近300年大战，公元91年汉朝大军直捣匈奴腹地，在今阿尔泰山大败北匈奴。这个昔日上天的骄子终于承认了失败，南匈奴附汉，北匈奴远遁。匈奴元气大伤，已经无法在漠北蒙古高原立足，只有向西逃窜，开始了史无前例的大迁移（见图6-3）。

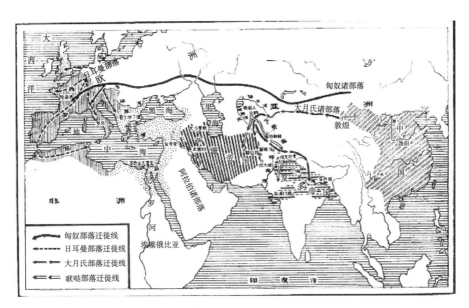

图6-3　古代民族大迁徙路线

资料来源：百度图片。

匈奴西迁的第一站是伊利河流域。劫掠本性依旧，被汉军多次击败后，于公元151年继续西逃。

第二站是锡尔河流域，大约在160年匈奴到达了锡尔河流域的康居国（在今乌兹别克、哈萨克等国）。

第三站为阿兰国，大约290年到达了顿河以东、里海以北的阿兰国，并征服了阿兰国，匈奴拖着疲惫身躯已经到了欧洲边缘，这时已经西逃了整整200 年。

第四站顿河以西、多瑙河以东。匈奴在阿兰国经过长期的修整和养精蓄锐，狼性得以恢复，于 374 年对顿河以西的草原发起了排山倒海般的闪电进攻，先后大败东、西哥特人，这些日耳曼人向西逃窜，经罗马帝国同意渡过多瑙河，进入罗马避难。匈奴占据了南俄罗斯大草原后，似乎又找到了昔日与大汉帝国对决的感觉。395 年罗马帝国分裂，匈奴失去了一个强大的对手。匈奴乌尔丁大单于恐吓东罗马帝国说：凡是太阳能够照射到的地方，只要他愿意，他都能征服。公元 400 年匈奴继续大规模西进，占领整个多瑙河盆地，一度攻入意大利。各部族被匈奴强大的军事压力逼得没有办法，只得向罗马腹地进军，410 年西哥特人攻陷了罗马。

第五站在匈牙利平原建立匈奴帝国，东西罗马帝国的安全收到严重威胁，东罗马每年上贡 350 磅黄金，后来又涨到 700 磅。匈奴在东方被打得丢盔卸甲，500 年后在西方终于找回了自己的荣耀。

第六站横扫北欧和东欧，许多日耳曼人和斯拉夫人部族纷纷战败，盎格鲁撒克逊人为躲避匈奴逃到英伦三岛。447 年进攻东罗马，连败东罗马军队，448 年东罗马求和，向匈奴赔款 6 000 磅黄金，年贡涨到 2 100 磅黄金。[①] 东罗马帝国经过匈奴长期打劫，财富基本被榨干。

第七站征战高卢。450 年匈奴向西罗马索要一半的国土被拒绝，匈奴 50 万军队渡过莱茵河，451 年双方在高卢决战。452 年被称作"上帝之鞭"的匈奴单于阿提拉率军翻越了阿尔卑斯山，攻入意大利。西罗马派教皇与匈奴议和。453 年阿提拉暴亡，匈奴帝国瞬间崩溃。而深受匈奴西迁影响的西罗马帝国也已经被折磨得奄奄一息，公元 476 年罗马的日耳曼雇佣军攻占了罗马城，西罗马帝国也完蛋了。

匈奴的西迁，将日耳曼蛮族赶出了丛林。匈奴的铁骑和日耳曼强悍的入侵引发了欧洲的巨大动荡，并加速了煊赫一时的罗马帝国走向分裂、衰弱直至灭亡，极大地改变了欧洲和世界历史的进程。日耳曼人的被迫大迁徙演化成了主动入侵，罗马帝国被拆的七零八落，475 西哥特王国独立（西班牙王国前世），468 年汪达尔（突尼斯前世）王国称霸地中海，496 年法兰克王国（今法国、德国、意大利前世）皈依罗马天主教，7 世纪英格兰七雄并立，493 年东哥特王国（意大利前世）独立，568 伦巴德王国（意大利前世）独立。

匈奴犹如一只来自北方的狼，一路走过咬着冰冷的牙，从东向西，越大

---

① 《匈奴西进改变欧洲历史》，《环球时报》2008 年 2 月 12 日。

漠、走草原、翻高山、渡河流，历经 300 余年的长途跋涉，到了欧洲之后竟然战无不胜，也是奇迹，也许是在与汉朝长期战争中虽然败了却学会了打仗。

汉武帝打跑了匈奴，才有了汉唐盛世。匈奴来了，罗马就风光不再了。

公元 94 年，北匈奴 20 万降汉，此后残部无力再发动大规模南侵。两三百年后这些被驱逐的蛮族卷土重来，烽烟再起。此时，自东汉末年华夏中原内部矛盾重生，世族割据势力混战不止，西晋统一后很快就爆发了骨肉相残的"八王之乱"，华夏的统一首先从内部被撕裂了，再没有能力防御游牧民族初期的蚕食。而南匈奴臣服、北匈奴西迁后腾出来了巨大空间，逐渐为鲜卑占据，鲜卑人抓住了千载难逢的战略机遇，迅速发展壮大，鲜卑成为新的边患。386 年鲜卑族成立北魏政权，开始了统一北方之战。北魏出了两个杰出的君主，一个是 423 年 16 岁即位的魏太武帝拓跋焘，一个雄才大略的军政英才，用了 20 年即统一了北方；一个是魏孝文帝，490 年亲政后继承其先人的远见，强力推行汉化改革，主动融入先进的华夏文明。自此，华夏文明和草原文明融合诞生了更具活力的新华夏文明。

农业文明早期靠天吃饭，但是创新却提升了农业生产效率，铁制工具、垄耕技术、水利技术的广泛使用使农业养人能力大幅度提高，而且中国自秦朝开始还发展完善了常平仓储粮制度，使战略粮食储备应对天灾成为现实。而草原文明却一直没有改变靠天吃饭又不能储备的窘境，遇到天灾就面临生存考验。当鲜卑族主动汉化后国力大增，具备了强大的军事经济实力，清除北方边患的一切条件都具备了。

424 年北魏击退柔然的大举入寇，429 年北魏攻破柔然汗国，439 年北魏统一北方。470 年再败柔然。555 年柔然汗国被突厥所灭，残部辗转西迁，即为拜占庭历史上的阿瓦尔人。560 年遭受阿瓦尔人进攻的斯拉夫各部开始了大迁移，580 年超过十万之众的斯拉夫联盟，不仅重创了拜占庭帝国的多瑙河舰队，还冲破了多瑙河防线。洪水般涌入的斯拉夫人开始在巴尔干半岛定居，逐渐形成了塞尔维亚、克罗地亚和保加利亚三大族群。8 世纪查理曼大帝征服了阿瓦尔人。

北魏分裂之后，其尚武尚文之博大精神传给了北周宇文泰，宇文泰虽是鲜卑族，但也是一个极具战略眼光的杰出军事政治家，他推崇胡汉共治，这个核心领导层最终演化成了中国历史上著名的关陇集团。在此基础上，诞生了中国古代历史的盛世——隋唐时代。隋唐两代彻底解除华夏突厥边患，在开疆拓土、保护华夏安定方面做出了极大的历史贡献。

传说突厥的祖先有狼的血统，故其图腾为狼。552 年突厥大败柔然，建立突厥汗国，统一了中亚草原、西域诸国和蒙古草原，横贯亚洲，势力盛于匈奴和柔然。568年与拜占庭结盟联合进攻波斯。581年突厥内讧分裂为东西两部。607年东突厥与隋激战26年后臣服隋朝，611年西突厥臣服隋朝。629年唐大败突厥，657年唐经过30年大战平定突厥。突厥被迫西迁。

自汉武帝始在大汉帝国的强力打击下，匈奴西迁，欧洲闯进了匈奴人，加速了罗马帝国崩塌。在北魏的强力打击下，柔然人西迁，欧洲又闯进了阿瓦尔人，6世纪控制了中亚和东欧。在隋唐的强力打击下，突厥西迁，1055年征服波斯帝国，又闯进了欧洲并于1071年击败东罗马，在连续挫败十字军东征后，于1299年建立了一个横跨亚非欧、扼住大陆交通的奥斯曼帝国，1453年灭了东罗马，占领了君士坦丁堡。而蒙古人劫掠欧洲简直就像蛮牛进入了瓷器店，令欧洲人惊惧不已。来自东方的大迁徙洪流彻底改变了欧洲，历史上的欧洲人远不如现在光鲜。虽然这些异族在华夏的强力抗击下被迫进行了大迁徙，但是进入中亚和欧洲却如入无人之境，虽然他们带来了战争、屠杀和文明的陷落，但是也在某种程度上开启了东西方文明大碰撞，将东西方两个世界、两种文明交融在一起（见表6-2）。比如垄耕技术中国人在公元前6世纪就发明了，这是中国人对农业文明的巨大贡献，保证了中国古代的农业产量远高于其他地区。秦国时期中国亩产可达240斤，欧洲当时最多不过60斤[1]，4倍的差距！这个垄耕技术随着西迁的蛮族进入了欧洲，到了17世纪欧洲才出现了垄耕，粮食增产后才有了欧洲的人口急剧增长。而蚕丝生产技术则是在12世纪通过印度和叙利亚传播到意大利，再传播到威尼斯[2]，此后丝织品成为威尼斯主要的出口产品。

表6-2　　　　　　　　　中国古代四大发明传入欧洲的路径

	传入路径	作用
造纸术	8世纪唐与阿拉伯战争时传入阿拉伯，14世纪传入意大利。	传媒的载体。
活字印刷术	15世纪经两条途径传入德国，一条是经俄罗斯传入德国，一条是阿拉伯商人携带书籍传入德国，再传入欧洲。	推动文明传播，促使文艺复兴运动。
指南针	9世纪中国发明指南针，12世纪宋代的中国海船装备指南针，阿拉伯人很容易学习到，然后传入欧洲。	推动大航海，开辟新航路。作战必备。
火药	蒙古灭宋金获得火器技术，1236年蒙古大军装备火器横扫东欧，1258年灭阿拉伯帝国，阿拉伯人和欧洲人学会了火药制造技术。	战争手段发生根本性改变。

[1] 吴军：《文明之光》，人民邮电出版社2014年版，第86页。
[2] 安格斯·麦迪逊：《世界经济千年史》，北京大学出版社2003年版，第45页。

第七章 治权分裂

第一节 罗马的合与分

欧洲地域虽然狭小，但是众多大小国家密集分布。为什么欧洲没有形成一个统一国家？

欧洲其实具有形成统一的可能。在治权分配方面，国王、贵族和农奴三方一直长期存在于古代欧洲社会，治权仅分布于君主和贵族之间，农奴根本没有话语权。法国在1789年才正式废除了农奴制，俄国一直到1861年才废止农奴制，而两个欧洲海外国家美国和巴西分别在1865年和1888年废止了农奴制。农奴制在欧洲跨越了从古代到蛮族入侵时代的整个西方基督教世界，构成了欧洲文明的基础。大量的人口实际被贵族控制在庄园之中，农奴制促使社会财富集中在贵族手中，国王在社会财富分布中所占据的整体比例远低于贵族群体。所以欧洲社会矛盾的焦点往往在国王与贵族之间爆发，权力争夺与制衡的背后都是财富的分布问题。

人类历史上第一个横跨亚、非大陆的奴隶制帝国当属亚述帝国（前935～前605年）。其崛起依靠战争掠夺，对亚述统治者而言，打仗就是一切，其崩溃也是因为连年战争耗尽了帝国的力量。

公元前559年居鲁士大帝建立第一波斯帝国，帝国内部划分成行省，总督由波斯贵族担任。各行省负责征税并上缴中央政府，税率约为20%，每年总税银规模大约为400吨。[①]

公元前490～前479年波斯先后发动了两次希波战争，入侵古希腊。起因是公元前490年波斯向希腊各城邦征税，雅典和斯巴达联合各城邦抗拒波斯帝国的无理要求。尽管古希腊的城邦联盟决定了城邦具有极大的独立性，相互之间为瓜分利益也会发生战争，但是当强敌压境生死悬于一线的危急时刻，共御

---

① 易中天：《两汉两罗马》，浙江文艺出版社2014年版，第19页。

强敌的同盟迸发了极强的战斗能力，为自由、平等和独立而战的希腊人以少胜多，在马拉松大败波斯。中国春秋时期齐国采取"尊王攘夷，九合诸侯"，与古希腊的城邦联盟本质上都是为应对强敌建立的统一战线。问题是希腊人为何对波斯向他们征税反映如此激烈？希腊人认为暴政是税收制度的产物。如果要保存自由，就必须不计成本地预防暴君的税收制度。[1]

马拉松战役的胜利使雅典成为城邦联盟的盟主，所有联盟成员均需纳税，擅自退出联盟的城邦都将遭受屠城的命运。雅典已经演化成一个帝国，随着财富不断增长胃口更大，不断征服以求获得更多贡品。而斯巴达则采取了对联盟不征收任何贡品的仁政，雅典的盟友开始反水了，二虎相争就不可避免了。斯巴达虽然在伯罗奔尼撒战役中打败了雅典，但是从公元前431年开始持续了27年的持久战，不仅结束了希腊的民主时代，而且双方财政都出现了枯竭，斯巴达靠波斯的外援才熬到了最终胜利。这场因瓜分利益的冲突最终彻底摧毁了希腊的城邦统治基础，经济萧条，贫富分化严重，柏拉图曾经写道："每个城邦，不管分别如何的小，都分成了两个敌对部分，一个是穷人的城邦，一个是富人的城邦。"财富分布的严重失衡下，风起云涌的起义加速了希腊奴隶制城邦的衰落，而城邦之间霸权争夺战又导致各方力量不断消耗。马其顿觊觎已久的机会终于出现了，公元前338年大败希腊联军，取得了整个希腊的控制权。

公元前330年马其顿帝国亚历山大大帝灭亡了波斯帝国，公元前323年亚历山大死后其部将大打出手，马其顿帝国很快因八场继业者之间的战争而分崩离析了。作为亚里士多德的学生，与一般的征服者血腥屠戮不同，亚历山大尊重知识，希腊文明随着帝国版图的扩大而传播四方，他创建的帝国虽然被撕裂成碎片，但文明却像无数的种子一样洒落在静静的土地中等待时机发芽壮大。这个果实就是罗马。

罗马共和国是古罗马在公元前509～前27年的政体。国家由元老院、执政官和部族会议实施三权分立。此前虽然罗马也存在"王政时代"，但是君主非世袭制而是由元老院和部族大会选举产生，君主的治权来源于人民而非"神授"，这与中国的"天子"根本不同。罗马共和国的建立也很理性，公元前509年愤怒的市民通过将国王驱逐出境，并在罗马广场集会提议改制，结束了"王政时代"，建立共和制度。这一举动有些类似今天的全民公决。民意在共和初期具有决定意义，公元前494年罗马平民反对战争，竟然可以带着武器离开，逼迫贵族承认

---

① 查尔斯·亚当斯：《善与恶——税收在文明进程中的影响》，中国政法大学出版社2013年版，第57页。

平民的应有权利并承认平民选举的保民官和平民大会，史称"平民运动"。

罗马的共和制在历史演化中竟然发生了反复和扭曲，偏离了共和轨迹，走向了帝国体制。当罗马军团翻越了阿尔卑斯山和大海的时候，随着所征服的地方和殖民地不断增加，分兵驻守就成为一个再现实不过的选择，士兵开始依附于自己的将领，而与罗马的关系逐渐疏远了。这时手握军队的将领和国王们在感受到自己力量的同时，也滋生了另立山头的想法。身为高卢行省总督的恺撒就在这种态势中看到了做老大的机会。

当公元前49年元老院下令收回恺撒兵权的时候，恺撒率兵直捣罗马，兵不血刃就解决了罗马城，元老院的贵族们被迫选举他为独裁官，公元前44年成为终身独裁官，成为罗马帝国事实上的皇帝，罗马的贵族共和体制实际上已经死亡。公元前44年恺撒被以保护共和为名的元老院贵族刺杀身亡，愤怒的市民们包围了刺杀者的宅邸。公元前27年屋大维继承了养父恺撒的遗志，终于完成了共和国向帝国的转变。

废掉罗马共和国应该说是民心所向。罗马的衰落源于分配制度出现了变异。早期罗马对战利品采取财产平分制度，类似中国的均田制，但是当共和国风俗变坏之后，土地立即就转到富人手里。伴随着分配不公现象出现的是罗马军队战斗力开始衰减了。再看罗马初期对统一战线的分账方案，罗马人拿走战利品一半，剩下的按劳分配，罗马人相当于是大股东，归顺的同盟者则是合伙人①，这和唐太宗最喜欢玩的"兴灭继绝"异曲同工。依靠平民和臣服者这两股重要力量，罗马建立起来强大的统一战线拱卫帝国版图，统一战线的制度基础是分配制度。

但是当各个附属国要求获得罗马公民的同等权利而不能的时候，于是就诉诸武力，昔日广大的盟友玩变脸了，变成了对手，罗马立即四面楚歌。持续战争耗费巨大，重税又导致平民外逃。支持罗马大厦的两根大柱都倒掉了。罗马之生源于战争因为可以获得战争红利，罗马之死也是源于战争却因分配不公。真是"固国不在山河之险而在民心"。

罗马衰落还有一个管理因素。罗马帝国依地中海沿岸而建，随着版图不断扩大，管理就成了问题。3世纪后，罗马出了一个糊涂的皇帝戴克里先，公元285年引入了四帝共治制，将罗马帝国分为两部分，东西各设一个皇帝和副皇帝，自此治权分裂，东西罗马并立于世，军阀混战不止。

中国宋朝的赵匡胤曾说治权分治之害："卧榻之侧，岂容他人酣睡。"野

---

① 易中天：《两汉两罗马》，浙江文艺出版社2014年版，第84页。

心勃勃的君士坦丁大帝岂肯放过良机？324 年自封为整个帝国唯一皇帝，欲重新统一罗马帝国，并给予基督教合法地位，试图利用宗教在意识形态上辅助管理帝国，自此基督教登上了历史舞台。公元 330 年君士坦丁大帝迁都到拜占庭即君士坦丁堡，东罗马帝国因为这个伟大的城市而延续了 1000 多年。而西罗马因面临蛮族入侵而日益败落，随着税收增加人口逃亡不断，最后竟然堕落到雇佣蛮族守卫国家，移民浪潮彻底改变了西罗马帝国的社会结构。410 年罗马被哥特人洗劫，455 年被汪达尔人再次洗劫，非洲这个粮食基地也丢失了，西罗马已经在蛮族轮番冲击下奄奄一息，476 年最后一位皇帝被蛮族废黜了。

罗马帝国再也没有从公元 378 ~ 511 年的蛮族大入侵中恢复过来[①]（见图 7 - 1），而中国经历 300 多年的大分裂与大混乱之后则不仅融合了入侵者还竟然重建统一帝国。东西方国家形态的演化时期具有惊人的同时性。中国国家形态的演化路径大体是，从夏商周的邦联制统一国家，到春秋战国的诸侯纷争，

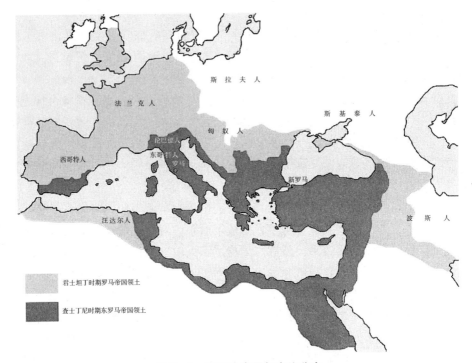

图 7 - 1　东罗马帝国与蛮族分布

注：蛮族分布情况为匈奴人西迁之后的状态。
资料来源：百度图片。

---

① 威廉·麦克尼尔：《世界史》，中信出版社 2013 年版，第 175 页。

再到秦国统一华夏。欧洲的历史演化大路径也差不多，古希腊的城邦联盟颇类似中国的诸侯制，只是无天下共主。马其顿帝国实际上是希腊文明的大一统，类似中国的秦国时期，都很短命，身后都经历了大分裂大动荡。罗马在吸收了希腊文明的基础上，依靠其共和制度，从一个小小的城邦演化成一个罗马共和国，而后虽然又演化成罗马帝国，但是始终是一个统一国家。一直到395年东西罗马分裂，欧洲再无统一，而同时期的中国虽然也经历了西晋东晋、南北朝的统一分裂的大演化。也许背后的相同原因都离不开气候巨变导致的民族大迁徙，但是中国在591年又走向了统一，而且迎来了隋唐盛世，而欧洲大陆迎来的却是千年混战的黑暗时期（见图7-2）。

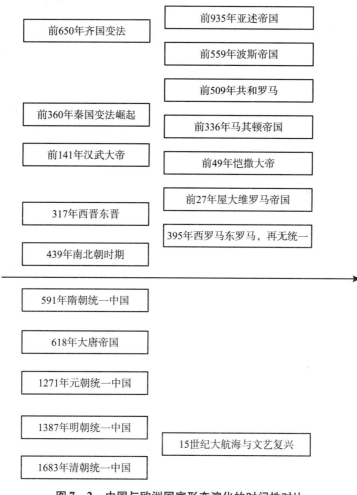

图7-2 中国与欧洲国家形态演化的时间性对比

为什么中西方文明走向开始发生大分岔？

回答这个问题首先要回答：帝国存在的基础是什么？中国统一的思想根本上说源于生存，自齐国管仲提出"尊王攘夷，九合诸侯"就有了联合抗击游牧民族入侵的战略思想。秦汉时期作为统一帝国就更具有实力抗击外族入侵，而且为了维持庞大帝国运转和军事需要，建立了中央集权制和财政体制。帝国的存在依靠的不是劫掠，无论是农业赋税、地租还是盐铁专卖制度，都是建立在经济发展基础上，尤其专卖制度在中国历代都具有极强的筹资功能。反观马其顿帝国和罗马帝国，存在的物质基础基本是税收和劫掠。随着帝国版图的扩大，周围可以打劫的目标就越少，维持庞大的军队就越困难。当匈奴、突厥被中国的汉唐帝国打败先后西迁到欧洲后，罗马帝国不仅没有了打劫目标，而且成为蛮族打劫的对象。

要想建立一个帝国必须统一治权和财权。问题的关键在于中国的集权制与罗马帝国机制根本不同。东方的大一统治式下君王为上，而罗马则延续了城邦文明中的契约民主制度。一个大一统君为中心，一个立宪君为轻。意识形态上，东方崇尚君权至上，强调君臣父子等级关系，实质是承认差异和秩序，天子即是神在尘世的化身。而欧洲的分散诸国与契约民主规则催生了自由思想和限制王权的思想，平民和贵族具有更多的权利。东方治权的绝对化就决定了财富分配权控制在君王手中，想多征税很容易。而罗马的治权实际上是控制在贵族和平民手中，就决定了君王多拿一些税可不太容易，当贵族控制财权的时候与君主的利益冲突就不可避免。一旦战争成为持久战，庞大的帝国更容易被拖垮，罗马在很大程度上就是被蛮族持续性的入侵搞得半死不活。东西方文明分岔走向不同的道路，只不过是东西方文明差异的持续放大而已。

第二节　罗马盛衰与财富分布异变

有关罗马衰落的原因有很多，比如蛮族入侵、战争频繁、死亡率不断提高等。在这些原因的背后，都隐藏着税收的影子。财富分配制度一方面帮助了罗马从城市小邦崛起成帝国，另一方面又蜕变成帝国的掘墓人。

一、共和时期的平均分配

自公元前509年建立共和制到恺撒被刺，共和制罗马存续期长达460年之久。不仅如此，罗马从一个小城邦不断扩张，控制了地中海，实力强大。罗马胜出有其制度上的优势。

虽然罗马刚建国的时候还是一个小小城邦国家，但是国民的自由、财产和政治权利都拥有制度保障，共和的罗马开始强势崛起，征服意大利、称霸地中海、吞并西班牙，国力日益强大。即使拥有类似现在的民主制度，古罗马共和国为什么还走向了扩张之路？答案还是人类的贪婪，争夺公民、妇女和土地。因为罗马这个城市初期没有商业，每个人要想发财，除了打劫之外没有其他的办法。每当一束束的麦子和畜群涌入，丰厚的战利品都会给城市居民带来巨大的欢乐，这就是凯旋的起源。由于和平条约对战败城邦的继承人几乎没有任何约束力，只要换了国王就还得通过战争来征服，结果就产生了连续不断的战争。① 罗马因此永远处于战争状态，罗马的扩张缘于战争。按照孟德斯鸠分析，古罗马共和时期，土地是平均分配的，这是造就强大军队与和谐社会的原因。② 初期罗马虽是卑微小邦但是具有财产平分的共和制度，可以说越战越勇。所谓共和，就是不同族群、阶级和利益集团的和谐相处，共谋发展③，贵族和平民联手，罗马与臣服者可以共建统一战线。制度的红利就使得罗马不仅可以从雅典、斯巴达那样的城邦中后来居上、脱颖而出，而且寿命还很长。

初期罗马并不是无税运作，主要是关税等商业税。随着罗马殖民地增加，税收管辖权也相应扩张，西班牙关税是2%，西西里岛和非洲等关税则为5%。奴隶作为主要的战利品，催生了庞大的奴隶交易，相关税收也成为政府收入的主要来源，其中奴隶销售税2%～5%，到港口入关缴纳关税2%～5%，赎身获得自由时按其价值征税5%。随着掠夺性战争的持续，军费开支不断扩大，战争税就应运而生，所有罗马公民都要缴纳。根据财产规模实施累进税率，税率大致在1%～10%之间。④

如果战争胜利了，战利品会用来返还所缴纳的税款。

如果战争经费还是不够咋办？要求富人必须提供贷款。

这就不难理解早期的共和罗马为什么这样深受人们爱戴，无论平民和富人都可以通过战争发财。这个制度和秦国商鞅变法时推出的军爵制具有异曲同工之妙。任何人都有可能改变自己的身份，前提是赢得战争。士兵在战场上不玩

---

① 孟德斯鸠：《罗马盛衰原因论》，商务印书馆2010年版，第一章。
② 孟德斯鸠：《罗马盛衰原因论》，商务印书馆2010年版，第三章。
③ 易中天：《两汉两罗马》，浙江文艺出版社2014年版，第81页。
④ 查尔斯·亚当斯：《善与恶——税收在文明进程中的影响》，中国政法大学出版社2013年版，第81～82页。

命才怪！

公元前 2 世纪中期，战争税被取消了，罗马城中的公民免除了直接税的纳税义务。因为版图扩大后各行省可以提供经费支持罗马军团作战了，攫取的土地可以收租金，矿山、粮食都由罗马控制交易，罗马城变成了一个繁荣的商业中心，商业税收不断增加。凡是被征服的地方都划为罗马的行省，罗马派军队实施保护，提供秩序与和平，各行省要为此缴保护费。

罗马变得太富有了，利益集团开始琢磨如何分一杯羹，于是包税制出台了。共和制的基石开始被包税制侵蚀了。

公元前 2 世纪罗马商人渗入元老院，压缩了元老院的权力，开始在罗马推行税收承包制度。包税人通过有限合伙企业与罗马政府签订独家征税协议，代理政府征收 10% 的收获税，并预先支付部分税款，最要命的是元老院议员也享有合伙企业股份。商人与议员勾结的包税制度下，实际征税的规模要远高于元老院的预算。包税最大的坏处有二：一是减少财政收入；二是加重纳税人负担，截留税款甚至超额征税成为包税人发财致富的秘籍。而税收承包人的财富在快速积累同时，还垄断了商业、银行和船运等核心产业。包税人对各省的剥夺成为叛乱的导火索，公元前 88 年叛乱者一次就处死 8 万罗马包税人。[1] 包税制的实质是国家财权的失控，商人和官员联手以征税的名义侵吞国民财富。

承平日久的罗马共和国也真是腐败到根子上了。一个看似很小的税制改革激起了罗马共和国此起彼伏的内乱。治乱需要一个强有力的人物诞生，公元前 102 年这个人物诞生了，他就是恺撒。

角逐最高权力的两个强有力竞争者都是手握重兵的将军——庞培和恺撒，而且他们还曾经是同盟者。为啥恺撒能够战胜庞培最终上位？

庞培在东部打击海盗的时候，为筹集军费在东部各省征收重税，甚至截留包税人上交给元老院的税款。最终海盗没有了，但是昔日繁华的城市也变成了残垣断壁。苛政猛于虎，绝不仅仅存在于中国古代。与之形成鲜明对比的，恺撒采取的是仁慈的税收政策，而不是摧毁式的掠夺。降低税率、税收返还、与城邦签署税收协议、税收优惠，恺撒全新的征税制度充满了民生、合作思想，百姓们箪食壶浆夹道欢迎恺撒，军队粮仓竟然被填满了。人心这杆秤自然倾向了恺撒，上位已经是必然的趋势，就差恺撒的胆识和魄力了。

当恺撒振臂一呼的同时，向追随他的士兵讲道："骰子已经掷出去了，向

---

[1] 查尔斯·亚当斯：《善与恶——税收在文明进程中的影响》，中国政法大学出版社 2013 年版，第 92 页。

诸神等待的地方前进吧！"

一切都水到渠成。

二、恺撒分税与长久和平

从公元前49年恺撒控制罗马到公元476年西罗马末代皇帝被废，共和制嬗变为帝国，罗马帝国的寿命也长达525年。恺撒抛弃了贵族共和制罗马的战争生存策略，而是选择了和平与秩序，并通过控制财源强化其策略的实施。罗马帝国长寿的基础是恺撒的分税制。

首先，改变了税款的流向。原来税款要流向元老院，恺撒要求财政金库向他本人开放。恺撒非常清楚，谁控制了税款谁就控制了罗马。

其次，控制征税权。政府在人口普查摸清税源的基础上，与各行省直接签订税收合同，中央政府与各行省根据协议分配税款。同时取消包税人制度，对商人和元老院构成的利益集团进行釜底抽薪。

第三，开辟新财源。夺取埃及后，来自当时最富裕地域的税收、黄金和粮食源源不断地支撑了罗马帝国。同时开征继承税，对遗产征收5%。公元40年取消了销售税，让利于民。

罗马帝国的盛世长达200年（公元前30年到公元180年），恺撒奠定了长久和平的基础，其执政理念总体上可以在继承人之间可以薪火相传，低税思想一直得以贯彻。当一场伟大胜利后士兵向皇帝马尔库斯（公元180年去世）讨赏的时候，他说："你所得到的超过通常标准的任何报酬都不过是从你的父母和亲戚那里压榨的血汗钱。"[1]

有这样的皇帝，百姓能不拥戴吗？难怪以保护共和的名义刺杀恺撒的贵族都被以人民的名义处死了，人心所向。

三、罗马的通胀税与分裂

到了公元3世纪，承平日久的罗马像中国的大唐帝国中期一样，腐败与混乱并行，军事政变迭出。235~284年罗马接连出现了20多位皇帝，平均在位仅有3年不到。士兵将自己的忠诚出卖给最高的出价者，皇位犹如可以拍卖的

---

① 查尔斯·亚当斯：《善与恶——税收在文明进程中的影响》，中国政法大学出版社2013年版，第110页。

商品，轮流做庄。即使这样，由于恺撒透彻的地方分权将帝国的力量转移到了城市，上面虽然乱了，各行省的人民并没有收到太大影响，但是中央政府的税收却不能及时入库了。这个时候与所有的行将灭亡的政府一样，罗马帝国也开始打货币主意了——贬值货币。

到公元210年，罗马银币的含银量仅仅是之前纯银币的50%，60年以后，含银量仅仅为5%。价格开始飙升了。公元200年，每蒲式耳小麦价格是10迪纳里，70年之后是200迪纳里，公元344年达到了惊人的200万迪纳里。[①] 士兵拒绝接受贬值货币做薪水，征税官拒绝接受货币作为税款，所有的财政税收政策都被凶恶的通货膨胀击垮了，盗匪横行。

帝国政府开始强征黄金，每个城市1 600磅。212年对所有公民征收继承税，税率提高一倍到10%。允许军队征用公民财产，这和公开打劫没有区别。这些抵抗通胀的措施虽然保证了帝国继续生存，但也不过是处于风雨飘摇之中而已。

284年戴克里先做皇帝后，根据其统治前9年中帝国不断出现战乱的状况，认为帝国过于庞大，一位皇帝独自管治实在难以应对，而且亦难于抵抗野蛮人由莱茵河至埃及边境一带的不断侵扰。于是这个皇帝开出的药方是将罗马帝国一分为二，在地图上画一直线将帝国分为东西两部。罗马帝国就这样被永久地分裂了。另一个问题是罗马的帝位承继问题从来未曾解决，没有明确的帝位承继方法，这是后期经常导致内战的祸根。帝国东西两部分别由两位主皇帝统治，再各以一位副皇帝辅政。292年四帝共治的药方就这样出来了，为日后内战和国力衰退被蛮族所灭埋下了更大的伏笔。聪明反被聪明误的创新。

戴克里先的改革诞生了一个庞大的官僚机构，财政更困难了。治理通胀无果之后，开始改征实物税，征税人员数量庞大。农民被折磨得生不如死，所有的资源都被榨干，土地荒芜了。通过逃离这个曾经令无数人敬仰的罗马而实现逃税，已经成为罗马普通人最实惠的选择，无奈的政府甚至不惜动用军队协助征税。而富人和特权阶层则有更多的资源左右国家政策，对他们实施减免税，财富的天平再次失衡。

3世纪对于罗马帝国来说犹如一场长期的消耗战。在东部波斯与罗马帝国相抗衡，萨珊帝国成为罗马最强大的对手。在多瑙河西部的欧洲，罗马虽然没有强大的对手，但是沿着黑海、多瑙河到莱茵河河口的边界全都是日耳曼人，

---

① 查尔斯·亚当斯：《善与恶——税收在文明进程中的影响》，中国政法大学出版社2013年版，第110页。

当匈奴横扫欧洲的时候，日耳曼人、斯拉夫人开始不断从不同地方向罗马境内渗透，骤然加大了帝国军事压力。罗马的后院开始起火了，持久的消耗战最终拖垮了帝国。

罗马帝国灭亡的最根本原因是：表面上是蛮族入侵，实际上是由于罗马人的逃税已经无法控制，小民的逃亡与富人的逃税导致帝国财政迅速枯竭，难以支撑庞大的官僚机构和频繁的战争。罗马人曾经的爱国主义精神随着逃亡而窒息了，支离破碎的税收、残忍的统治和特权阶级的贪欲都随着帝国破产而烟消云散了。

对比东西方古代帝国，强盛的朝代都是相似的，不幸的朝代各有不同，但一切均与财富分布相关联。曹操在总结自己一生治国治军之道时说："财聚人散，财散人聚。"斯言信哉！

第八章　欧洲的分裂、神权与民主

第一节　分裂与神权

四帝共治仅仅维持了 15 年，306 年君士坦丁像中国的赵匡胤一样被士兵披上黄袍并于 324 年重新统一帝国，395 年帝国再次分开后再无统一。君士坦丁大帝做了两项影响未来世界格局的决定：一是 313 年通过颁布《米兰赦令》，承认基督教合法地位并归还已经没收的财产，神职人员豁免赋税，利用基督教从精神层面辅助国家管理。380 年基督教更是被确定为国教，开启了在西方文化史上唯我独尊的时代。二是摆脱罗马城被蛮族和异教徒袭扰，迁都君士坦丁堡（1930 年，该城改名为"伊斯坦布尔"）。君士坦丁堡位于巴尔干半岛东端，临博斯普鲁斯海峡，扼黑海门户，被誉为"环水之城"，欧、亚交通的要冲，是通往亚洲的必经之地，也是从黑海前往爱琴海的唯一通路（见图8-1）。整个城区由君士坦丁亲自参与规划，宛如一座天造地设的要塞，易守难攻，城防系统坚固无比，历经波斯人、阿拉伯人、基辅人无数次围攻仍安然无恙。罗马帝国的行政体系在西部衰亡之后，整个帝国的东部还继续存在了将近一千年，这两项措施起到了关键作用。

西罗马帝国被蛮族侵食后，东罗马帝国的边界立即陷入了蛮族包围之中，西哥特人、法兰克人、匈奴人、波斯人、斯拉夫人、汪达尔人、突厥人，来自陆地和地中海的袭扰犹如蚂蚁军团持续不断。618 年原东罗马帝国四分之三的领土已经丧失掉了：地中海东岸、埃及、利比亚和安纳托利亚的大部已落入波斯人之手，色雷斯大部、希腊、意大利被斯拉夫人、阿瓦尔人和伦巴底人占据。626 年帝国筹集了 20 万磅黄金向陈兵于首都城外的蛮族缴纳"保护费"。祸不单行的是，几场猛烈的瘟疫也袭击了东罗马的领土。542 年大瘟疫造成了

图 8-1　君士坦丁堡地理图

资料来源：http：//blog. sina. com. cn/。

帝国三分之一的人口死亡的毁灭性打击，仅在君士坦丁堡，就有逾半数居民死亡。此后 70 年里又多次卷土重来，毁掉了东罗马帝国的赋税和兵员来源。虽然在马其顿王朝（866~1057 年）出现了短暂的辉煌时期，但是帝国的有生力量总体上一直被不断消耗，版图日益缩小，人口锐减。而领土的丧失也很快导致了君士坦丁堡粮食供应的减少。

同时内部敌人也开始侵蚀帝国的肌体。长久以来，农民的小土地所有制是帝国收税和征兵的基础，而这一制度在一串串走马灯皇帝的统治下严重衰退。1071 年塞尔柱人击败东罗马军队，夺取了小亚细亚。亚洲领土的丧失，使东罗马帝国丧失了最大的兵力来源地，此后只能使用雇佣兵。这些雇佣兵包括法兰克人、诺曼人、瓦良格人、罗斯人，他们最大的特点是可以收买，因此东罗马帝国又发生了一连串的宫廷政变。到 12 世纪后期，原来雄踞东地中海的东罗马帝国几乎只剩下一个空壳，其国力和人力已不足以应付四面受敌、边境防线全部崩溃的局面。这个时候帝国基本上丧失了反击能力，1085 年为了收复西西里岛，竟然以免去一切海关税收为条件换取威尼斯舰队出手相助。军事威胁解除了，但在经济上却受到威尼斯的挟制。东罗马与威尼斯的同盟不仅使其国库失去了海关收入的绝大部分，而且帝国在商业方面的垄断地位也逐渐丧失了。

中央集权的瓦解，使末日的拜占庭帝国四分五裂。已经日暮西山的东罗马帝国在 1204 年又遭受了十字军的洗劫。为了赎买和平，拜占庭帝国向塞尔维亚人、保加利亚人、威尼斯人、热那亚人和土耳其人屡次割让土地，甚至连色雷斯和加拉塔等对首都和国家生死攸关的重要地区也被割让，丧失了最后的自救资源。1423 年第二大城市萨罗尼卡被卖给威尼斯后，拜占庭帝国已经无地可割，无税可收（见图 8-2）。

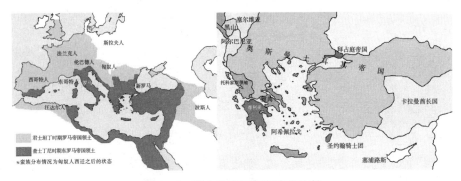

图 8-2　拜占庭帝国版图变化比较

资料来源：http://blog.sina.com.cn/。

1453 年奥斯曼帝国攻入君士坦丁堡，东罗马帝国灭亡，罗马帝国的最后一抹余晖消失在麻烦重重的地中海之中。此后奥斯曼帝国横亘在欧亚大陆，当苏丹雄踞君士坦丁堡俯瞰地中海的时候，视野之中再也不是祖先脚下的茫茫草原，而是可以唾手可得的财富，战争已经不可避免。从此劫掠与宗教冲突交织在一起，在地中海和欧洲的圣战几乎燃烧到了每一个角落。而奥斯曼帝国的军事扩张，打断了东西方之间的贸易，使得西欧往东方的交通不时受阻。帝国向过境商人征高额税收，是原产东方的香料、茶叶等商品价格昂贵的原因之一。丰厚的商业利润是西欧各国寻找去东方新航路的主要诱因之一，从而导致了地理大发现的到来。

1096～1291 年，在罗马天主教皇的准许下，西欧的封建领主和骑士对地中海东岸发起了 8 次宗教性军事行动。虽然借口是从伊斯兰教手中收复圣地"耶路撒冷"，但是十字军东征带有明显的劫掠性质。罗马教皇想合并东正教，扩大天主教的势力范围；封建主渴望向外扩张攫取土地和财富；西欧实行的长子继承制，使得不能继承遗产的光棍贵族急切希望控制地中海的贸易；一无所有的农民也梦想摆脱饥饿和贫困。所有的力量都集聚在宗教战争的旗帜下，似乎十字军东征提供了一个无法抗拒的发财机会。以圣战的名义掩盖劫掠、烧杀、毁灭，人性中的动物性野蛮得以淋漓尽致地发挥，持续了200年的战争其破坏作用可想而知，也必然埋下复仇的种子。

伊斯兰世界要反击了，而且奥斯曼苏丹认为自己应该是罗马帝国衣钵的继承者，要像罗马帝国一样雄霸整个地中海。四分五裂的基督教世界岂是占领君士坦丁堡之后日益强大的奥斯曼帝国的对手？

地中海的一个关键事实是，它其实是两片海洋，在中间由突尼斯和西西里岛之间的狭窄海峡一分为二。马耳他岛就在这海峡的正中间，奥斯曼帝国统治了地中海东部，而西班牙则总领地中海西部。马耳他成为基督徒和穆斯林两股宗教势力必争之地。地中海大海战不可避免地爆发了，摩洛哥、阿尔及尔、的黎波里、突尼斯、西西里岛、罗得岛、马耳他、威尼斯、塞浦路斯今天的旅游胜地当时都是人间地狱，伊斯兰圣战、帝国争霸、海盗劫掠、复仇杂糅在一起，使环地中海沿岸变成了穆斯林和基督徒较量残暴的竞技场。

战争这部绞肉机的动力是财富。西班牙和奥斯曼都是中央集权制的大国，都具有强大的集聚人力和财力的能力。西班牙在北美新大陆开采的大量金银成为重要的战争经费来源。1533年西班牙绑架了南美印加国王，敲诈了价值120万杜卡特①的黄金②，1535年远征突尼斯的舰队费用大约100万杜卡特③，舰队共有74艘桨帆船、300艘帆船和3万名士兵④。海盗出身的巴巴罗萨所统领的奥斯曼地中海舰队则拥有70艘桨帆船，价值9万金杜卡特和300匹金线布。⑤

1534年奥斯曼建造90艘桨帆船，1535年120艘，1536年200艘。

1537年动用170艘桨帆船进攻意大利亚德里亚海岸。

1538年西班牙联盟舰队拥有139艘桨帆船和70艘帆船，奥斯曼动用90艘桨帆船和50艘划桨船。双方大战，奥斯曼获胜。

1541年西班牙财政压力显现，在阿尔及尔战役中损失140艘帆船、15艘桨帆船、8 000名士兵和300名贵族。

---

① 印加帝国交给西班牙人的赎金共计13 265磅黄金，银26 000磅，价值1 500万比索。
② 杜卡特是欧洲历史上许多国家都使用的一种金币。
③ 罗杰·克劳利：《海洋帝国》，社会科学文献出版社2014年版，第94页。
④ 罗杰·克劳利：《海洋帝国》，社会科学文献出版社2014年版，第90页。
⑤ 罗杰·克劳利：《海洋帝国》，社会科学文献出版社2014年版，第86页。

1543 年奥斯曼敲诈法国 80 万金埃居。奥斯曼帝国舰队横行地中海。西班牙因为还要同法国、德意志和低地国家作战，在与奥斯曼帝国争夺地中海控制权过程中逐渐败北，1547 年奥斯曼与西班牙签署停战协定。此时西班牙国家财政负债累累，美洲的金银也无法填补巨大的窟窿，财务完全被德意志银行家控制。

1559 年西班牙 50 艘桨帆船和 6 000 名士兵，在杰尔巴岛全军覆没，穆斯林用死者头颅建了一座"骷髅金字塔"，令基督徒怆然泪下。

期间双方都在从事掳掠人口贩卖为奴的生意。

1565 年财政 30% 用于军费，奥斯曼帝国动用 165 艘桨帆船发起马耳他战役，战败。

1570~1571 年奥斯曼攻打威尼斯控制的塞浦路斯。奥斯曼出动 150 艘 10 万人，西班牙联军出动 205 艘。联军经费西班牙出 50%，威尼斯负担 1/3，教廷提供 1/6。[①]

塞浦路斯美丽而富饶，粮食、食盐、香水、酒、糖和棉花，无数的财富源源不断输送到它的威尼斯母邦，支撑起了这个水上之城。塞浦路斯就是奥斯曼帝国嘴边的肥肉，焉能不吃掉它？奥斯曼帝国以 6 万人的残酷代价打下塞浦路斯。

1571 年 10 月奥斯曼舰队在返回途中与联军遭遇，爆发了勒班陀大海战。奥斯曼帝国的海军损失了 2.5 万人，舰队覆灭。

自 1521 年战火在广阔的地中海沿岸肆虐了一个多世纪，基督世界以西班牙为轴心断断续续建立了统一战线。两个帝国竟然打成了僵局，1580 年西班牙和奥斯曼签订了和约。从此，战火纷飞的地中海回归了大自然赋予的应有平静，西班牙将目光盯上了大航海带来的机遇。而奥斯曼帝国虽然吃掉了塞浦路斯，控制了地中海东部，但是地中海西部仍然归西班牙控制，航道还是没有打通，花费巨大代价取得了一个"死海"！如何盘活这块资产？

1858 年奥斯曼帝国与法国联手开挖苏伊士运河，1869 年这条东方伟大的航道建成了，它沟通了红海与地中海，将大西洋经地中海和苏伊士运河与印度洋和太平洋连接起来，大大缩短了从亚洲到欧洲的航程（见图 8-3）。

---

① 罗杰·克劳利：《海洋帝国》，社会科学文献出版社 2014 年版，第 329 页。

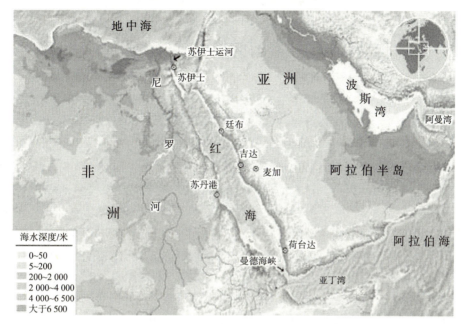

图 8-3　苏伊士运河位势

资料来源：百度图片。

　　持续性战争的结果双方都出现了经济危机，1575 年西班牙开始拖欠债务，即使美洲输入大量金银也于事无补。1585 年奥斯曼帝国因战争损失与重建舰队出现了财政危机，开始大幅度增税，此前 1566 年开始就将货币贬值 30%，玩通胀税了[①]。奥斯曼土耳其帝国虽然长寿但是发展滞缓，19 世纪民族主义的兴起激发了民族独立运动，帝国逐渐分化出很多小国，而 1876 年的宪政、1908 年的土耳其革命加速了帝国解体，1920 年奥斯曼帝国战败遭西方列强分割，在帝国版图上诞生了 40 余个新国家。1921 年 1 月，大国民议会通过根本法，改国名为土耳其。1922 年 11 月 1 日，废除苏丹制，结束了奥斯曼帝国的历史。1923 年 10 月 29 日建立土耳其共和国。

　　随着大航海的开启，葡萄牙、西班牙、荷兰开始从全球化过程中获得财富，更多的力量和财富涌向了攫取东方财富的航路。

---

　　① 罗杰·克劳利：《海洋帝国》，社会科学文献出版社 2014 年版，第 414 页。

第二节 宗教冲突与财富分布

一、基督神化与分化

罗马是一个多民族国家，要想一人独裁又长治久安，授权主体只能从人变成神，即由"君权人授"改为"君权神授"，独尊基督，使罗马皇帝成为上帝在人间的唯一代言人。王权和神权一拍即合，各取所需。应该说君士坦丁是聪明的，和汉武帝独尊儒术的想法一样，但是教皇的心思却不一定和儒家一样甘做嫁衣，而是想要更多，只不过君士坦丁大帝太厉害，只有耐心蛰伏了。但是到了390年罗马皇帝狄奥西多时期基督徒温顺的外衣就褪了下来，即使被尊奉为国教，皇帝还是被要求在全体臣民面前公开向教皇下跪并忏悔，基督教皇开始了幕后垂帘。按照易中天的说法，基督教不是罗马的救世主而是掘墓人。①

到了查士丁尼大帝时期双方差点火并。查士丁尼大帝（527~565年在位）不简单，不仅主持编撰了《罗马民法汇编》，其提出的私法概念奠定了私有制法律基础，也是一个类似"法家"的强悍英武的大帝，其生命的理想就是恢复其祖上强大的罗马帝国，为此战事不断。他强化皇权对教权的至尊权，激起整个教会领域对其宗教政策的抵制。皇权对教权的至尊权主要表现为：一是控制召开基督教大会的权力；二是控制基督教高级教职人员的任免权；三是控制调解和仲裁教会争端的权力。查士丁尼则把皇权的至尊权发挥到了极致，高度强化皇帝对教会事务的控制，从而把教会完全置于皇帝的控制之下。

然而，教权正在急速膨胀，对查士丁尼的强权充满敌意，但是敢怒不敢言。查士丁尼死后不久，罗马大主教公然与皇帝分庭抗礼，迫使皇帝承认其"基督教教规最高捍卫者"。同时东方的教会也早已对皇帝失去信心。在权力斗争的过程中，教会与帝国积累了重重矛盾。590年罗马大教长大格理高里野心毕露，自称教皇，从基督教中分裂出来。原君士坦丁堡的教会自称正统，为正教，也称东正教。1054年罗马教宗与君士坦丁堡大主教断绝关系，基督教正式分裂为天主教和东正教。1204年第四次十字军东征攻陷君士坦丁堡，竟然烧杀劫掠，破坏和篡夺东正教的教区制度，东、西教会彻底决裂。

---

① 易中天：《两汉两罗马》，浙江文艺出版社2014年版，第128页。

　　虽然每每遇到威武强悍的雄主如查理曼大帝、拿破仑大帝的时候，教皇就开始毕恭毕敬，但是当流星划过，教皇又会卷土重来。卧榻之侧其容他人酣睡？这个问题古代中外一个德行。

　　为什么神权能够战胜王权？

　　查士丁尼死后蛮族入侵接踵而至，战火纷飞。如何降服他们是一个令人头疼的问题，若要在思想上、组织上使蛮族更有序，王权还必须依靠神权，通过意识形态实施控制，这个艰巨的任务只有基督教胜任。王权被神权上位后，或明或暗的龙蛇争霸就没有停止过，最具戏剧性的一幕是 1077 年德皇亨利赤足立于雪中向教皇忏悔。这是无奈的选择。基督教对欧洲的稳定发挥了重要作用，虽然民族融合过程缓慢，但是基督教对各个民族信仰的归一具有决定意义，这也是欧洲能够走出黑暗的一个重要因素。欧洲混战源于蛮族入侵，欧洲重塑则源于基督。

　　教徒众多。自耶稣起基督教就主张上帝尽快干预人间事物，拥有惩恶扬善的力量。[①] 耶稣虽死但不是终结而是新的开端，当耶稣重返人间的时候，神对邪恶的"末日审判"就来临了，彼时神将拯救所有善良的人。随着信徒虔诚的传播，不仅使希腊文化扩张力得以丧失了，战火的蔓延、统治剥削压榨都促使皈依基督的民众与日俱增。当教众遍布欧洲的时候，教廷就不仅可以和任何一个王权分庭抗礼，皇帝加冕都需经过教皇洗礼才算数，甚至可以发动战争，十字军东征就是最鲜明的例子。神权在中世纪的权力之大可见一斑。

　　不仅如此，教会还是一个拥有广袤地产且永生的地主。它控制着社会的大部分财富，大量教士拥有侍从，教会是经济上最大的雇主，什一税和教区属地所得、教徒捐赠成为主要财源。[②] 规模巨大的奢侈教廷、教堂、豪华的仪式，绝对的权力也会给神权带来腐败。

　　当教廷获得绝对的精神控制权和经济控制权后，就逐渐摆脱了耶稣受难的大慈大悲面纱，开始贪婪起来。据传，耶稣在复活后对门徒们说："你们受圣灵。你们赦免谁的罪，谁的罪就赦免了。你们留下谁的罪，谁的罪就留下了。"天主教士就此宣布，他们作为耶稣基督门徒的继承人，具有赦罪的权柄。教皇代表的天主教会有赎人罪孽的资源，有让人死后升入天堂的钥匙，有权宣布参加十字军东征的人、到罗马朝圣的人都能够得到救赎。而不能前往罗马朝圣的人，可以支付相应的费用来获得救赎，并发行代表已经朝圣的文书。1095 年

①　威廉·麦克尼尔：《世界史》，中信出版社 2013 年版，第 146 页。
②　J. M. 罗伯茨：《欧洲史》，中国出版集团 2013 年版，第 175 页。

教皇就以这样的借口开始发售"赎罪券"。

赎罪券成为教会搜刮财富的工具，却也点燃了不满和质疑的火种。马丁·路德于1517年写成《九十五条论纲》，斥责教皇的无耻行径，由此引发了具有深远影响的宗教改革运动。这一行动客观上结束了天主教内部的统一，终结了罗马教廷至高无上的统治，自此新教、天主教、东正教三足鼎立。在宗教改革的影响下，欧洲民众开始强调个人信仰的独立，思想的解放。从路德的家乡德国到北欧地区的基督教会纷纷响应路德，脱离曾经唯一的罗马天主教会。1688年英国新教徒通过光荣革命取得议会控制权，推出君主立宪制，为工业革命奠定了基础。而远赴美洲的新教徒最终于1776年成立了美利坚合众国。500年后新教地区的经济普遍要比天主教和东正教地区发达，和新教崇尚个人信仰和自由、摆脱了旧教在精神和经济上的双重桎梏不无关系。

二、伊斯兰缘何突起

伊斯兰教起源于7世纪阿拉伯半岛的沙漠地带，比基督教晚得多。但它最终不仅冲破环境限制，还成为宗教世界里基督教唯一的对手，也是大国争霸的新力量。按照西方学者的说法，伊斯兰崛起是因为打破了传统社会，建立了一种新型团体，因为切断了血缘关系，信仰者之间的兄弟情谊至高无上。[1] 伊斯兰从诞生之日起就走向了一条宗教征服的道路。636年打败罗马军队占领叙利亚和巴勒斯坦，641攻占美索不达米亚，642年下埃及和北非，651年并伊朗，715年进入印度河流域。900年时候突厥和蒙古的新皈依者成为伊斯兰教锋利的战刀。1543年伊斯兰奥斯曼征服了君士坦丁堡，将罗马帝国最后的余晖从地中海上抹去，伊斯兰开始对抗基督教世界。

《古兰经》被神化以后，既不能废除也不能修改，没有办法做到与时俱进。似乎一个封闭性组织难以持续性成长，但是伊斯兰教在地球上诞生之始就狂飙突进，帮助伊斯兰教争夺基督教教徒的手段是什么？刀剑和税。

武功自不必说，按照伊斯兰的传统对抵抗者征服后士兵可以劫掠三日。但是皈依者有一项最大的好处许多人却没有看见：免税。这两手看似很极端，但是财富面前却是最简单的算术选择题，人人都明白该如何选择。从经济上看伊斯兰已经转化成一场大范围的平民致富运动，宗教也离不开财富这个指挥棒。

减免税最大好处就是使世界上最多最贫苦的人获得一项承诺，使有产阶级

---

① J. M. 罗伯茨：《欧洲史》，中国出版集团2013年版，第133页。

减少负担财富积累更快。如果对手征税比较重，减税的冲击将是摧毁一切统治工具，宗教控制也不起作用。通过劫掠和减税，天下广大的贫苦百姓都召集在圣战旗下。

伊斯兰的减税手段打得基督教罗马世界毫无还手之力，"凡是接受这一宗教并虔诚祷告的人将免于缴纳人头税"，这是一个选择奴役还是自由的提议。"由于沉重的税收和悲惨的负担，很多富人和穷人都选择了放弃基督教信仰。"①

相比之下，无论富人还是穷人在罗马的统治下确实很悲催。查士丁尼时期，帝国的财富主要集中在东方，富商也集中于东方，大地主拥有大量土地，甚至形成自己独立的管理体系，直接威胁中央统治。大兴土木和连年战争，资金极度短缺，于是查士丁尼严厉打击和限制大地产主：干预产业继承；给大地主强加罪名，以没收其财产；没收教会和修道院的地产。农民更惨，沉重的税额令人所剩无几，许多自由农甘愿放弃小块土地，充任大地产主的佃农，从而摆脱对帝国的纳税义务。查士丁尼多次增税和提高税额，且比旧制度更加严苛。只有贵族、高级官吏和教会才有免税权，平民只能在沉重的税制下勉强度日，甚至连卖掉土地作雇农的权力也被剥夺。曾经富裕的埃及给人一个绝对贫困的印象。在埃及人眼中，拜占庭帝国的统治在宗教上是背离了上帝信仰的异端。

当伊斯兰进入埃及北非的时候，免税的杀伤力远远高于刀剑，罗马和神圣的教廷都失去了存在意义，伊斯兰一下子成为了解放者。

但是穆斯林成为统治者之后，要建立一个有效的政府就离不开钱。除了战争夺取财富之外，征税就不可避免。他们所犯的最致命的错误是将税收承包给了地方的总督和将军，于是人头税、土地税又回到了百姓的头上，初期比罗马时期要低许多，但是很快就从每年1个金第纳尔增长到4个。对基督徒和犹太教徒征收2/3财产税。中央政府分20%税款，其余80%税款留给地方统治者。② 不用多说，分权过度，中央政府一定完蛋，只是时间问题。

这些统治者榨干了帝国的大部分财富，留给中央政府的只有涓涓溪流。免税让人人感觉到苏丹的仁慈和自由，而征税重临的时候苏丹的威信却没有了，军队战斗力开始降低了。幸好有奥斯曼土耳其的皈依才彻底扭转了伊斯兰世界

---

① 查尔斯·亚当斯：《善与恶——税收在文明进程中的影响》，中国政法大学出版社2013年版，第136页。

② 查尔斯·亚当斯：《善与恶——税收在文明进程中的影响》，中国政法大学出版社2013年版，第144页。

的颓势，这股新鲜血液一直将圣战燃烧到整个地中海沿岸的基督教世界。

当伊斯兰教在世界上突然爆发之时，现实的减税承诺远比缥缈的伊甸园更有吸引力。当皈依的教徒们不再享受免税的时候，伊斯兰扩张的步伐也戛然而止了。难道这仅仅是巧合吗？

第三节　民主制度与财富分布

欧洲北部的崛起源于481年克洛维的法兰克王国，这虽是日耳曼人成立的王朝，但是在496年皈依天主教，从此其统治获得教会的支持，成为罗马在西欧的继承者，但是其王朝被他的几个儿子给瓜分了。法兰克王朝未来的强大对手西班牙，虽是蛮族哥特人建立但也于587年信奉天主教，开始了漫长的天主教君主政体。732年图尔战役击败阿拉伯人，查理·马特家族不仅获得法兰克王国的控制权，而且发起了对德意志的基督归化。这两个王国对欧洲北部蛮族皈依基督教发挥了重要作用。

但是法兰克王国有一个沉疴，国王死后会将土地分割给众王子。这个方法和中国古代的诸侯制、分户析产制负面作用几乎一模一样，一方面削弱了帝国统一的力量，另一方面内乱纷争不止。771年查理曼大帝彻底废除了这个祖制，统一了法兰克，而后疆土持续扩大。公元800年，教皇也拍马屁替其施行皇帝加冕礼，查理曼就再也不仅仅是法兰克的统治者了，而是整个欧洲的英雄骑士。教会也开始臣服于他，查理曼将教会视作政府的一个附属机构，通过主教进行管理并亲自主持法兰克的宗教会议。[①]

英雄的子孙往往都会从龙种蜕化成败家子，查理曼大帝的财产没有分割都给了唯一尚存的儿子继承。没有了强大的查理曼大帝震慑，分裂的势力开始复苏了，一系列的分裂最终在843年达到高潮，查理曼的三个孙子签署了《凡尔登条约》，法兰克帝国被一分为三，欧洲最后一次统一的机会就此黯淡。在莱茵河东岸，法兰克分裂的遗产故事将在漫长的历史进程中继续上演，不过主角变成了"德意志民族神圣罗马帝国"。

871年阿尔弗雷德大帝击败维京海盗，并收复伦敦，通过推行郡制建立了一个英格兰联合王国。878年维京人也皈依了基督教，北欧海盗将近300年的劫掠在基督教感化下逐渐平息了。

---

① J. M. 罗伯茨：《欧洲史》，中国出版集团2013年版，第155页。

这个时候的西欧、北欧不仅国家分布众多，国家内部治权难以统一，王权、神权、封建领主和平民交织在一起，对财富的争夺与制衡最终演化成政体的改革——立宪君主制。

西方契约民主和私人财产不可侵犯的思想，最终将国王贪婪的黑手戴上了镣铐。欧洲历史上对征税权的争夺始于英国 1215 年。英王约翰对法作战连续战败国土沦丧、与教皇争执被开除教籍并向教廷缴纳年贡 13 000 马克、违反封建惯例强征勒索、滥用权力没收封臣地产，一系列的因素聚集在一起促使贵族和平民于 1215 年占领伦敦，强迫约翰签署了《大宪章》。规定：国王只是贵族"同等中的第一个"，没有更多权力；由 25 名贵族组成的议会具有否决国王命令的权力，并且有权使用武力胁迫国王改正；未经依法裁判，不得没收任何自由人的财产；没有全国公意的许可，不得额外征收贡赋税。立宪君主制的直接目标就是将征税权从国王之手转移到贵族议会。

此后欧洲的君主就远不如中国帝王舒服了，如果要征税就需要贵族议会批准才行，逼得国王们总是四处向贵族借钱，财富源源不断流向了贵族腰包。欧洲的历史经过了贡赋国家—领地国家—赋税国家—财政国家的转变过程，财政体系的历史变迁实质上是贵族与君主争夺税收决定权的斗争产物，这是理解欧洲国家形态变迁的主线索。限制王权实质上是财富在君主、贵族和平民之间的重新分布问题。英国资产阶级革命时《大宪章》被赋予以新的意义，用以反对封建专制王权。美国的《独立宣言》也都借鉴了《大宪章》的思想。

第四节　大航海与大兴衰

1453 年，东罗马帝国的君士坦丁堡被奥斯曼土耳其人攻陷，整个中东及近东地区，全部成了穆斯林的天下。欧洲人从此不能通过波斯湾前往印度及中国，丧失了巨大的贸易利益。除非找到一条新的贸易路线，直接从东印度群岛（香料群岛）获得香料资源和中国的丝绸等商品。英国、法国、西班牙和葡萄牙等国的君主和商人们都恨不得亲自前往印度、中国和东印度群岛等地，直接与当地人进行香料、丝绸等商品交易（见图 8-4）。贸易催生的大航海时期开始了。两个敢于第一个吃螃蟹的国家分别是葡萄牙和西班牙。

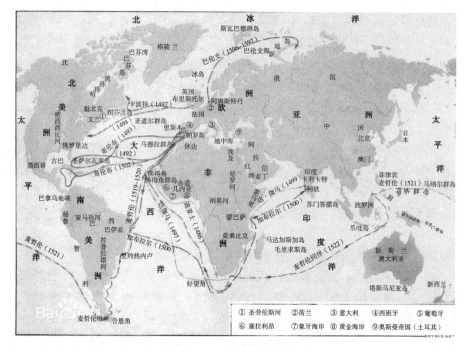

图 8 - 4 新航路的分布

资料来源：百度图库。

一、葡萄牙

为取得黄金、象牙和奴隶，葡萄牙首先发起了大规模的航海探险活动。1471～1500年，葡萄牙从西非输出黄金总量高达17吨①，这些黄金资助了葡萄牙回报率最高的风投项目——打通好望角到亚洲的贸易之路。

1473年葡萄牙船只驶过赤道后达到刚果河口。1487年迪亚士的探险队到达非洲南端，发现好望角，进入印度洋。1497年达迦马的船队经非洲东岸的莫桑比克、肯尼亚，于1498年到印度西南部的卡利卡特，开辟了从大西洋绕非洲南端到印度的航线，打破了阿拉伯人控制印度洋航路的局面。葡萄牙通过新航路，垄断了欧洲对东亚、南亚的贸易，成为海上强国。1508年第乌海战大败阿拉伯联合舰队，控制了印度洋制海权，1510年夺取了印度果阿并将之作为东方殖民活动中心，1511年攻占马六甲，1515年占领亚丁和霍尔木兹海峡，控制红海和波斯湾入口。1564年葡萄牙终于控制了梦

---

① 安格斯·麦迪逊：《世界经济千年史》，北京大学出版社2003年版，第49页。

寐以求的香料群岛，从非洲沿岸到东方的海上贸易网络就彻底控制在葡萄牙手中，大规模的风险投资终于有了丰厚的回报。1501 年香料进口只有 23.4 万英镑，1503～1506 年平均每年就达到 230 万英镑，到 16 世纪运走亚洲香料总产量的 1/10。[①]

葡萄牙控制了东方贸易，香料、丝绸、瓷器的商品获利巨大，同时还从事盈利极高的奴隶贸易。一个弹丸之国竟然一跃成为海上霸主。葡萄牙人终于咸鱼翻身了，成为贫穷欧洲中最富裕的国家。由于 16 世纪初人口只有 150 万，为保护庞大的海外殖民地和脱贫致富，大量农民都成为远征军或者海员，农业开始逐渐凋敝。但葡人根本不惧，发财了，一切都可以用钱搞定。奢侈之风随着财富的流淌令人陶醉。

但是葡萄牙人辛辛苦苦换来的暴富很快就引来了无数秃鹫参与争夺，西班牙、法国、英国、德国竞相参与的激烈竞争导致香料供应数量大增、价格大跌，贸易获利急剧萎缩。衰落只是时间问题了。1578 年葡萄牙在征服摩洛哥战役中全军覆灭，多年经营的殖民体系顷刻间瓦解，成为西班牙、英国、荷兰等国的猎物。盛衰轮回不过只有区区 80 年不到，也太快了。

二、西班牙

西班牙也极力从事海外扩张。由于葡萄牙已经控制了沿非洲海岸往南航线，西班牙希望开辟一条既避开奥斯曼土耳其、阿拉伯国家，又绕过葡萄牙势力范围到达东方的新航路，直接获得东方的黄金、香料、珍宝、贵重物品和各种商品，这个航线只能西行。西班牙国王开始高薪招募航海家[②]，哥伦布、麦哲伦都被西班牙招到麾下。1492 年哥伦布率领远征队开始了探险发现之旅，四次横渡大西洋，于 1498 年发现美洲。哥伦布的发现成为美洲大陆开发和殖民的新开端，是历史上一个重大的转折点。欧洲海外贸易的路线由地中海转移到大西洋沿岸。从那以后，西方终于走出了中世纪的黑暗，开始以不可阻挡之势崛起于世界，并在之后的几个世纪中，成就海上霸业。1522 年麦哲伦船队完成了环球航行。

---

① 唐晋：《大国崛起》，人民出版社 2007 年版，第 55 页。

② 根据《圣塔菲协议》，哥伦布的激励计划是，保证哥伦布为新发现领土的总督并可以世袭，可以获得 1/10 的海外收益，并且免税，获得贵族头衔。麦哲伦的激励计划最优厚：垄断所发现的航线 10 年的使用权；任命麦哲伦为他所发现的土地的总督，并可以从未来的收益中提成 5%；航海贸易 1/5 的利润；所发现海岛今后收益的 1/15。参见吴军：《文明之光》，人民邮电出版社 2014 年版，第 280 页。

　　而西班牙在大航海初期几乎一无所获，美洲当时还没有开化，哪里有值钱的商品？但是西班牙人真的很幸运，他们在美洲发现了巨额财富——真金白银。在150多年的时间里，从美洲运到西班牙的黄金181.4吨、白银16 887吨，西班牙一夜成为当时欧洲的首富（见图8-5）。1521~1580年，西班牙与奥斯曼土耳其帝国争夺地中海霸权过程中，美洲金矿成为西班牙军费的重要支柱。当1560年黄金产量开始锐减，战争也打成了僵局。到1580年双方签订停战协定，不到60年从美洲掠夺来的黄金就基本打光了，1580年以后虽然美洲白银产量大增，但是又相继与法国、英国、荷兰发生了战争，又基本将黄金白银打光。不仅如此还需要大量借债，当来自美洲的黄金白银持续下降的时候，不仅借不到钱，西班牙海上霸主地位也日暮西山。

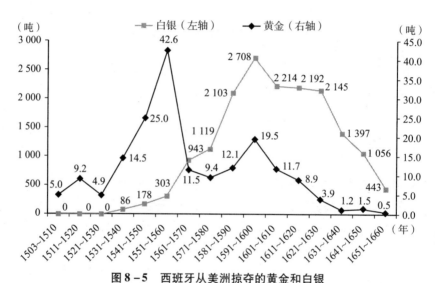

图8-5　西班牙从美洲掠夺的黄金和白银

资料来源：吴军：《文明之光（二）》，人民邮电出版社2014年版，第43页。

　　葡萄牙和西班牙都宣布发现的新大陆为本国领土，一跃成为欧洲最富有的国家。两国也因此争执不断。在罗马教皇的调停下，双方于1494年签订条约，规定以靠近佛得角群岛以西的教皇子午线为分界线，西侧归西班牙，东侧归葡萄牙。麦哲伦实现环球航行后，原来分赃的方法又产生了新矛盾，争议再起。因为葡萄牙人东行找到了香料群岛，西班牙人西行也登上了香料群岛，原来根据教皇子午线东西划分方案就彻底失灵了。1529年两国再次达成了协议，葡萄牙人给西班牙35万金币获得了香料群岛。西班牙独占巴西以外的美洲全部，葡萄牙则将亚洲、非洲置于自己的势力范围之内。

但是这两个国家瓜分掌控世界的愿望落空，大航海时代的先驱竟然很快就落败了。原因是荷兰、英国、法国接踵而至，都要动一下这诱人的奶酪，都是钱多惹的祸。

第五节　金融帝国——现代西方崛起的秘密武器

一、西班牙的债务帝国

欧洲的崛起时期以 1500 年为分水岭，此前欧洲要远远落后于中国，中国对于欧洲人犹如人间仙境。中世纪欧洲在黑暗与混战下岂有发展？基本上是一穷二白。但是骨子里流淌着蛮族和海盗血液，遥望富裕文明的东方，口水一直流。掠夺和贸易的贪欲共同成为开启大航海的动力，欧洲在不经意之间走出了一条活路，从封闭走向了开放。

由于当时欧洲的商品对于中国人、印度人而言毫无吸引力，欧洲人只得用大量的金银来换取香料和丝绸等商品。长期的入不敷出，导致欧洲人对于获取金、银、宝石或者直接获取香料等资源显得十分感兴趣。至此，那些出产这些珍贵资源的地区，便成了欧洲人猎取与竞相争夺的目标。历史上欧洲获得财富的方式就两种：掠夺和贸易，大航海对财富的追逐打开了欧洲复兴之路。谁能调动财富，谁就能获得崛起的机会。

大航海、大海战、开发美洲金矿银矿都需要大量人口，但是欧洲人口根本不足，解决低廉劳动力就成为所有对外战略的一个焦点基石。于是资本贪婪的目光盯上了非洲——奴隶贸易。1455 年奴隶交易根据罗马教皇的诏书获得了合法性，该诏书将奴隶贸易视为一种传教活动。1500～1870 年输往美洲的奴隶为 940 万人，其中大约 450 万人是由葡萄牙提供的（见表 8－1）。[1]

大航海与对财富的追逐开启了欧洲、美洲、非洲和东方的初次世界大分工（见图 8－6）。

为了获得东方贸易的巨大利益，西班牙和葡萄牙通过大航海的冒险掌控了与东方海上贸易的航路。而东方只接受白银作为结算方式，美洲大金矿银矿的发现满足了这一要求。无论大航海的桨手还是美洲金矿银矿的挖掘，都需要大

_____

① 安格斯·麦迪逊：《世界经济千年史》，北京大学出版社 2003 年版，第 48 页。

表 8-1		1500~1870 年贩运到美洲的奴隶人口			单位：万人	
时期	1500~1600	1601~1700	1701~1810	1811~1870	1500~1870
巴西	5	56	189.1	114.5	364.7
加勒比海地区		46.4	323.4	9.6	379.3
西班牙美洲	7.5	29.3	57.9	60.6	155.2
美国			34.8	5.1	39.9

资料来源：安格斯·麦迪逊：《世界经济千年史》，北京大学出版社 2003 年版，第 23 页。

量的低廉劳动力，于是非洲黑奴就进入了冒险家的视野。所以欧洲的崛起在初期的时候有两个垫背的，非洲和美洲。到 1800 年，西班牙在 300 年间，一共从美洲抢劫了 2 500 多吨黄金，10 万吨白银，折合当时的价值约 60 亿美元。这些财富都是建立在奴隶劳动的基础上，西班牙成为当时欧洲最大的暴发户。葡萄牙对于美洲的掠夺也不少，仅在巴西，葡萄牙就掠夺了至少 6 亿美元的黄金和 3 亿美元的钻石。[①]

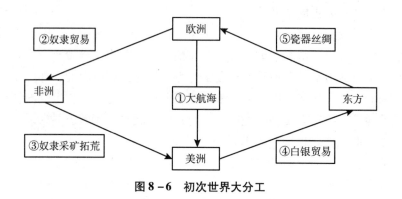

图 8-6 初次世界大分工

针对规模不断扩大的国际贸易，西班牙还重新设立了一套进出口税收制度进行敛财，进口税 5%，出口税 2.5%。但是由于中国货物价值巨大，进口要征收 10%，出口增收 2.5%。

欧洲历史上存在一个特有现象是群狼战争，任何一个帝国想做大，都面临不同国家的蚕食、分化甚至介入冲突，最终形成平衡态势。大航海给西班牙带来的巨大利益引来了无数贪婪之徒，武力争夺与冲突就不可避免。一是与法国

---

① 刘仰：《帝国崛起：西班牙葡萄牙的殖民发家史》，http：//bbs.tiexue.net/，2007 年 12 月 18 日。

争夺欧洲霸权，自1515年双方第一次交手爆发了"意大利战争"，打了44年后于1559年签订了和约，欧洲的均势体系初步形成；二是与奥斯曼土耳其争夺地中海霸权，1521～1580年双方大战60余年，最终打成平手；三是与英国争霸，1588年西班牙花费1 000万金币打造的无敌舰队覆灭。

多线作战令西班牙帝国耗尽了国力与财富。根据1621～1640年共20年的国库账目，47%的支出花在战争上，45%用来偿还债务，所借债务也主要用于战争，只有8%用于政府和家庭开支。而由于包税、腐败和垄断权利，最多只有1/3实际征收的税款流到国王手中。[①] 财政危机已经不可避免。以1504年收入145万金杜卡特为基数考察1504～1640年的财政收支状况，到1621年以后，收入增加了117倍，支出增加了200倍，战争造成赤字连连（见表8-2）。

表8-2　　　　　　　　　　　　　西班牙收支状况统计

年代	支出	收入	支出/收入
1504	100.0	100.0	1.00
1532～1534	106.3	98.6	1.08
1559	308.4	206.9	1.49
1565	482.1	386.2	1.25
1577	616.8	600.0	1.00
1588	1 104.2	655.2	1.69
1601	1 255.8	866.2	1.45
1607	1 139.5	862.1	1.32
1621～1640	2 000.0	1 179.3	1.70

资料来源：菲利浦等：《财政危机、自由和代议制政府》，格致出版社2008年版，第160页。

当美洲金矿银矿收入仍然不能满足帝国军费和奢靡需要的时候，继续举债就成为不二的选择。这种情况下债务规模增速就非常快，1573年西班牙债务规模是4 059万金杜卡特[②]，利息支出是275万金杜卡特，利率水平是7%。到1687年债务规模则高达22 299万金杜卡特，虽然利率下降到5%，但是利息支出仍高达1 115万金杜卡特。1557年西班牙的大债主德意志银行家福格尔被拖垮了，1598年菲利浦二世死后遗留的债务高达8 000万金币，西班牙政府又一

---

①　菲利浦等：《财政危机、自由与代议制政府》，格致出版社2008年版，第159页。

②　原货币单位是maravedies即马拉维第，按照1杜卡特＝375马拉维第换算。Maravedi, A fictitious unit of Spanish currency that was used as the standard of value for the coinage. Ancient Spanish coin, 450 to the gold peso. One thirty-fourth of a real.

次宣布了破产（见表8-3、图8-7）。

表8-3　　　　　　　　　　西班牙债务与利息规模　　　　　　　　单位：万杜卡特

年份	债务	利息	年份	债务	利息
1504	300	30	1545	1 381	86
1505	291	29	1552	1 312	80
1515	354	34	1554	1 442	88
1516	359	35	1560	2 166	147
1522	387	37	1566	3 108	211
1523	393	37	1573	4 059	275
1524	428	41	1594	6 569	382
1526	553	50	1598	8 004	463
1527	549	49	1623	11 254	563
1529	690	62	1637	12 837	642
1536	898	72	1638	13 177	659
1538	844	68	1667	18 295	915
1540	1 016	71	1687	22 299	1 115
1542	1 041	73			

资料来源：http：//www.esfdb.org/Database.aspx。

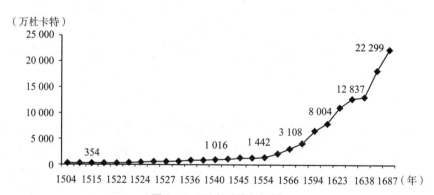

图8-7　西班牙债务规模

资料来源：http：//www.esfdb.org/Database.aspx。

　　欧洲各王国政府支出规模的扩大之所以采取债务方式而不是向臣民加税，一方面是经济基础不行，千年黑暗和大混战下整个经济基础都崩溃了，大家都是裸民，没有什么纳税能力；另一方面，罗马帝国解体后，欧洲各国体制大体上是封邑制度。9～11世纪欧洲各国君主的实际权力并不大，根本原因就在于封建制。封建贵族在封地具有财产继承权利，君主的财政权利仅限于皇家领地。[1] 这和中国的春秋时期的封建制度几乎无二致。此时君主财政收入依靠单纯的贡赋已经不能满足应对蛮族入侵、国家崛起的需要，但是封建贵族对君主征税能力具有极大的限制作用，特别是 11～12 世纪的时候，君主与贵族的相互制衡下在英国诞生了一个新型的政体——宪政下的英联邦，君主征税权已经被贵族议会控制。到 1350 年前后，欧洲比较大的国家在经济和财政支持下开始有能力扩大陆军和海军，向西欧这个"新世界"进发，向海外拓展殖民地，1500 年左右海外殖民地已经成为大国的重要财富构成，殖民地税收成为母国的财源。即使形成联邦制，税收也被当作母国庇护的"中央联邦租金"。为满足竞争需要，大规模运用债务融资发展军事力量成为君主的必然选择。当中央政府失去对殖民地的控制力之后，将直接导致中央财政的崩溃，18 世纪的时候政府财政赤字产生后只能通过债务弥补，而不能过度征税。

政府借债，只不过是未来税收的贴现，当战争红利逐渐丧失、税源开始枯竭的时候，债务违约风险就来临了，很多难以偿还的债务都是靠王朝更迭废掉了。在偿债风险爆发之前，政府债务还是一个稳赚不赔的生意。当一个大国依靠债务崛起的时候，其财富也通过债务利息的形式源源不断地流到了贵族和银行家手中。

中国的集权制下就根本不存在向贵族借钱一说。汉武帝打匈奴缺钱的时候依靠专卖取得收入，或者干脆对金主们征收财产税（算缗令）。这么赤裸裸地抢夺主要是权力没有制约，这是公债在中国历史上没有出现的根本原因。

问题是政府应该选择征税还是发国债？按照陈志武的说法，二者的选择需要考虑到投资回报率。[2]

（1）如果国家投资项目的回报率高于国债的利率水平，这个时候发债对于国家来说更有利。比如西班牙资助的大航海，如果按照投资回报率计算，简直就相当于非常成功的风投项目。如果国家投资项目回报率低于国债利率水平，比如养官、腐败、豪华办公楼，这种几乎等于零回报的发债只能加剧政府亏空，所以精兵简政永远正确。按照财务学的标准衡量公式就是：$EBIT \geq R$。

（2）如果公债利息水平低于民间投资回报率（R），这个时候应该选择发债。因为纳税人通过将利润不断投入会给政府提供更多的税收（T，t 为税率），理想的税收增速大概等于 $R(1-t)$。这实际上构成了一个正反馈机制，

① W. M. Ormrod，The Feudal Structure and Beginnings of State Finance，Economic Systems and State Finance，p. 60，Oxford University Press Inc.，New York.

② 陈志武：《治国的金融之道》，中国经济网，2007 年 7 月 25 日。

结果存续期内的税收累积额要远大于政府减税规模。只要政府不要杀鸡取卵，民间财富和政府税收都会出现利滚利的放大效应。

1500 年之后欧洲各国虽然因为王权受制于贵族不能随意征税而被迫选择了发债筹集财政资金，但是地理大发现导致国际贸易的回报率远远高于当时 5% ~ 7% 的利率水平。因此债务规模的不断扩大实际上是国家实力与财富总额不断增强的过程。2013 年美国的债务都要走到悬崖了也没有什么可怕，因为财富还在国民手中，创富的持续性还在。反观中国古代，皇帝恨不得将所有财富都搜刮到自己手中，民间创造财富的积极性被彻底扼杀了，国家也就难以持久强大下去。

西班牙帝国具有当时欧洲最伟大的军事和海军力量，美洲的大量财富也源源不断输入帝国，还控制着东方贸易的黄金航道，怎么就突然崩溃了？令人费解。除了持续性战争消耗、美洲金矿银矿出产量降低外，还有一个重要原因就是恶税。最厉害的恶税是对不动产和个人财产转让征收 10% 的销售税，而且征税范围迅速扩大甚至包括食物，但是公务员、贵族和教会人员免税。由于是对交易额征税，重复征税程度随着交易次数增加就不断加剧，商业成本、生活成本都不断提高，商品价格远高于其他周边国家，走私进口的货物更畅销。不仅成千上万的西班牙农民和工人通过逃离的方式躲避恶税[①]，一种可怕的贸易逆差也出现了，黄金白银迅速流出这个国家。犹如巨人的血液从血管中慢慢流淌出体外，静悄悄的死亡在前方等待。

大国崛起离不开债务和税收，关键看你如何使用。

二、荷兰的股份制——点燃现代资本主义的星火

荷兰的地理和气候都非常差，高纬度、寒冷潮湿、低地、谷物不适合生长、人口少，这几乎就是描述荷兰生存环境的关键词，但是荷兰却演化成了世界上第一个资本主义国家，令人称奇。西班牙的强大来源于王权与神权的结合，穆斯林的崛起依靠的是宗教与平民的结合，荷兰从低地成功崛起不仅摆脱了西班牙统治还成为"海上马车夫"，力量的源泉则是平民，其中国家管理体制、股份制和金融创新功不可没。

严峻的生存环境让荷兰人更珍惜每一滴财富，缺少土地就填海造陆，缺少资源就靠海运赚冒险的钱，竟然将阿姆斯特丹和鹿特丹打造成了西北欧地区的

---

① 查尔斯·亚当斯：《善与恶——税收在文明进程中的影响》，中国政法大学出版社 2013 年版，第 200 页。

航运、贸易和金融中心。荷兰的母国西班牙自然盯上了这块肥肉，西班牙的税收近50%来源于荷兰，通过征收重税方式实施财富掠夺（见表8-4）。

表8-4　　　　　　　　荷兰主要港口的关税规模　　　　单位：10万荷兰盾

年份	阿姆斯特丹	鹿特丹	米德尔堡	合计
1590	301.1	281.7	291.0	873.8
1596	384.7	410.7	734.7	1 530.1
1614	626.8	284.1	256.2	1 167.1
1621	811.3	425.5	324.3	1 561.1
1630	931.7	438.0	424.4	1 794.1
1640	1 071.5	56.9	673.1	1 801.5
1648	1 344.3	615.1	673.2	2 632.6
1653	579.5	282.5	206.4	1 068.4
1667	687.0	308.9	216.0	1 211.9
1668	1 085.6	422.5	359.3	1 867.4
1671	948.2	330.1	209.1	1 487.4
1672	372.1	175.7	234.3	782.1
1697	1 324.5	565.9		1 890.4
1698	2 016.9	641.4		2 658.3
1699	2 022.4	519.6		2 542.0
1700	1 626.1	528.4		2 154.5
1701	1 794.9	565.6		2 360.5

资料来源：http://www.esfdb.org/。

荷兰的前身尼德兰主要由现在的比利时、荷兰和卢森堡构成，哈布斯堡王朝通过1477年的大授权（grand privledge）给予尼德兰一定程度的地方独立，17个省大都具有自己的地方政府，并由贵族、教士和城镇代表组成的议事会协助管理。议事会的一项重要职能就是履行程序批准向西班牙政府"上贡"，15世纪早期上贡转化为对土地财产征税。不断战争迫使西班牙政府对尼德兰增税，1542年开征系列新税，对出口货物征收1%出口税、来自不动产的收入征收10%、商业收入征收10%、出售年金债券。掠夺式的征税激起了荷兰人的抗议，1566年荷兰人起义了。西班牙政府不仅没有收敛，反而继续加税，对所有财产征收1%、对不动产出售征收5%、对所有商品的出售和出口征收10%。原来不愿意抵抗的荷兰贵族也愤怒了。荷兰的贵族以"自由"的名义揭竿而起，市民为保护财富而战，新教徒为宗教信仰自由而战。1568年尼德兰与西班牙之间爆发了"八十年战争",1648年荷兰独立。贪婪的西班牙不仅没有收到税反而丢掉了荷兰这块肥肉,对西班牙财政造成了沉重打击。

荷兰人最终决定不要一位统治者,而是把主权牢牢地掌握在自己手中。基本上政府、税收、公司、银行都采取了"股份制"的思想来设计。

股份制政府:尼德兰战争之后,一个令人意想不到的结果是,人类见证了新的社会形态的诞生——荷兰共和国。它由7个独立省份组成联合行省共和国,是在联邦议会领导下的松散联盟,7个省都是"股东"并且各省具有独立的自治权,每个省只有一个投票权,7个省轮流做大会主席。围绕对整个社会财富的合理分布的焦点问题,一系列的制度创新令这新兴国家快速崛起。

股份制税收。荷兰人在抗击西班牙的战争中提出一个简洁的征税原则:没有作为这个国家的共同统治者的诸邦的明确同意,不能对臣民征税。分摊给各省承担的税收也是经过联合大会讨论后确定,大致比例如表8-5所示。

表8-5   荷兰各省财政分布

荷兰	菲仕兰	泽兰	格尔德兰	乌德勒支	格罗宁根	上艾瑟尔
58%	11%	9%	5%	5%	5%	3%

资料来源:菲利浦等:《财政危机、自由与代议制政府》,格致出版社2008年版,第119页。

股份制公司:自西班牙与荷兰开战以来,西班牙对荷兰进行贸易封锁、断了荷兰人的财路。于是荷兰人想直接从事东方贸易,但是刚刚立国的荷兰没有多少资本从事远洋贸易。于是荷兰人创造性地想出了一个绝妙的方法:由市民出钱成立一家股份公司,面向全社会发股票融资,参股的市民成为股东,享受公司的利润分红,这个公司就是世界上第一个股份制公司——大名鼎鼎的荷兰东印度联合公司。1602年荷兰人纷纷申购荷兰人自己公司的股票,迅速筹集了600多万荷兰盾的本金。信托责任成为这个公司的灵魂。为了支持该公司,荷兰政府特许东印度公司拥有军队,可以在海外建立殖民地,并且可以代表国家缔结条约,甚至还可以发行货币。万事俱备后荷兰人开始争夺东方贸易控制权了。1603年在爪哇、1606年在马六甲,先后打败西班牙和葡萄牙海军。1619年在爪哇建立第一个殖民据点雅加达,然后向西侵占苏门答腊岛,向东从葡萄牙手里夺取香料群岛,还相继侵占了马六甲和斯里兰卡。在亚洲东部一度侵入中国领土台湾。在日本九州岛的长崎取得了商业据点。1648年占领了好望角。在北美以哈得逊河流域为基础,建立了新尼德兰殖民地,并在河口夺取曼哈顿岛。到1669年公司已经是世界上最富有的公司,拥有150艘商船、

40 艘战舰、20 000 名员工、10 000 名雇佣兵，股息高达 40%（见表 8－6）。①

表 8－6　　　　　1500～1800 年 7 个欧洲国家船只抵达亚洲的数量

时期	1500～1599	1600～1700	1701～1800
葡萄牙	705	371	196
荷兰	65	1 770	2 950
英格兰		811	1 865
法国		155	1 300
其他		54	350
合计	770	3 161	6 661

资料来源：安格斯·麦迪逊：《世界经济千年史》，北京大学出版社 2003 年版，第 54 页。

　　维持庞大的海上帝国的花费也十分惊人，尤其在与西班牙持续战争中各项支出急剧增长，1648 年阿姆斯特丹等城市的关税 3 亿荷兰盾不到，但是各项支出则接近 13 亿荷兰盾，所以荷兰在崛起的过程中一方面通过控制东方海上贸易获得暴利，同时也不得不借债应对急剧增长的财政支出。金融的重要性在西班牙、荷兰的崛起中非常明显，此后欧洲诸国纷纷效仿（见表 8－7、表 8－8）。

表 8－7　　　　　　　　　　荷兰主要非经常性支出　　　　　　　　单位：10 万荷兰盾

年份	债务利息	军备支出	海军支出	殖民地支出	战争支出
1594	200.0			1 400.0	1 200.0
1598	450.0	200		2 550.0	1 900.0
1602	300.0	764	1 000	3 283.6	1 519.6
1612	328.0	100		687.2	259.2
1613	1 041.0	100		1 400.2	259.2
1614	428.0	100		1 187.2	659.2
1615	428.0	100		1 587.2	1 059.2
1616	1 926.0	150		2 735.2	659.2
1617	1 070.0	150		2 008.3	788.3
1627		300	1 800.0	4 026.5	1 926.5
1628	2 500.0	300	2 000.0	5 834.4	1 034.4
1637	200.0	400	2 802.0	9 317.5	5 915.5
1638	418.8	400	1 802.1	6 056.8	3 435.9
1647	520.1	300	2 733.2	6 286.5	2 733.2
1648	533.0	300	2 733.2	6 491.1	2 924.9

资料来源：http://www.esfdb.org。

---

①　http://zh.wikipedia.org/wiki/，荷兰东印度公司。

表8-8 荷兰债务与利率 单位：百万荷兰盾，%

年份	债务规模	年份	利率
1599	4	1549	6.25
1632	57	1552	8.333
1647	127	1560	6.25
1652	131	1574	20.0
1671	128	1576	8.333
1678	161	1606	7.28
1700	193	1610	6.25
1720	308	1640	5.0
1740	295	1655	4.0
1752	362	1664	3.0
1765	344	1665	4.0
1780	321	1671	3.8
1795	454	1673	4.0

资料来源：http://www.esfdb.org。

商业银行：1609年建立了阿姆斯特丹银行，为国际贸易提供了极大的安全和便利。这是历史上第一家取消金属货币兑换义务、改发银行券的银行，为贸易提供兑换贴现服务。阿姆斯特丹银行很快就成为世界性的票据清算中心，为17世纪荷兰发展成为世界贵金属贸易中心做出了重大贡献。为保证存款安全，荷兰法律规定任何人不得以任何借口干涉银行的商业自由，良好的信托责任吸引了大量国内外的钱流入银行。阿姆斯特丹银行迅速发展成为欧洲经营外汇、黄金和白银的中心。

股票交易所：荷兰人在创造了新的公司组织形式的同时，还创造了一种新的资本流转体制。东印度公司成立后大约有10年没有分红，股东需要钱如何解决？1609年阿姆斯特丹成立了世界上第一个股票交易所。东印度公司股东们只要愿意，就可以自由交易手中的股票换成现金。这样就解决了东印度公司的股票既不付股息也能得到投资者青睐的问题。

荷兰人几乎创造了现代国家的主要政治制度和金融制度架构。阿姆斯特丹一下子变成了国际金融中心，火了。1625年荷兰移民在曼哈顿几乎复制了荷兰的所有制度，在那里最终诞生了世界最大的股票交易所。这个城市原来的名字叫新阿姆斯特丹，就是现在世人皆知的纽约。

荷兰崛起之后与英国的冲突就不可避免。在第一次英荷争霸战中，英国针对荷兰过度依赖对外贸易的弱点，利用海军对荷兰实施绞杀式封锁。封锁几乎使荷兰处于一种民穷财尽的窘境，荷兰被迫与英国进行和谈。1654 年两国签订了《威斯敏斯特和约》，荷兰承认英国在东印度群岛拥有与自己同等的贸易权，同意支付 27 万英镑的赔款，并割让了大西洋上的圣赫勒那岛。第二次英荷战争期间，1667 年荷兰人利用奇袭战大败英国皇家海军，两国签订了《布雷达和约》，英国放弃了在荷属东印度群岛的权益，并归还了在战争期间抢占的荷属南美洲的苏里南，荷兰正式割让哈得逊流域和新阿姆斯特丹，并承认西印度群岛为英国的势力范围。这个和约实际上意味着英荷两国在殖民角逐中划分了势力范围。

英国真正的崛起源于 1688 年的光荣革命，议会彻底限制了王权，君主立宪制在英国诞生了。1689 年英格兰诞生了《权利法案》，规定国王不经议会允许，不得征税，也不得维持军队。这是人类制度文明的一个里程碑。因为税不仅涉及每个人的切身利益，更体现出人与人、集团与集团之间利益分歧的解决方式，也揭示出有组织的政府暴力是否有所制约，又最终归于何处等至为重要的国家—社会—个人的关系。《权利法案》的出现，标志着人类第一个民主宪政国家诞生。自由经济在这个大背景下开始了蓬勃发展，英国的工业革命将人类由农业文明带入了工业文明的门槛。1776 年斯密出版了《国富论》，对市场经济进行了完整的理论分析。

长达 20 多年的英荷海上争霸战争，尽管荷兰在军事上没有完全输给英国，但荷兰海上实力大为削弱，黄金时代的高峰期至 1672 年就戛然而止。1687 年法国重新挑起一系列斗争（包括陆上威胁、关税战与海上掠夺），最终在 1713年把荷兰人的爱国心消磨殆尽，债务缠身，随着海外殖民地的丧失，现金流发生困难，而英国也开始成为海上霸主。英国胜利的一个重要原因是英国拥有雄厚的工业实力——能够迅速补充战力，其海军的装备、数量、火力乃至战术水平都要优于荷兰。

第六节　文明的迭代

东西方对比发现，历史走向在公元 5 世纪时候就已经发生了分岔。

中国是通过王权 + 三省六部制 + 科举制，使集权与分权实现有效结合确保大一统，并通过科举制度废除了世族豪强对国家行政的垄断，保证了国家权力的统一，其背后是国家对整个社会财富分布的有效控制，一旦控制失灵，王朝就要完蛋。

而欧洲则是通过王权＋神权模式寻求国家统一之路。这条路从历史看是没有走通的。根本原因在于，王权试图利用神权来巩固自己的地位，但是神权试图向世人证明王权是神权在人间的代言人，神权要高于王权，双方权力之争一直就没有停止过。

当蛮族入侵成为常态却又无力抵抗的时候，王权由于受到领主分权的制约根本不是蛮族的对手，维京海盗的不断劫掠就是证明。王权求助的是神权，通过皈依基督教从精神和信仰上消除蛮族的威胁，所以王权给神权的回报是教会具有封地和征税权，可以说是王权和神权共治。蛮族融入欧洲的过程实际上是皈依基督的过程。虽然宗教的约束提供了一条通往政治集中的道路，但是神权已经高于王权。王权给自己的卧榻上安放了一只老虎，这只老虎不仅要与主人分食，还要吃掉主人，皇帝即位若无教皇洗礼则不成法统。当信徒众多的时候，教皇想的是统治世界，罗马帝国之所以分裂为东西而治，十字军东征长达百年，都离不开基督的巨大影响。灭掉罗马帝国的是基督。

王权对这种状态肯定不舒服，但是有什么办法呢？当牛人出现的时候比如查理曼大帝，教皇就软了，最牛的就是拿破仑将皇冠直接从教皇的手中夺下了扣在自己的脑袋上，不需要教皇的洗礼，他要向世界宣布的是这个皇权是靠自己本事取得的，没有教会屁事。

所以中世纪欧洲的黑暗时期，是治权争夺的一千年，是寻求一统之路未果的一千年。这一点欧洲文明是落后华夏文明的。与基督教同根分化出来的伊斯兰教也对欧洲的动荡发挥了重要作用。伊斯兰崛起初期对付基督教的妙招令人难以置信，皈依伊斯兰的基督信徒免税。

中世纪欧洲千年混战还有一个重要原因，任何一个大国不可能持续壮大势力的根本原因在于治权的分散。初期财富权力大于王权，有钱有兵就有一切，这和古代中国没有差别。一旦出现一个雄主如查理曼大帝，就可以初步完成了一统欧洲的框架。但是欧洲的权力传承采取的方式是继承＋分封，共同选定一个人继承王位，同时进行血缘分封，这实际上非常类似中国夏商周封建时期。这种国家治理模式崩盘的特征也出奇地一致：诸侯混战。欧洲中世纪黑暗时期简直就是中国春秋战国的翻版。

中国的汉武帝通过《推恩令》强制诸侯进行分产析户，将诸侯的势力阉割了。中世纪的欧洲则是通过王权的分产析户自宫了。所以中国历史是不断走向融合统一的历史，是不断治乱的过程；而欧洲就基本没有统一起来，是王权频繁受到领主和教皇的挑战而不断混乱的过程，欧洲中世纪的千年黑暗根本在于治权不统一。

欧洲大陆中最震撼的社会变革当属 1789 年爆发的法国大革命。农民参与的激烈大革命，将国王和贵族一起给灭了，法国的政治结构进行了革命性的重组。废除了封建体系，建立了中央集权的代议制，人民主权、自由平等、中央集权、私人财产受法律保护的理念横空出世，一种崭新的政治生态诞生了一个崭新的法兰西。1776 年美国的《独立宣言》和 1789 年法国的《人权宣言》，其核心内容与基本原则震古烁今，划破千年夜空，影响了人类历史进程。

欧洲的文明之光虽然有文艺复兴之功，但是根本还是权力再平衡和财富分布发挥了作用。科技进步废了神权，财富阶层崛起进一步制约了王权，最终才走向民主与宪政。而欧洲千年中所有政治、经济、法律方面的经验教训都传给了一群逃离到美洲的新教徒，他们最终通过独立战争建立一个新国度——美利坚合众国。

西方文明爆发得益于民众的觉醒。大众创新才能带来现代经济的大繁荣。创新活动得以持续的动力在于商业冒险的高额回报。实现创新活动的大爆炸需要一系列的制度基石，比如经济自由（限制王室随意征税特权，1689 年《权利法案》）、产权保护（破产保护、股份公司制、专利保护）、金融机构诞生等。

这一切的认识人类竟然走过了 2000 余年。

结束语 中国梦离我们并不遥远

我们对历史的回顾，是借用了熵控网络的思想，将人类不同文明的发展变迁看作人类社会这个大开放系统演化的结果。人类社会的整体性更多地表现为网络互联，在这个超级的网络社会中，各种文明依其所处的环境不断演化发展，构成了人类社会网络中各具特色的节点，而不同时期的帝国则成为这个网络中的超级节点。各文明的演化路径不仅取决于外部环境的变化，也受制于内部利益选择所诱发的各种矛盾，这个矛盾集中表现在财富分布的合理性问题上。文明的传承不仅仅在超级节点内部，还会在人类社会之间进行相互融合和反馈，最终形成文明的迭代效应，所以文明大爆炸是网络化人类社会发展到一定程度的必然结果。

人类的网络化最初可能因逐水而居天然形成，大江大河形成文明信息交流的自然网络，而后人类有意识地通过交通设施的改善提高社会网络化程度，比如秦国的直道驰道、灵渠，隋朝的大运河，基本上将中国古代版图勾连成一个以长安为中心的大网络，这是中国成为统一国家最重要的物联网络。而丝绸之路和大航海则为东西方文明的交融建立起了国际化的物联网络，这个大网络为人类社会大发展、文明大融合发挥了巨大作用。

当下的地球更是被各种有形的物联网、互联网和无形的信息网所包裹，国际化其实就是网络化，世界已经是平的。由此，对比2000余年人类网络化与文明融合进程，我们可以感觉到中西方文明的再融合是未来的一条光明之路，中国梦离我们并不遥远，而中国有可能在其中起领导作用。

考察中国的几个历史阶段：

从远古到战国，以始皇帝统一为标志，建立大一统的中华帝国；

从秦帝国到五胡乱华，旧文明的封闭演绎，逐渐衰落，最后以民族大融合为标志，建立新的华夏文明，高潮是隋唐帝国；

从隋唐到宋元，华夏文明与农业文明进一步融合，大磨合时期；

从明朝到鸦片战争，华夏文明的封闭演绎，逐渐衰落；

从清末到改革开放，华夏文明学习并融合西方文明的阵痛；

从当下到未来，融合华夏文明和西方文明的巨无霸即将产生！

在这个文明大融合过程中，中国会以什么样的姿态出现至关重要。

她再也不是闭关锁国的状态，因为历史告诉她封闭就孤立于世界这个大网络之外，即使现在多么安稳，将来也迟早会落后、挨打、死掉。

她不仅经过30余年的铁血拼杀从"东亚病夫"变成"东方巨人"，她还历经30余年的卧薪尝胆、自力更生打造成了统一稳定的大国，她又经过30年的改革开放已经为腾飞积蓄了雄厚的正能量。

她现在正刮骨疗毒、凝聚力量、主动融合，以一个全新的自信开放的姿态走向世界，而开放，就是在线，不管多么艰难、存在多大的风险，中国人一定能最终胜出，这是历史的经验。她具备了实现梦想的诸多优势，她是人民利益的真正代表，她统一稳定、人口众多、人民勤劳、国家富裕，在漫漫的历史长河中她经历的无数苦难锻造了勇敢坚强独立自主的风姿，她的科学教育虽有不足但却培育了无数愿意为她奉献的赤子，她热爱和平互助包容朋友遍天下，当然她也了解金融在大国崛起中的作用。她的人民会给她点赞。

只要坚持住，别人就得妥协。

再来一个30年，中国梦就在眼前。这个梦是什么样子我们无法描述，但是心中有迎接它的激情。"它是站在海岸遥望海中已经看得见桅杆尖头了的一只航船，它是立于高山之巅远看东方已见光芒四射喷薄欲出的一轮朝日，它是躁动于母腹中的快要成熟了的一个婴儿。"

主要参考文献

书籍：

1. 孙皓晖：《国家开端》、《文明爆炸》、《统一文明》，上海世纪出版集团2012年版。

2. 《史记》。

3. 《尚书》。

4. 《左传》。

5. 《论语》。

6. 《礼记》。

7. 《管子》。

8. 《孟子》。

9. 《商君书》。

10. 《盐铁论》。

11. 《说苑》。

12. 《汉书》

13. 《韩非子》。

14. 《吕氏春秋》。

15. 《汉书》。

16. 《论语·尧曰》

17. 马端临：《文献通考》。

18. 《隋书》。

19. 杜佑：《通典》。

20. 《新唐书·食货志》。

21. 《资治通鉴》。

22. 叶适：《水心别集》。

23. 《宋史》。

24. 谭其骧：《简明中国历史地图集》，中国地图出版社1991年版。

25. 吕思勉：《中国通史》，中国画报出版社 2012 年版。

26. 葛剑雄：《统一与分裂》，商务印书馆 2013 年版。

27. 翦伯赞：《秦汉史十五讲》，中华书局 2012 年版。

28. 梁方仲：《中国历代户口、田地、田赋统计》，中华书局 2008 年版。

29. 李锦绣：《唐代财政史稿》，北京大学出版社 1995 年版。

30. 汪圣铎：《两宋财政史》，中华书局 1995 年版。

31. 漆侠：《宋代经济史》，上海人民出版社 1987 年版。

32. 黄仁宇：《十六世纪明代中国财政与税收》，三联书店 2012 年版。

33. 王夫之：《宋论》。

34. 易中天：《两汉两罗马》，浙江文艺出版社 2014 年版。

35. 查尔斯·亚当斯：《善与恶——税收在文明进程中的影响》，中国政法大学出版社 2013 年版。

36. 安格斯·麦迪逊：《中国经济的长期表现——公元 960～2030 年》，上海人民出版社 2007 年版。

37. 程民生：《宋代物价研究》，人民出版社 2008 年版。

38. 曾国祥：《赋税与国运兴衰》，中国财政经济出版社 2013 年版。

39. 诺斯：《经济史中的结构与变迁》，上海人民出版社 1999 年版。

40. 王小甫：《隋唐五代史》，三民出版社 2008 年版。

41. 项怀诚主编：《中国财政通史》，中国财政经济出版社 2006 年版。

42. 郭正忠：《两宋城乡商品货币经济考略》，经济管理出版社 1997 年版。

43. 黄纯艳：《宋代海外贸易》，社会科学文献出版社 2003 年版。

44. 弗兰克：《白银资本》，中央编译出版社 2013 年版。

45. 安格斯·麦迪森：《世界经济千年史》，北京大学出版社 2003 年版。

46. 王绍光：《分权的底限》，中国计划出版社 1999 年版。

47. 吴军：《文明之光》，人民邮电出版社 2014 年版。

48. 廖大珂：《宋代的海外贸易商》，1985 年厦门大学硕士研究生毕业论文。

49. 威廉·麦克尼尔：《世界史》，中信出版社 2013 年版。

50. 孟德斯鸠：《罗马盛衰原因论》，商务印书馆 1970 年版。

51. J. M. 罗伯茨：《欧洲史》，中国出版集团 2013 年版。

52. 罗杰·克劳利：《海洋帝国》，社会科学文献出版社 2014 年版。

53. 菲利浦等：《财政危机、自由与代议制政府》，格致出版社 2008 年版。

54. 唐晋：《大国崛起》，人民出版社 2007 年版。

55. 吴晓波：《历代经济变革得失》，浙江大学出版社 2013 年版。

56. 托克维尔：《旧制度与大革命》，中国商务出版社 2013 年版。

57. 勒内·格鲁塞：《草原帝国》，重庆出版集团 2014 年版。

58. 诺斯：《经济史中的结构与变迁》，上海人民出版社 1999 年版。

59. 马大英：《汉代财政史》，中国财政经济出版社 1983 年版。

60. 税收与税源问题研究课题组：《区域税收转移调查》，中国税务出版社 2007 年版。

61. W. M. Ormrod, The Feudal Structure and Beginnings of State Finance, Economic Systems and State Finance, Oxford University Press Inc. , New York.

文章：

1. 竺可桢：《中国近五千年来气候变迁的初步研究》，《考古学报》1972 年第 1 期。

2. 林毅夫、刘志强：《中国的财政分权与经济增长》，《北京大学学报》2000 年第 4 期。

3. 许靖华：《太阳、气候、饥荒与民族大迁移》，《中国科学》1998 年第 28 卷第 4 期。

4. 布雷特·辛斯基：《气候变迁和中国历史》，《中国历史地理论丛》2003 年第 18 卷第 2 辑。

5. 陈志武：《治国的金融之道》，中国经济网，2007 年 7 月 25 日。

6. 童恩正：《中国北方与南方古代文明发展轨迹之异同》，《中国社会科学》1994 年第 5 期。

7. 朱士光：《历史时期黄土高原自然环境变迁及其对人类活动之影响》，《干旱地区农业研究》1985 年第 1 期。

8. 王会昌：《2000 年来中国北方游牧民族南迁与气候变化》，《地理科学》1996 年第 8 期。

9. 王铮等：《历史气候变化对中国社会发展的影响——兼论人地关系》，《地理学报》1996 年第 51 卷第 4 期。

10. 曹树基：《鼠疫流行与华北社会的变迁》，《历史研究》1997 年第 1 期。

11. 刘正山：《土地兼并的历史检视》，《经济学季刊》2007 年第 6 卷第 2 期。

12. 白龙飞：《元朝赤字财政下的货币政策问题研究》，《思想战线》2011 年 12 月 27 日。

13. 赵云旗：《从秦到清财政史探秘之十一》，《经济参考报》2009 年 2 月

27 日。

14. 王浩：《海禁之祸：明朝倭寇大多数是中国人假扮》，人民网，2011年 2 月 21 日。

15. 赵云旗：《唐代盛世背后的财政危机》，《经济研究参考》2009 年第40 期。

16. 黄夏岚、刘怡：《增值税收入地区间转移的衡量——生产地与消费地原则的比较》，《财贸经济》2012 年第 1 期。

17. 《匈奴西进改变欧洲历史》，《环球时报》2008 年 2 月 12 日。

18. 陈默：《气候毁了古文明?》，《百科知识》2013 年 3 月 23 日。

19. 余同元：《中国历代人口增长与土地纷争》，www.360doc.com/content，2010 年 7 月 16 日。

20. 秦晖：《中国经济史上的怪圈："抑兼并"与"不抑兼并"》，《战略与管理》1997 年第 4 期。

21. 陈明光：《试论安史之乱对唐前期国家财政体系崩坏的影响》，《求是学刊》1990 年第 1 期。

22. 赵云旗：《北宋财政走出"积贫积弱"的轨迹》，《经济参考报》2009年 2 月 6 日。

23. 袁一堂：《北宋钱荒：从财政到物价的考察》，《求索》1993 年第1 期。

24. 赵云旗：《从秦到清财政史探秘之十》，《经济参考报》2009 年 2 月20 日。

25. 晁错：《削藩令》。

26. 司马光：《论财利疏》。

27. 辛弃疾：《论行用会子疏》。